世界一わかりやすい！
絵とき会計
“3つの絵”で“会計の急所”を制す！
坂本冬彦 + 緒方正象

“3つの絵”の絵とき会計
——“2つの鍵”に導かれて

今から45年前全くの会計アレルギーのらくがきサラリーマンだった私は、教育課長梅本到さんとの出会いで人事マンから教育屋に拾いあげられ、その1年後にもらった最重要指令が何と【全社員向け会計教育マニュアルづくり】でした。

3人世帯の教育課でワイワイと力合わせ作ったこのらくがき会計マニュアルは社内で大ヒットし、瓢箪から駒で協和発酵工業著『人事屋が書いた経理の本』として小さな出版社から出版され、幸運にも発売から43年経た今も多くの読者から愛され続ける154刷40万部のロングセラーとなりました。（このくだりは、人生の不思議の記念のため、あとがきにらくがきメモしましたので、ぜひご笑覧ください。）

以来、会計が大好きになった私は、人生最高の上司梅本さんから頂いた【“絵”と“会計史ロマン”の2つの決定的キーワード】（あとがき参照）に導かれて、サラリーマンのかたわらベニスの商人たちの大発明の秘密とそのワザの進化を求めてささやかな入口会計の航海を続けてきました。そして【会計の急所は“3つの絵”である】という“会計アレルギーの突破口”への思いは、この“3つのシンプルな会計技術誕生ロマン”の旅によってますます確信となっていきました。

その歩みと『人事屋が書いた経理の本』の大ファンの医療経営コンサルタントの大家中村十念氏とが、『人事屋』出版から40年目に奇しき出会いを果たし、中村さんのかけがえないアドバイスで医療人のために書き下ろしたテキスト『絵でつかむ会計力リーダー養成講座』（日本医師会ORCA管理機構eラーニング講座）がジャンプ台となり、本書が誕生しました。

粗削りの未熟ならくがきそのものの本書は、『人事屋』以降40年間の【梅本さんから頂いた宿題＝絵とき会計】のロマンへの私の遅々とした航海の跡であり、“3つの絵による会計の急所把握”をヘンテコ絵にする『人事屋が書いた経理の本の絵的進化版』のささやかな試みです。

私のらくがき会計学は､「しろうとによる入口の入口会計」に過ぎず､その全部が【経理の達人達の極意のらくがき取材】からの学び・頂き物でできています。

もし、このヘンテコ入口会計に少しだけとりえがあるとしたら、それは、【しろうとにとって実戦に最も役に立つ会計の急所】は、突き詰めるとザックリ、【メーター付き風呂桶システムとハサミの絵(フロー･ストックと期間配分思考＝資産･費用配分の眼)】【片影メガネと上下胴切りB/Sの絵（資金運用思考＝２つのカネが寝る対自分のカネの出どころの眼)】【２つのどんぶり勘定打破の虫メガネの絵（ダイレクトコスティング思考＝固定費対固定費回収パワーの眼)】、この３つのシンプルな鍵しかないのだと会計を【超簡単な３点構造】でとらえ、“3つの絵”と“ヘンテコなコトバ”による“絵とき会計”にしたことです。

そしてこの３つのシンプルな鍵こそ、【経理の達人達が実戦に駆使している会計戦略思考の秘伝エキス】であり、それは読者の皆様の会計の学びと“絶対倒産しない”経営改善への活用にきっと大きなパワーを発揮すると確信しています。

このベニスの商人たちの大発明に発する“3つの絵の絵とき会計”の航海の本が、読者の皆様にとって厳しい時代の【ワクワク楽しい会計アレルギー突破の武器】としてお役に立つことを心から願ってやみません。

2021年読書の秋に　　著者を代表して

坂本冬彦

絵とき会計 目次

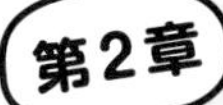

第2章 《第2の絵》 目に見えるものと見えないものを見る複眼

—— B/S の複眼をつかみ危ない会社を瞬時に見破る

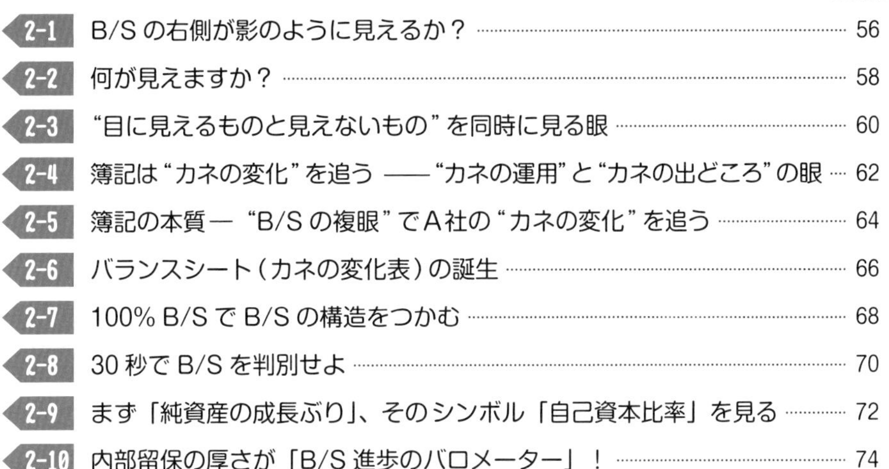

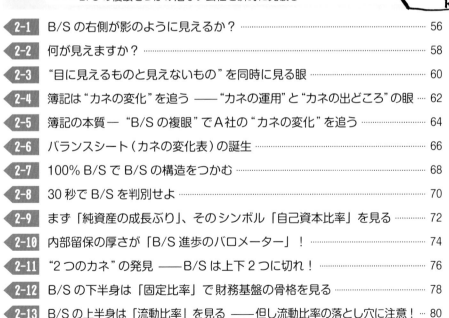

第3章 どんぶり勘定を脱出する！

《第3の絵》

—— 採算の眼をつかむと霧が晴れたように会計が見える

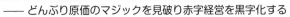

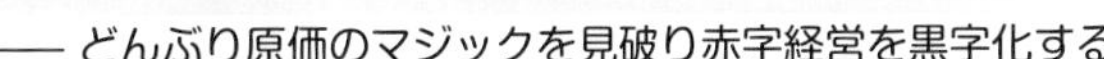

第4章 《第3の絵の発展》"第3の絵"から損益分岐点戦略へ

—— どんぶり原価のマジックを見破り赤字経営を黒字化する

第5章 《第2の絵の発展》"第2の絵"から資金戦略へ ――黒字倒産とキャッシュフローの原因を制御する

コラム目次

この“3つの絵”が分かれば合格!!

——“会計の急所”はこの3つだけ。“超シンプルしかし超有力”である。

らくがきダ・ヴィンチ

自分×ご縁＝∞

これができるようになる!

序章の目標設計図

❶“一挙全体ワクワク”と“会計の急所”をつかまえるための“本書の２つの作戦”を言える。(0-1)

❷“社長はなぜ数字に強くなければならないか”を言える。(0-2)

❸本書を読んだあと、“何が分かれば合格か”を言える。(0-3)

❹達人ゲーテは、“嵐の時代の経営に何がいる”と言ったかを言える。(0-4)

0-1 会計の勉強法を変えよう！

本書は今までの勉強法を変え、“3つの絵＋ヘンテコなコトバ”で一挙にワクワクと会計の急所と全体像をつかまえます。

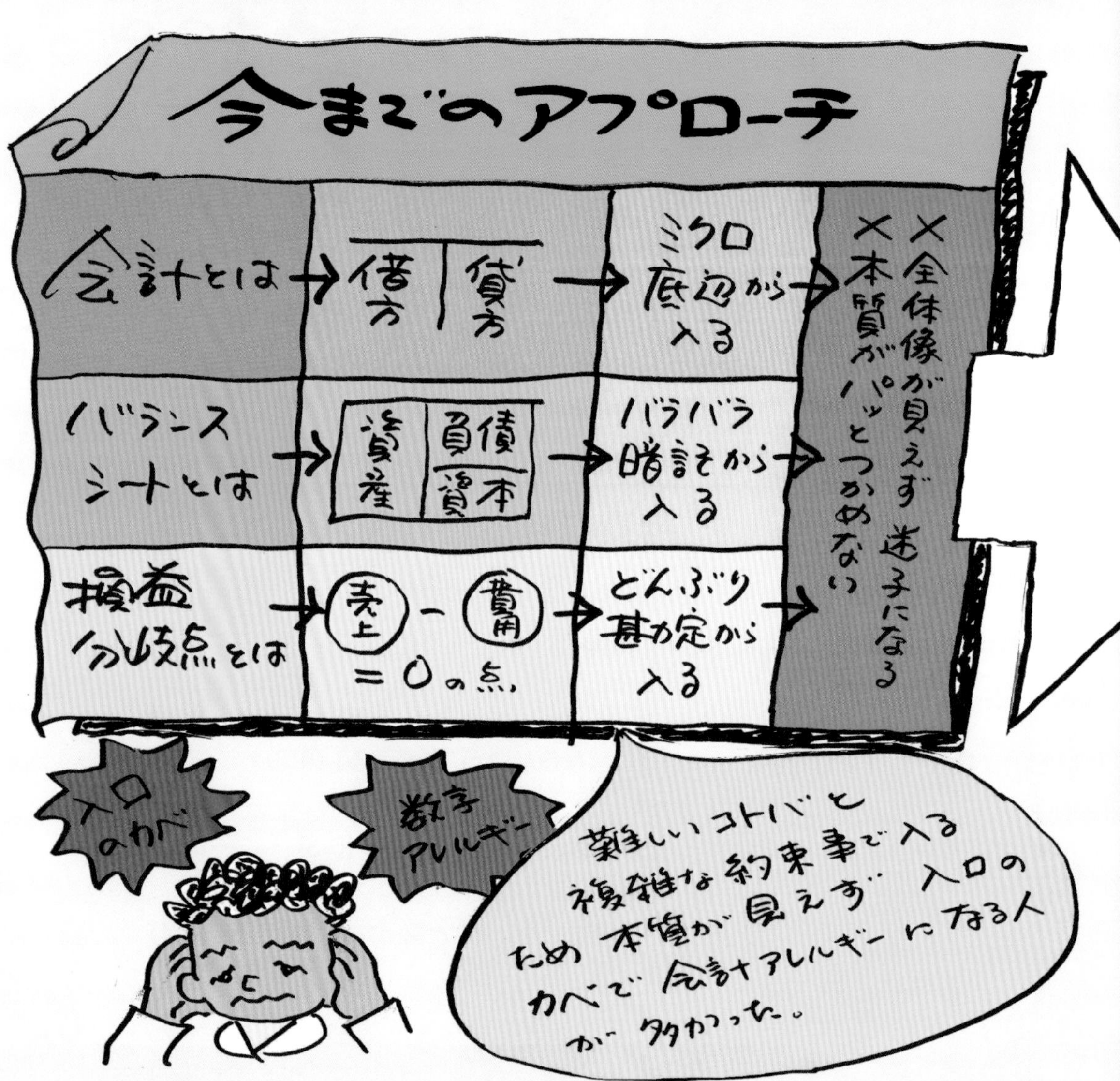

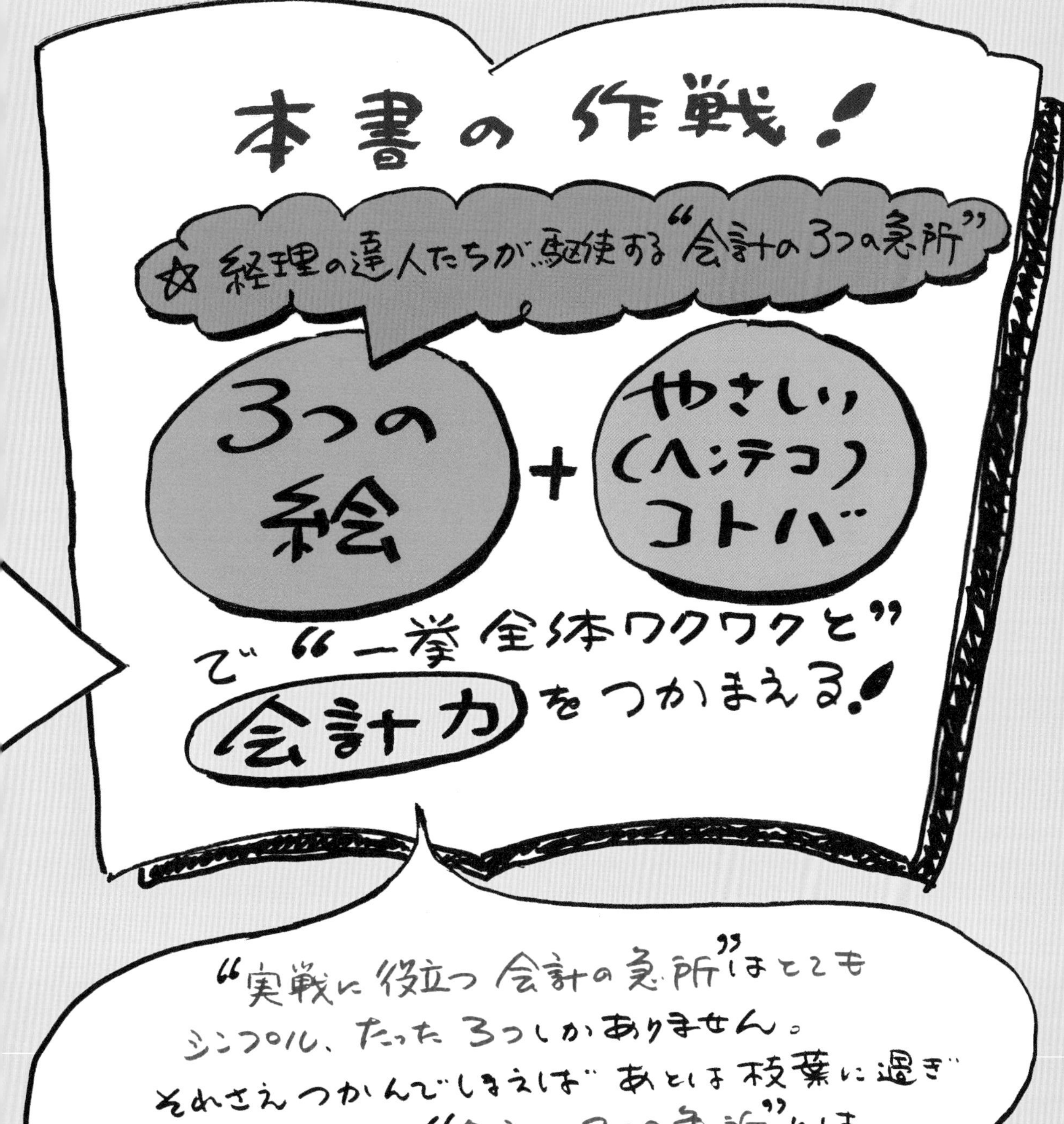
本書の作戦！
☆経理の達人たちが駆使する“会計の3つの急所”
3つの絵
＋
やさしい（ヘンテコ）コトバ
で“一挙全体ワクワクと”
会計力をつかまえる！
“実戦に役立つ会計の急所”はとてもシンプル、たった3つしかありません。
それさえつかんでしまえばあとは枝葉に過ぎないのです。では“会計の3つの急所”とは何でしょうか？

0-2 社長さんへ3つのQ ——“会計の3つの急所”が見えますか？

“会計の達人たちの極意の眼”は、突き詰めると「○と○の関係」という、シンプルな3組の計数の目に帰着します。これを“会計の3つの急所”と呼びましょう。下記の【3つのQの急所】が分ればあなたは社長もできる人だ。

Q1

X社は税引前当期利益50億円と決算発表したが、公認会計士は減価償却の方法を定率法から定額法に変更しており、定率法に比べ償却額が100億円減少していると注記しています。
X社の決算の実態と意味を答えなさい。

Q2

Y社の経常利益見込みは20億円です。そこで20億円の設備投資をしたら、Y社のバランスシートはどうなるでしょうか。（Y社の借入金はいくら増えますか？）

Q3

Z社は今期売上高100億円、経常利益1億円（利益率1%）の予算で事業活動を展開中です。第一線部隊がもう10%売上を増やしたらZ社の経常利益は何%増えるでしょうか。なお、Z社の変動費率は50%です。

1 今、世の中の社長さんに左頁のような**３つのＱ**をするとします。（読者は今すぐこのＱに答える必要はありません。）この時とっさに**会計の３つの急所**が見えるかという問題です。

2 なぜ、社長さんなのか？　それは、**社長は絶対に会社を倒産させてはならない**からです。**倒産は多くの人の幸福を奪います。だから社長が数字の急所が分からないのは困る**のです。

3 左頁の３つのＱは、企業の経営の現場、特に**経営者と経理マンとの間で、古来繰り返されて来たテーマ**です。一つは**決算方針**、一つは**資金方針**、一つは**利益方針**についてです。もしこのＱを見た時、この３つのＱが問いかけている“**会計の３つの急所**”がパッと目に浮かぶならば、**あなたは会計力のエキスをつかんでいる人、社長もできる人**と言えます。

4 この**会計の３つの急所の眼**をつかむならば、会計アレルギーなどは吹き飛んでしまうし、**経営改善の羅針盤**として大きな威力を発揮します。しかも、それは**会計の素人にも短時間でつかめる簡単なことでしかありません**。それでは**何と何の関係**をニラめば良いのか。本書はこの**会計の突破口の３つの急所を絵でつかむことを目的**としています。

「(出発したばかりの小企業）京セラという会社の目的を『全従業員の物心両面の幸福を追求する。同時に、人類社会の進歩発展に貢献する。』と決めた。……（この決心した利他の心は会社を立派にせねばと私を強く導いた。）……中小企業の経営者が立派になれば、経済も豊かになっていくし、同時に社会そのものも立派になっていく。」
稲盛和夫（『盛和塾機関誌 144 号』より（　）内要約補足は筆者。）

＊３つのＱの解答頁は、【Ｑ１】42 頁、【Ｑ２】218 頁、【Ｑ３】156 頁。

0-3 この“3つの絵”が分かれば合格!! ——本書の目的と構造

会計の達人たちが駆使している“実戦に最も役立つ会計の急所”は、この"3つの絵"しかありません。会計戦略思考の主役はここに秘められています。

「**この3つの絵が分かれば会計学は合格!!**」

授業は毎回模造紙のこの絵を宣言することでスタートしました。

定年後5年間、郷里の大学の会計学入門集中講義の授業風景です。

この**3つの絵**は、**居眠り名人の学生たちに一睡もさせない仕掛け**として生まれました。

結果は？大成功でした（笑）

第一の絵は“**会計の眼**”を表しています。この**複式簿記の天才的発明の仕組みと近代会計の極意**をつかむと“**会計思考全般の土台**”として、大きなパワーを発揮します。（第1章）

→15C →19C

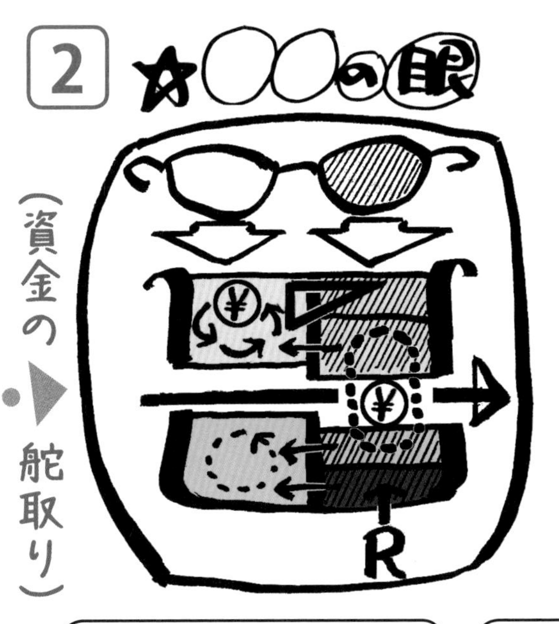

○と○の関係 ←を見る
メカニズム

第２の絵は“**B/S の複眼**”を表しています。
この絵の**資金の複眼**をマスターすると危ない企業を判別し、**財務諸表がマンガのように楽しくなります。**（第２章）
更にこの眼を磨くと**黒字倒産とキャッシュフローを制御する資金戦略の眼**がつかめます。（第５章）

○と○の関係 ←を見る
メカニズム

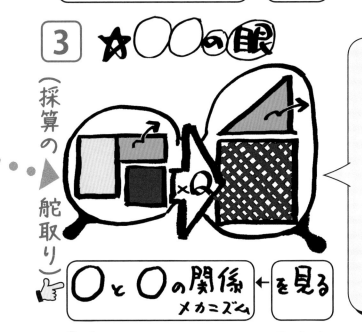

第３の絵は“**採算の眼**”を表しています。
この眼で**損益分岐点の本質**をつかむと採算計算が自在になり、**会計が恐くなくなります。**（第３章）
更にこの眼を磨くと**全部原価のマジック**を見破れ、**赤字経営を黒字化する経営改善の羅針盤**が手に入ります。（第４章）

→ 20c → 21c →

0-4 嵐の時代、ベニスの商人たちの大発明が“生き抜く刀”になる！

18 ～ 19 世紀、激動の時代を生きた達人ゲーテは、経営には会計がいる！と見抜いたのでした。本書は「絶対倒産しない経営改善の会計」を「会計力」と呼ぶ。

1749年～1832年
生涯自己形成を
めざしたゲーテ
あらゆる主人は
ベニスの商人の大発明
を 家政に持ち込む
べきだ
1775～1786年
「ワイマール公国」
人口6000人の貧しい国の
行政に従事 1782年宰相

ベニスの商人たちのワザの 謎解きから
“3つの絵に会計の急所”の航海をはじめよう！

1 超人口減少社会と新型コロナパンデミック。
日本経済は今、経験したことのない困難な時代を迎えています。この荒波を乗り切って生き抜くためには、**企業も学校も病院も、あらゆる組織と個人は、“絶対倒産しない経営改善の羅針盤”を磨く必要**があります。

2 かの文豪ゲーテは、偉大な小説家・詩人であると同時に、18 世紀後半ドイツの小国の宰相として激動の時代の国の生き残りのため奮闘した人でした。
その仕事を終えたあと、ゲーテは著書「ヴィルヘルム・マイステルの徒弟時代」の中で、15 世紀のベニスの商人たちが発明した「**複式簿記**」のことを、「**これこそ人間精神の最も立派な発明のひとつだ。これはあらゆる優良な主人（リーダー）が自分の家政（経営）に持ち込むべきものだ**」と絶賛しています（カッコは筆者補足）。
詩人ゲーテは何と広い視野を磨いていたことでしょうか。

3 達人ゲーテは、**激動の時代を生き抜くのに経営に会計がいる！**と見抜いたのでした。
絶対倒産しない経営改善の羅針盤。
それこそ、ゲーテもいうように、**「ベニスの商人たちの大発明」を決定的基盤にして 500 年間進化して来たパワー**です。**本書では、この進化して来た「絶対倒産しない経営改善の会計」を「会計力」と呼びます。**
本書は、経理の達人たちが駆使している**“実戦に最も役立つ会計の３つの急所”**を、やさしい**“３つの絵”**にして楽しんでマスターすることに挑戦するものです。
では、ゲーテの言う**“ベニスの商人たちの大発明”**とはどんなワザだったのでしょうか。
その謎解きから“３つの絵”による会計力マスターの航海をスタートしましょう。

"残されたものを最大限生かせ！"
―グットマン博士の戦略

【失ったものを数えるな。残されたものを最大限生かせ。】「パラリンピックの父」英ストーク・マンデビル病院のグットマン博士の言葉に感動する。2021年執筆とコロナと老老介護に苦戦した夏、筆者は、絶望的な条件を跳ね返して輝くパラアスリートの選手たちの奮闘する姿に計り知れない勇気をもらった。**「人生が経営に似ているのでなく、経営が人生に似ているのだ。」**とは、私の人生の師、問題解決の大家宮本裕氏の言葉だ。**動かせないものでなく動かせるものの中に急所を発見し、勇気を持ちネバーギブアップ一点突破で集中する。「その中でどう生きるか」が人生だ、と。**グットマン博士の言葉に応えて、**圧倒的に困難な中を工夫し一人一人違う独自の型を創造し活き活き生き抜くパラアスリートの選手たちの営みはどんな経営にも勝る経営だ。**

「それは幸せの創造だ」
―ドラッカーの"北極星"

「**マネジメントの真髄を一言で言うと何**でしょうか？」ある先生がドラッカーにお会いした時そう率直な質問をした。するとドラッカーは答えた。「**それは幸せの創造だ。**」と。……ヒットラーの時代を肌で体験したドラッカーの関心の中心は、**社会に生きる一人一人の自由と幸福であり、その人たちが生きている社会が機能していること**にあった。そして、そのためには、**企業組織を「なんとかしなくてはいけない」**というところから企業や組織のマネジメントという概念を作った。**マネジメントの目的は人間の幸せを作り出すことだ。売上や利益はそのための責任であり目的ではない、**と。**経営という航海の"北極星"**を指し示すドラッカーの深い思いが聴こえてくる。（参考：ドラッカー学会年報 Vol.16、國貞克則著『究極のドラッカー』）

《第1章：第1の絵》

FLOW・STOCK＋ハサミの眼
――ベニスの商人の大発明と近代会計の原理

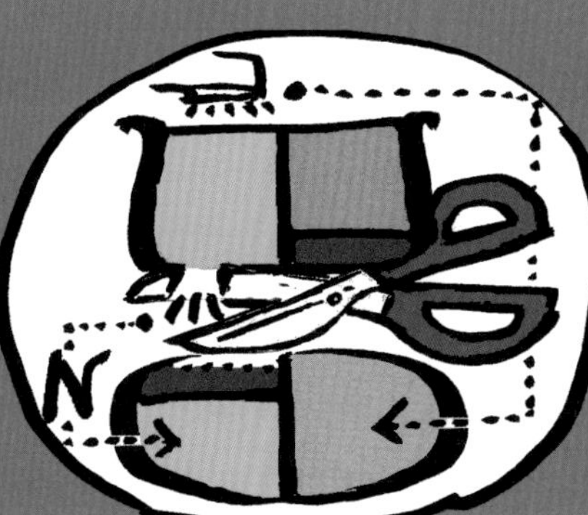

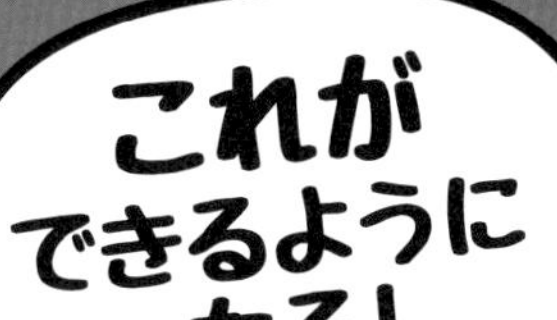

第１章の目標設計図

❶会計の急所の【第１の絵】の意味を言える。(1-6, 15)

❷15世紀のベニスの商人達の大発明＝複式簿記のエキスは【借方・貸方ではなく何か】が言える。(1-1, 2)

❸“風呂桶方程式”、すなわち【FLOWとSTOCKの代表的等式】を言える。(1-2, 3)

❹【簿記の最終目的は何を作ることか】を言える。(1-4, 5)

❺19世紀の株式会社発展で誕生した【近代会計成立のシンボル技術のニックネーム】と【脱現金主義会計のルール名・その代表的技術】を言える。(1-6, 7, 14)

❻【減価償却は資金の社内留保】の意味を言える。(1 -9, 10)

❼【原価計算のエキスと売上原価・棚卸資産の関係】を言える。(1 -12, 13)

❽会計学の巨人シュマーレンバッハの言葉【B/Sは決算の女王ではなくP/Lの下女である】の意味を言える。(1 -14)

❾会計学の大家リトルトンの言葉【光ははじめ15世紀に、次いで19世紀に射した】の意味を言える。(1 -6)

1-1 ベニスの商人達の大発明——その本質は ??

世界中に普及している「借方・貸方」の大発明。だが、この「化石コトバ」は大発明の本質ではない！

☆ルネッサンスの巨人パチオリとダ・ヴィンチは親友だった。
ダ・ヴィンチはパチオリから、数学・簿記・遠近法を学び
“最後の晩餐”を描き、パチオリの著書に挿絵を描いた。

1「会計」というと、すぐ思い出すのが「借方（かりかた）・貸方（かしかた）」。
古今東西そして今も極めて多くの人々が「会計アレルギー」という条件反射に陥ってきました。この「会計」に対するイメージや**「借方・貸方から入るアプローチ」**をまず断ち切る必要があります。
そもそも**「借方・貸方」という化石のようなコトバは、現代の世界中の会計システムがベニスの商人達の大発明であるというロマンの証なのですが、大発明の本質では全くない**のです。

2 中世イタリア、十字軍の輸送を一手に引き受けたベニスの商人達は、美しき戦略の島ベニスを基地として地中海を舞台に東方貿易で大活躍し、13 世紀末から取引を二重記入する独特の帳簿を工夫発明していきます。
15 世紀に入り、修道僧で数学者のルカ・パチオリが、家庭教師先の商人の帳簿に出会い感動しました。
そしてその研究に没頭し、著書『ズムマ』でその帳簿の見事な神髄を発表します。『ズムマ』はベストセラーとなり、ベニスの商人達の大発明は各地に波及していきました。

3 このように歴史を紐解くと「借方・貸方」は確かにベニスの商人達の大発明のなごりです。しかし、大発明の本質を表すものではありません。
では、**大発明の本質（エキス）とは何でしょうか？**

パチオリは複式簿記の開祖か？

パチオリは複式簿記の開祖と言われるがこの表現は正しくない。複式簿記は次第に発展してきた商業の必要に応じようとする、**ベニスの商人らの絶えざる実践の工夫から生まれた。**パチオリの業績はその神髄に着眼し見事に紹介したという地味な仕事であった。しかし、パチオリの仕事によって**複式簿記は今や世界の隅々を覆いつくす大河となり世界経済の繁栄の根幹システムとなっている。**そのスケールは他に比べようもなく雄大である。（染谷恭次郎著『ある会計学者の軌跡―ひとつの会計学史』から）

1-2 会計とは“風呂桶原理”である。

会計とは“FLOW と STOCK の関係をつかむ”ことである！

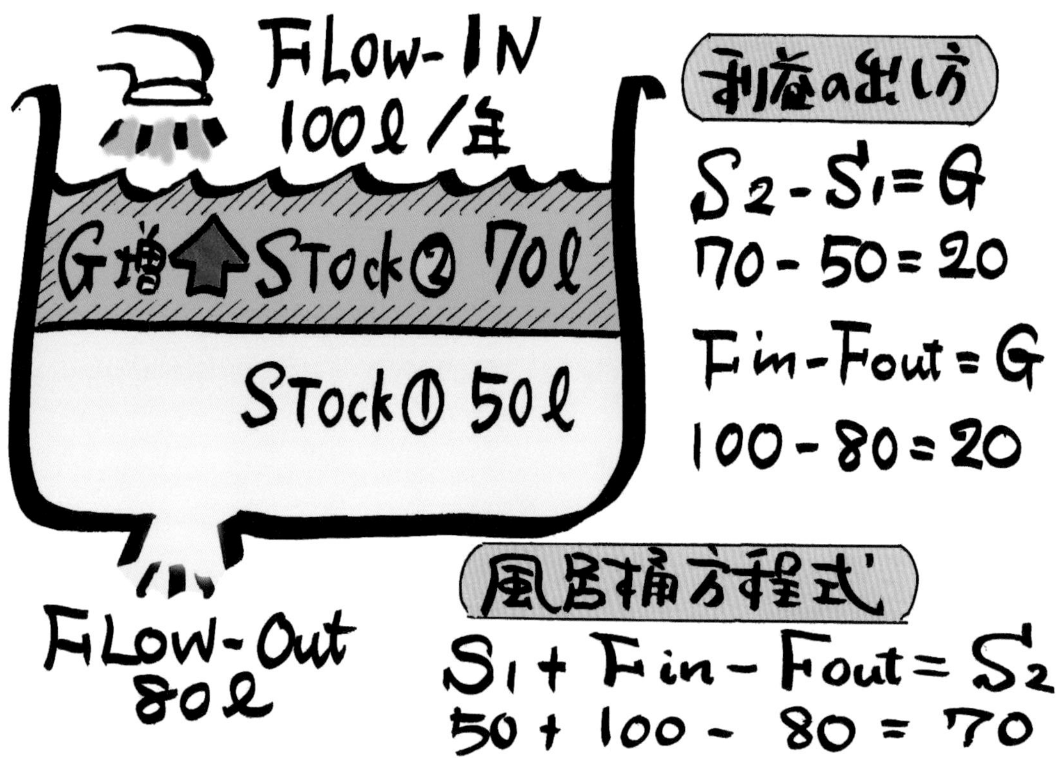

＊ STOCK ①＝ S_1，STOCK ②＝ S_2，Flow in ＝ F.in，Flow out ＝ F.out

1 **ベニスの商人達の大発明のエキス**、それは「借方・貸方」ではなく“**風呂桶原理**”です。

2 左のイラストに示すように、風呂桶には、始め 50ℓの水が残っていた（STOCK ①）。
そこへ 1 年間に 100ℓが流れ込み（FLOW IN）、80ℓが出て行った（FLOW OUT）。
その結果、1 年後の残り分（STOCK ②）は 70ℓになった。
さて、増加分は何ℓか？
――この**増加分を利益**に見立てれば、これはそのまま**企業活動の計数の動き**を示します。

3 水の増加分のつかみ方は、
STOCK による方法（STOCK ② － STOCK ① ＝ 20ℓ）
と
FLOW による方法（FLOW IN － FLOW OUT ＝ 20ℓ）
の 2 通りがあります。
そして風呂桶の中の水の動きの方程式は、

STOCK①	**＋**	**FLOW IN**	**－**	**FLOW OUT**	**＝**	**STOCK②**
50ℓ	**＋**	**100ℓ**	**－**	**80ℓ**	**＝**	**70ℓ**
《前期繰越》		《当期 IN》		《当期 OUT》		《次期繰越》

という“**FLOW と STOCK の関係**”で示せます。（これを“**風呂桶方程式**”のニックネームで呼ぶことにします。簿記・会計で極めて頻繁に出てくる等式です。）
会計の本質とはこの風呂桶の原理、すなわち“FLOW と STOCK の関係”をつかむことなのです。

1-3 亭主のサイフのFLOWとSTOCK

会計とは“風呂桶方程式（FLOW・STOCK 関係式）”である！

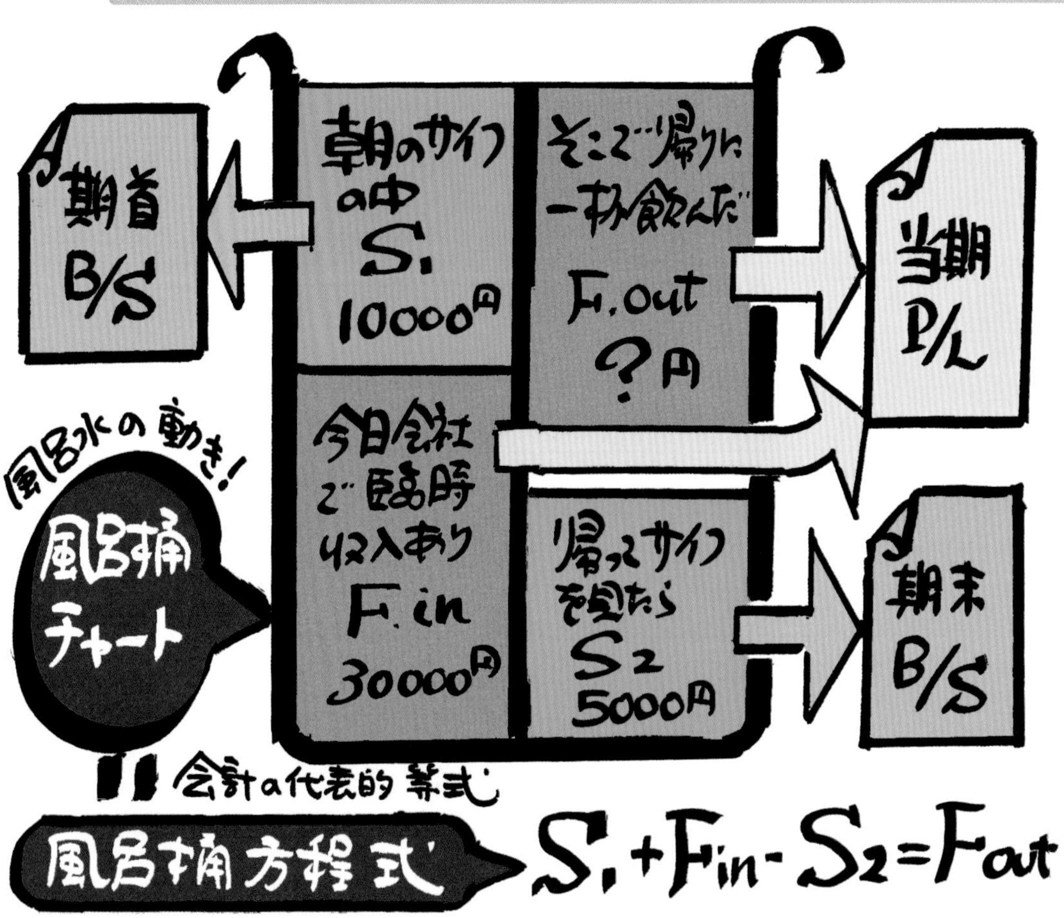

＊ S_1=STOCK ①，S_2=STOCK ②，F.in =Flow in，F.out =Flow out
＊ B/S、P/L の解説は次節にあります。

1 **FLOW（流入・流出）とSTOCK（残り）の考え方は有力**です。
地球上の多くの物事はFLOWとSTOCKの動きで捉えられます。**FLOWが原因となりSTOCKが生まれ、STOCKが原動力となりFLOWが生まれる**という具合に、**FLOWとSTOCKは循環**しています。
本書のテーマの「会計力」は、**企業活動のFLOWとSTOCKを鋭くつかみ、舵取りしFLOWとSTOCKを充実していく眼**を磨くことだと言えましょう。

2 サラリーマンのある日の財布の中を、前述した風呂桶のFLOWとSTOCKの動きの眼で図解してみると左図のようになりました。さて、今日いくら使ったでしょうか？

3 答えは簡単ですね。“**風呂桶方程式**”に基づいて、

$$S_1 + F.in - S_2 = F.out$$
$$= 10,000円 + 30,000円 - 5,000円$$
$$= 35,000円$$

そう、**このつかみ方が会計のつかみ方**です。

4 なお、今後は、風呂桶の水の動きを表わす“**風呂桶方程式**”は

「**S_1 + F.in − F.out = S_2**」

の省略形で表現します。
また、**“風呂桶方程式”の図解は“風呂桶チャート”**のニックネームで呼ぶことにしましょう。**会計のFLOW・STOCK原理をつかむのに役立ちます。**

1-4 “メーター付き風呂桶”!! ――ついに完成した簿記の天才システム。

複式簿記とは“メーター付き風呂桶”だ！最大関心のP/Lメーター発明で、営業活動からP/LとB/Sを同時に作り出す天才システムだ！

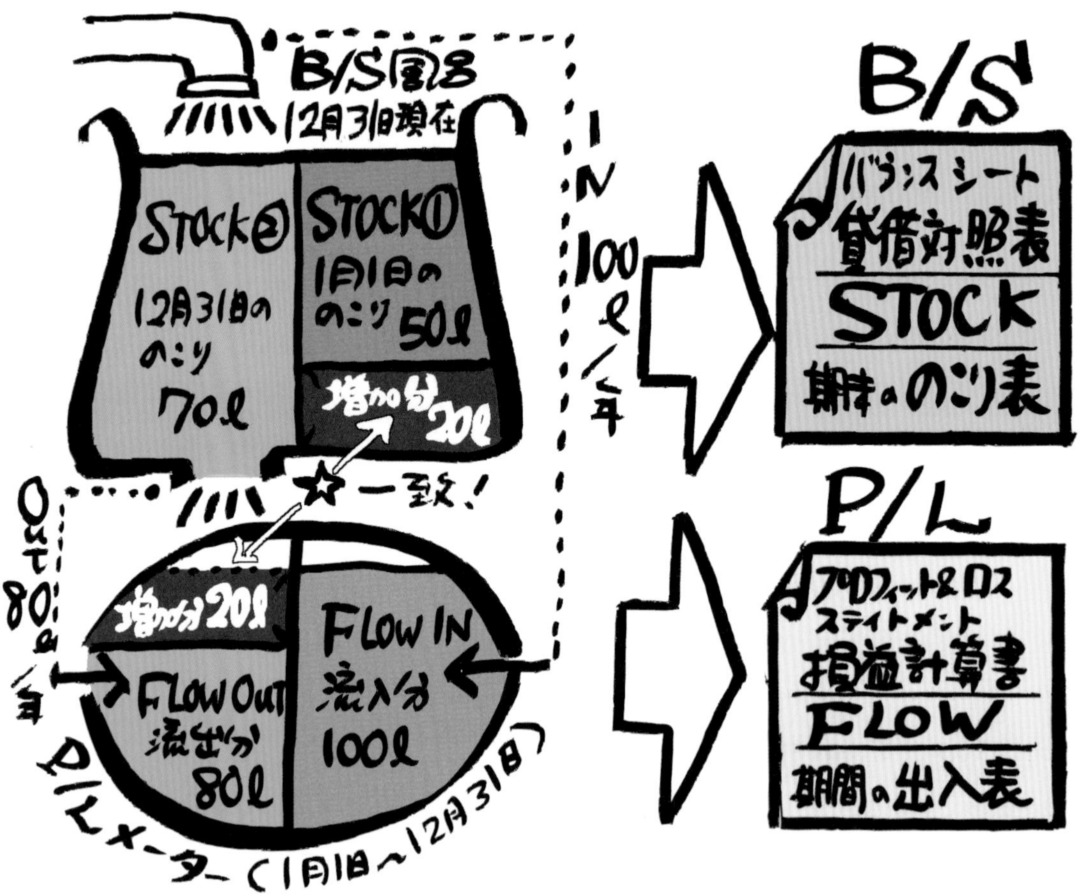

＊B/S風呂の左側は現状の残り（当年末の残り）、右側は元手（当年初めの残り）とその増分を表す。
なお、この“メーター付き風呂桶”は“簿記の核心である試算表”を絵にしたもの。風呂桶（B/S）の左右のより正確な意味については、第2章の“B/Sの複眼”で解説します。

1 ベニスの商人達が発明した簿記の発達プロセスについては諸説がありますが、STOCK の帳簿を工夫しているうちに、ついにこの**風呂桶の STOCK（残り）の増加原因**である **FLOW の流出・流入メーター（損益勘定＝最大関心の利益計算機能 !!）**を取りつけること**（FLOW・STOCK 体系の成立）**を思いついた。
それはまさに**天才的仕掛けの発明**でした。左図をご覧ください。

2 営業活動の計数をこの **FLOW と STOCK の両面から記録集計するのが簿記の技術**です。一定期間経った時点で、その**期間の FLOW IN と FLOW OUT を全員集合**させた **FLOW 報告書（流出・流入表）**を

P/L（ピーエル）（プロフィット・アンド・ロス・ステイトメント：**期間損益計算書**（きかんそんえきけいさんしょ））

と呼び、**期末の STOCK を全員集合**させた **STOCK 報告書（残り表）**を

B/S（ビーエス）（バランスシート：**期末貸借対照表**（きまつたいしゃくたいしょうひょう））

と呼んでいます。
商法・税法等で**外部報告を義務づけられた言わば会社の通信簿**です。

ステークホルダーへの会社の通信簿

家計簿は公開する義務がないのに、なぜ企業は決算内容を公開・報告せねばならないか？ 19 世紀の株式会社の発達により、企業は経営者（経営状況に関心）、株主（配当・株価に関心）、銀行・債権者・取引先（成長性・安全性に関心）、税務署（税収に関心）、従業員・労働組合（給料に関心）、一般消費者など極めて多くの“**利害者集団（ステークホルダー）**”に囲まれ且つ支えられる“**利害者集団なしには存立できない社会的存在**”となる。そこで**利害者集団の権利保護のため、商法などにより B/S・P/L などを公表・外部報告することが制度化され、企業会計原則がルール化された。**
B/S・P/L など財務諸表は共通ルールによるステークホルダーへの通信簿と言える。

1-5 簿記の目的はP/LとB/Sを作ること

「P/LとB/Sを作る」のは経理マンの仕事、大切なのは「P/LとB/Sを読み解き、“絶対倒産しない企業”へ経営改善する力＝会計力」。

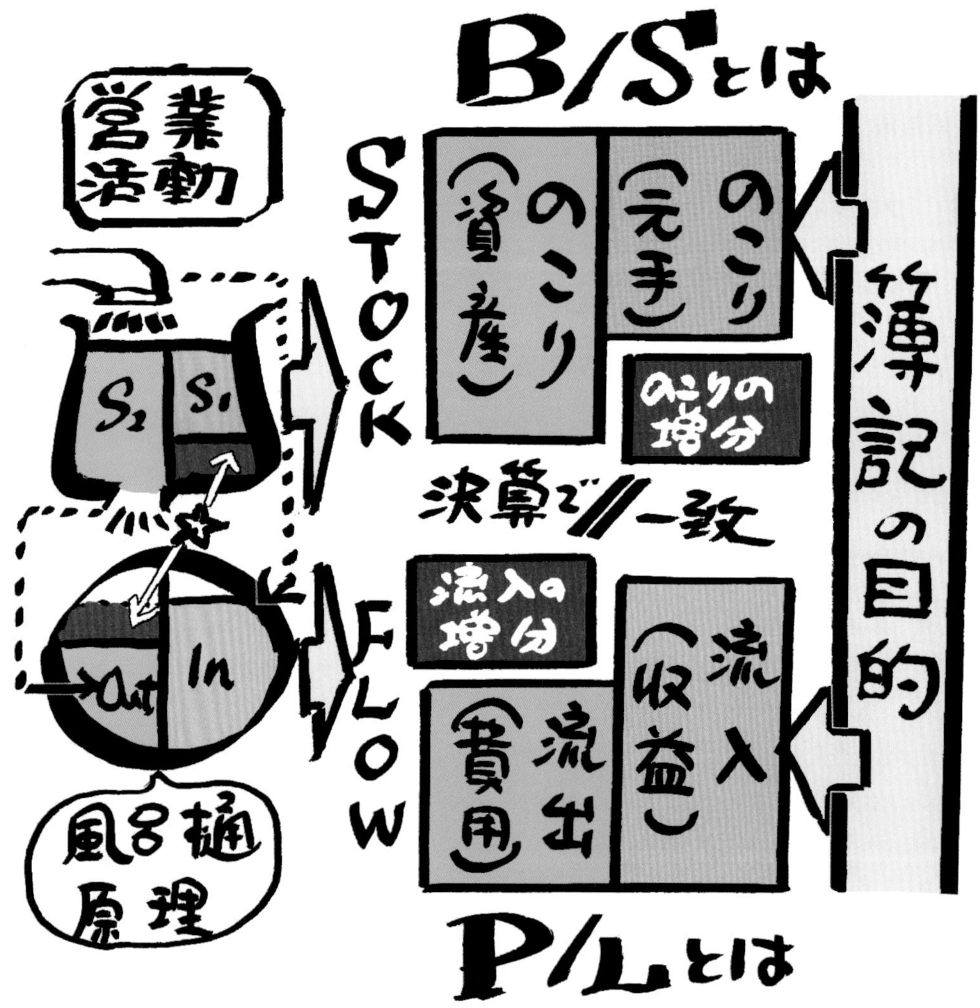

1 P/L（損益計算書＝ FLOW 表）は期間中の営業成績（収益・費用）を、B/S（貸借対照表＝ STOCK 表）は期末の資産内容（資産と元手の関係）を表しており、この**「P/L と B/S を作ること」が、簿記の目的**です。
なお、P/L と B/S を「作ること」は経理マンの仕事ですが、**出来上がった P/L と B/S を「読めて戦略的に改善できること」こそは、現代のリーダーの要件**です。
簿記は必須でなく、「会計力」が必須。
そして、**「会計力」とは“3つのシンプルエキス”で、“絶対倒産しない企業”へ経営改善する力。**
本書の目的はこの「会計力」を学ぶことです。

2 P/L の利益（流入の増分）と B/S の利益（残りの増分）が決算で一致するのは、風呂水の FLOW の増加分と STOCK の増加分が一致する“**風呂桶原理**”によっています。

3 なお、2000 年から上場企業では P/L、B/S に次ぐ**第３の財務諸表**（ざいむしょひょう）として**キャッシュの増減の動きをすべて集計した C/F（キャッシュフロー計算書）**の外部報告が義務づけられました。
このC/Fの作成も見方も、**簿記の“メーター付き風呂桶原理”の技術が基礎**を成しています。

パチオリは B/S を見たか？

もちろん 15 世紀のパチオリは B/S を見ていない。19 世紀株式会社の発達にともないステークホルダー保護のためのイギリス会社法による外部報告 B/S が誕生する。その後財産目録的な B/S から損益計算手段の B/S へのドイツシュマーレンバッハらの B/S 論争を経て、1930 年代の大恐慌後**投資家の観点からの P/L（中心）B/S（従）の今日の米国式 B/S が誕生**する。（しかし、資金的に見ると、**複式簿記は誕生と同時に既に【B/S のカネの変化を見事に追及する資金の複眼】を内蔵**させていた！　第２章）

1-6　19世紀“期間配分ハサミ”の誕生

近代会計とは「期間配分」である！　期間損益計算のため「当期分」と「残り分」を区切る“期間配分ハサミ”が近代会計のシンボル技術である。

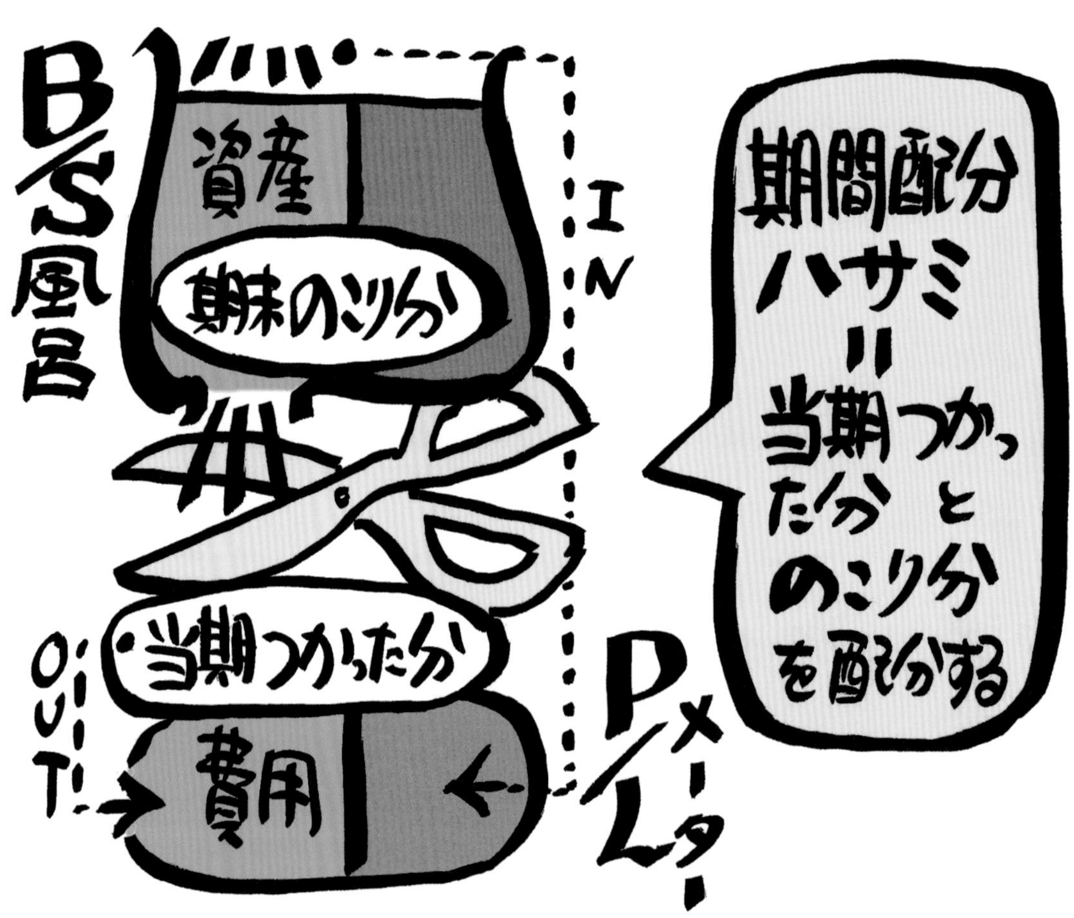

1 「**光ははじめ15世紀に、次いで19世紀に射した。**……15世紀の商業の急速な発達に迫られて、人は帳簿を複式簿記に発展させ、19世紀の商工業の飛躍的な発達に迫られて、人は複式簿記を会計に発展せしめた。……」
米国会計学の大家リトルトンのエクサイティングな名著『会計発達史』の有名なラストメッセージです。
では、**15世紀のFLOWとSTOCKの複式簿記システムから、19世紀の近代会計への発展とは一体何が起きたのでしょうか？**

2 一航海ごとに精算するベニスの商人達の個人経営が、19世紀に入って多数の利害者集団※が関与する継続的な株式会社経営に移るや否や、FLOWはとうとうと流れる川のように連続的になり、**長期に使用する固定資産が増加**して来ます。
こうなると１年が終了して期間損益と期末資産状況を外部に報告するためには、**費用の流れを現在（当期分）と未来（残り分）に「期間で区分する技術」**が重要問題となります。
例えば、長期間使うための設備に多額の投資を行った場合、その費用はどう切るべきか？
そのような疑問から、**当期使った分は当期の費用としてP/Lメーターに乗せ、残りの費用は資産としてB/S風呂に残す「期間損益計算の技術」が誕生**しました。

3 「風呂桶メカニズム」（＝15世紀）の連続するFLOWを期間ごとに切る**“期間配分ハサミ”の技術（当期使った費用分と残り分の決定＝19世紀）**こそ、近代会計のシンボルなのです。そして、**その代表的技術が減価償却（げんかしょうきゃく）**です。

※経営者・従業員・株主・国・銀行・取引先など。**ステークホルダー**という。会計が共通言語となる。なお、この多様なステークホルダーはそれぞれ関心は違っているが、唯一、共通の願いがある。それは“**絶対倒産しない企業**”として存続して欲しいという願いである。

売上計上のルール（次節の発生主義会計の補足）

収益も現金主義会計（現金の出入り基準）でなく発生主義会計のルールによるが、更に安全確保・未実現利益防止のため、**モノ・サービスを提供（商品を販売）し債権（売掛金）が確定した時点をもって収益を計上する（販売基準）**。これを**実現主義の原則**という。なお、建設業の工事完成基準と進行度による工事進行基準など、実現主義にも様々な形がある。

1-7 脱現金主義会計の“ハサミのルール”へ

「現金主義会計」をやめ、発生事実に基づいて期間配分する「発生主義会計（脱現金主義会計）」が「ハサミのルール」である。

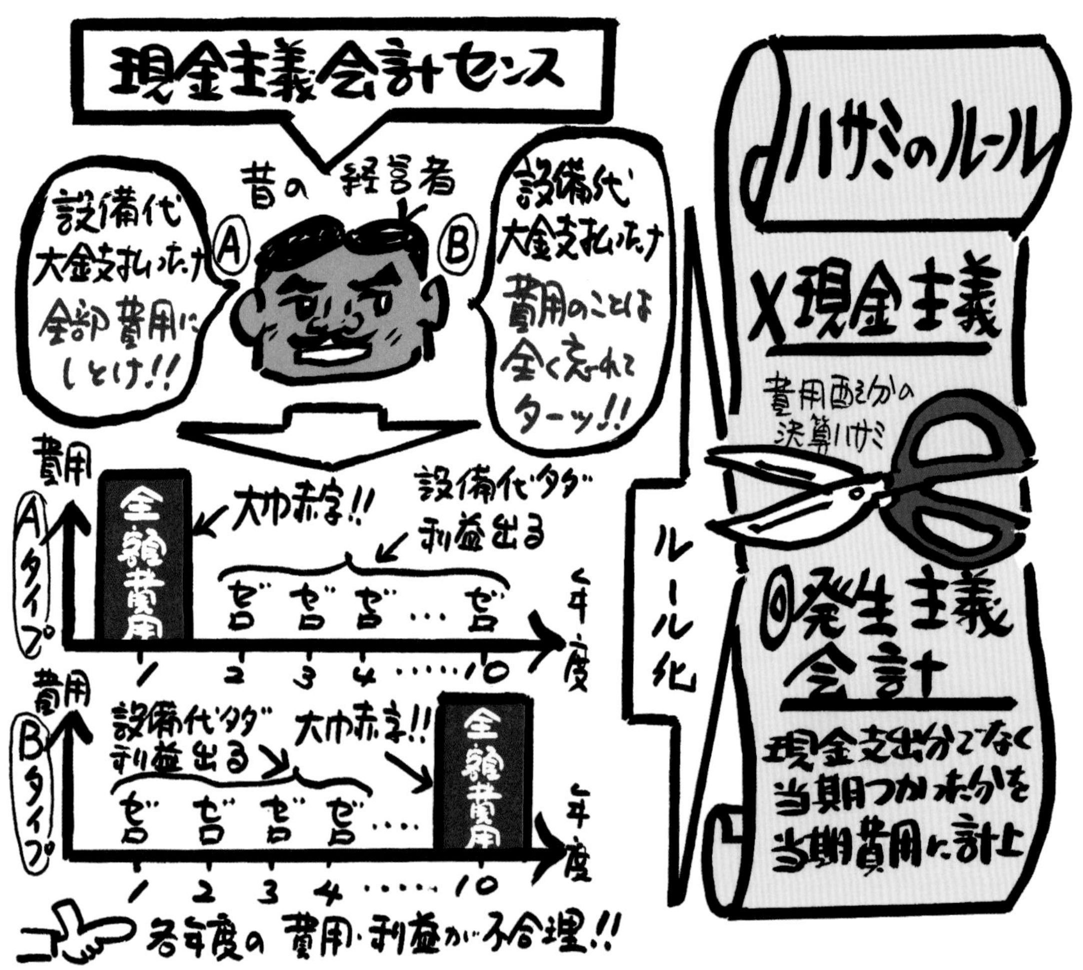

1 **減価償却は近代会計の代表的技術**です。昔の経営者はこの減価償却の技術と意味が分かりませんでした。（左図 Ⓐいっぺんに全部費用にする Ⓑ費用化を全く忘れる）

2 長期間使うための固定資産（こていしさん）への多額の投資を、「現金主義会計」で一挙に費用にすることは、各年度の利益に不合理な大きな変動を与えることになり、経営判断や税の徴収に大きく影響します。そこで固定資産（土地[※1]などを除く建物・機械などの償却資産）については、現金の支出による費用計上ではなく、固定資産の「当期使った分」を各年度に平準化して費用計上し、当期の FLOW 分と期末の STOCK 分に配分する減価償却のルール[※2]がつくられました。

3 「**現金主義会計**」から脱して**「当期発生した経済的事実」に基づき収益・費用を「期間で区切って配分」する「発生主義（脱現金主義）会計」**が**近代会計の“ハサミのルール”**。減価償却はその特徴を一番はっきり物語ります。

※ 1 使っても減価しない固定資産は非償却資産という。その代表が土地。
※ 2 減価償却により、設備の費用が利用期間にわたり平準化され、期間損益計算が可能となる。

会計とは期間配分だ！

本書は、19 世紀の近代会計の**期間損益計算技術のシンボルをニックネームで“期間配分ハサミ”と呼ぶ**。リトルトンの名著『会計理論の構造』は、**簿記技術を使用せずに会計の本質を語った**晩年のイリノイ大学の名講義だ。その講義で使った図解で、会計のエキスを【取引➡勘定元帳記入（分類）**➡配分（再分類：期間的修正）**➡財務諸表（報告）➡監査（再吟味）】の工程で表す。**「期間的配分（再分類の技）は発生主義会計の極めて重要な部分を構成する会計技術だ。」**と。その【**脱現金主義の期間決算（再分類）の代表技術減価償却N**】が分かると【**Nを現金に戻す第 5 章の資金の技の意味**】が分かる。

1-8 定額法と定率法 ―― 減価償却の戦略

近代会計の代表的技術「減価償却」による費用配分方法は複数ある。

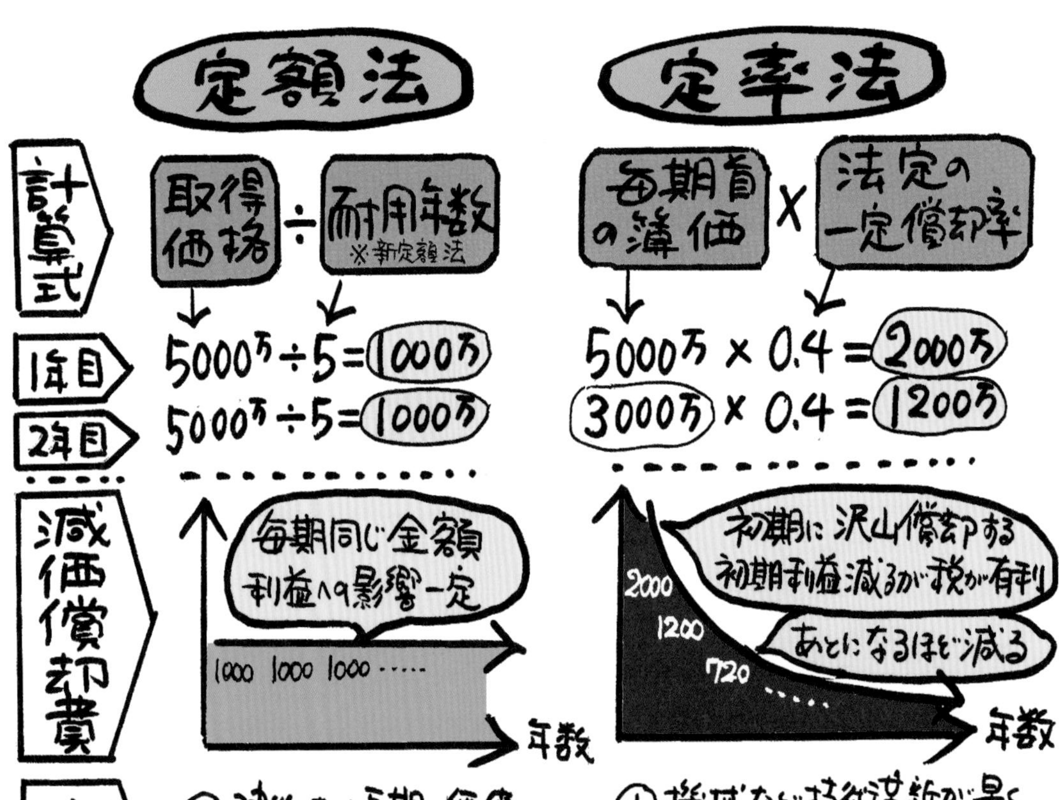

1 減価償却は、FLOW(当期分)と STOCK(残り分)を切り分けるために、**決算時に行う“期間配分ハサミ” 作業の代表的技術**です。
その計算方法の代表が「**定額法**」と「**定率法**」※1 です。

2 減価償却は当期に計上する多額の費用の決定であり、**P/L の利益をその分減少させ、設備投資の資金をその分回収し社内留保(次節で解説)**します。利益の減少は税などの社外流出を減少させます。減価償却には、利益・資金・節税の観点も必要です。

3 減価償却の計算式や**資産の種類別耐用年数**※2 は税法に定められており、会社の都合で勝手に変えられません。巨額の固定資産の減価償却法は税収や中小企業・産業の育成・景気対策に大きな影響があるため**頻繁な法改正があるので勉強が必要**です。

4「**継続性の原則**」※3 により、一旦採用した償却法は特別の理由なく変更はできません。特別の理由が認められる場合は、税務上の事前申告、会計上の注意書きが必要です。

※1 減価償却の方法には、上記方法以外に「級数法」、「生産高比例法」がある。
※2 耐用年数とは、資産を使用する(利用する)に耐えられると考えられた期間のこと。
※3 企業会計原則のひとつで、一旦採用した処理の原則及び手続は、原則的に継続して採用しなければならないとされている。

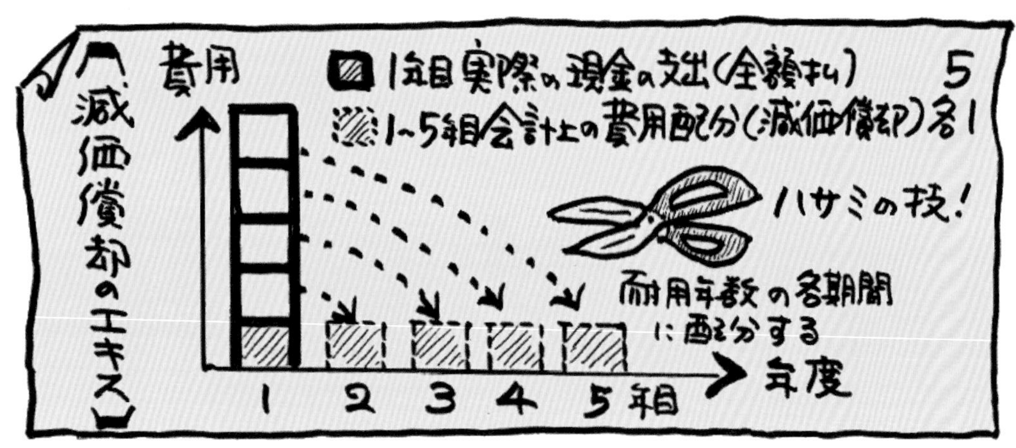

1-9 「減価償却費は資金の社内留保である」の秘密

利益と現金にギャップを起こす「減価償却費」は資金繰りのカギの一つ。
そこで、このギャップのメカニズムに挑戦しよう。

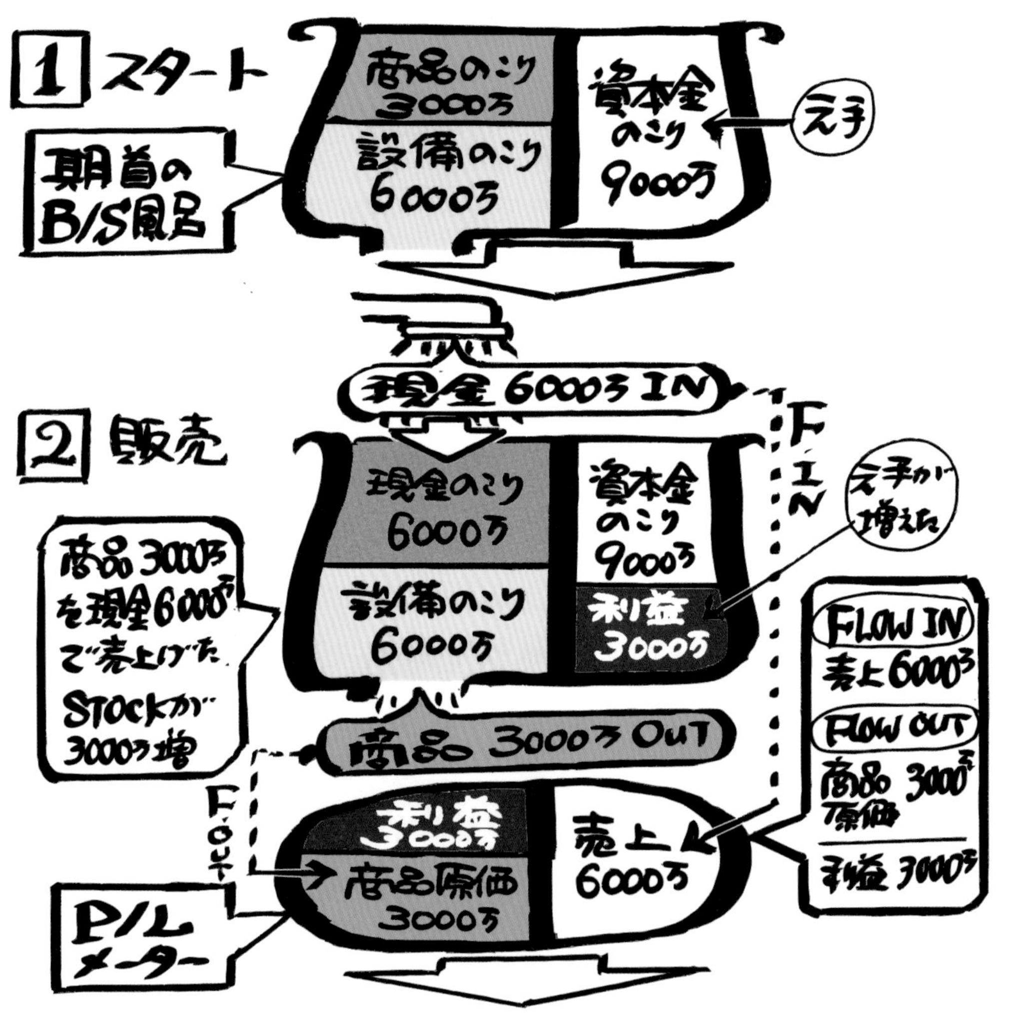

＊「1-10　ハサミで配分した現金の出ない減価償却費 N」に続く。

1 「減価償却費は資金の社内留保である」ということがよく言われます。一体どういう意味でしょうか。

2 減価償却は期末決算時に行う**“期間配分ハサミ”（当期費用配分）の帳簿上の処理であり、この時現金が出て行く訳ではありません**（37 頁の図「減価償却のエキス」に示すように、**現金は資産購入時に出ており 2 度出ることはありません**。）。すなわち、減価償却費として計上した分、P/L メーター上の当期費用が増え**当期利益が減少**しますが、B/S 風呂上の**資金（売上で回収された売掛金などの現金性流動資産（りゅうどうしさん）**※**）は変化せず残っており、減価償却分の資金は社内に留保**されているのです。

3 そこで、営業活動によるこの「B/S の変化と減価償却費の関係」を見ましょう。左図のように、売上げると利益が上がり現金が増えます（2）が、商品の仕入れが必要なので、その分現金は減ります（次節3）。また、2ではまだ利益から設備代を引いていません。

※ 流動資産については 2-7 で解説。

ベニスの商人からオランダの商人へ—帳簿の世界史

なぜオランダが江戸時代の日本の貿易を一人占めしたのか？『オランダから見える日本の明日』という本がこの謎解きをしてくれた。オランダは当時も今も世界の素晴らしい先進国なのだと。で、ベニスの商人の大発明の簿記は、**17 世紀、世界初の株式会社東インド会社（VOC）**が繁栄したオランダにリレーされ、**国際貿易の中心オランダは会計学校が大ブーム**となり、教養と会計レベルの最も高い国、ヨーロッパの会計の中心地として簿記技術が発展した。**【帳簿を期間で区切る画期的技術】もオランダで誕生し、B/S・P/L の萌芽も生まれていた**が、**ステークホルダー（利害者集団）が未発達**で専制的経営の VOC のもとでは**会計は機密**に閉ざされており、公明正大な複式簿記と B/S・P/L の外部報告システムが定着普及するには至らなかった。（『帳簿の世界史』より）

1-10 ハサミで配分した現金の出ない減価償却費N

「期間ハサミで配分した現金の出ない費用N」の代表選手「減価償却費」は設備投資や借入金返済に使える自己資金源泉。キャッシュフロー計算のカギの一つになる。

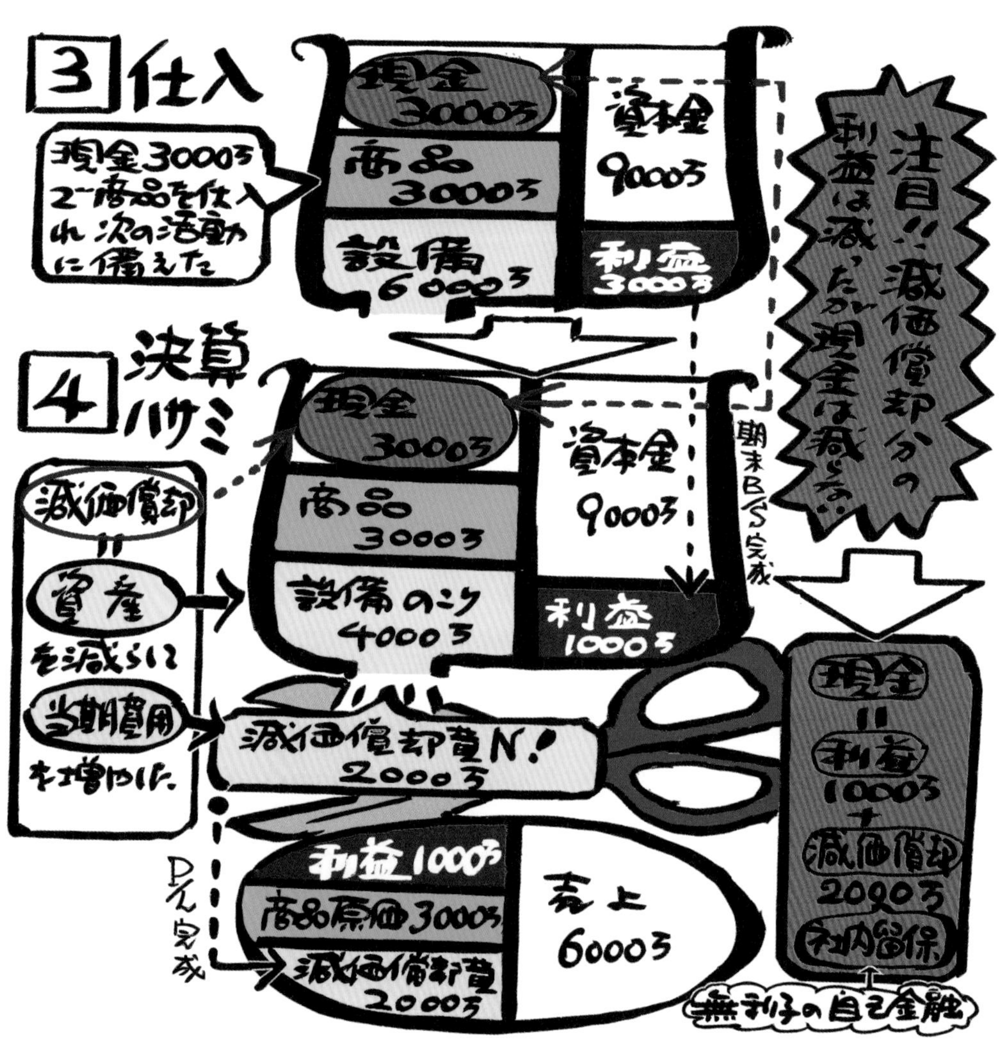

[1] 決算時の期間配分ハサミの作業で、設備の当期使った分を減価償却費 N として P/L の費用に落とし、残り分の設備を資産として B/S に残します（[4]）。
このとき、減価償却費は現金の出ない費用なので、P/L の利益は減ったのに、B/S の現金は変わらず償却費分は資金として社内留保されています。

[2] なお、本書では、この【決算の期間配分ハサミで配分された**現金の出ていかない費用**】を「NON キャッシュの費用」として N の字を付して「**減価償却費 N**」のニックネームで呼びます。（N には各種引当金・資産除却損などいろいろあり減価償却費と同じ資金の社内留保効果があります。減価償却費はそれらの代表選手です。）

[3] このように、**減価償却費 N の分は、資金が社内に残っており、減価償却費 N は設備の更新投資や借入金返済に使える自己資金**※なのです。この減価償却費 N の効果は**資金繰り・キャッシュフロー計算のひとつの鍵**となります。（第 5 章）

※ 現実に手元に現金が残るためには更に増加運転資金が関与する。（増加運転資金分はカネが寝てしまい現金にはならない。詳細は第 5 章で解説。）

減価償却が分かると簿記・会計が分かる！

本書の 0-3 の“第 1 の絵”は、**簿記学習の 2 つのハードル**を表している。即ち、**15 世紀**の複式簿記技術の発明ロマン（**メーター付き風呂桶原理**）と **19 世紀**の近代会計技術の発明ロマン（**期間配分ハサミ**）である。簿記学習の焦点の決算作業は、15 世紀の技術で仕訳した作業（**メーター付き風呂桶の FLOW・STOCK 分類**）を期間で区切るため、**ハサミで当期分と期末残り分に再分類（期間配分）し、P/L と B/S を作り出す。**この **15 世紀のロマンと 19 世紀のロマンが難解な簿記のエキス**である。だから、**19 世紀の期間配分ハサミの代表技術である減価償却（決算作業のハイライト）のハサミの絵の秘密**をつかんでしまえば、あなたは簿記と会計のエキスをもはやつかんだ人である。授業で学生たちは**簿記の中のこの 2 つのロマンの意味を絵でつかむ**と、喜々として決算をやりとげ、簿記のハードルを越えて P/L と B/S を作り出した。

1-11 魔法のハサミ ?? ―― 大赤字を避ける苦渋の決算

費用をどう落とすかで利益は変わる。裁量ルールを利して「ハサミ」を使って「甘い決算」や「辛い決算」が行われたりする。

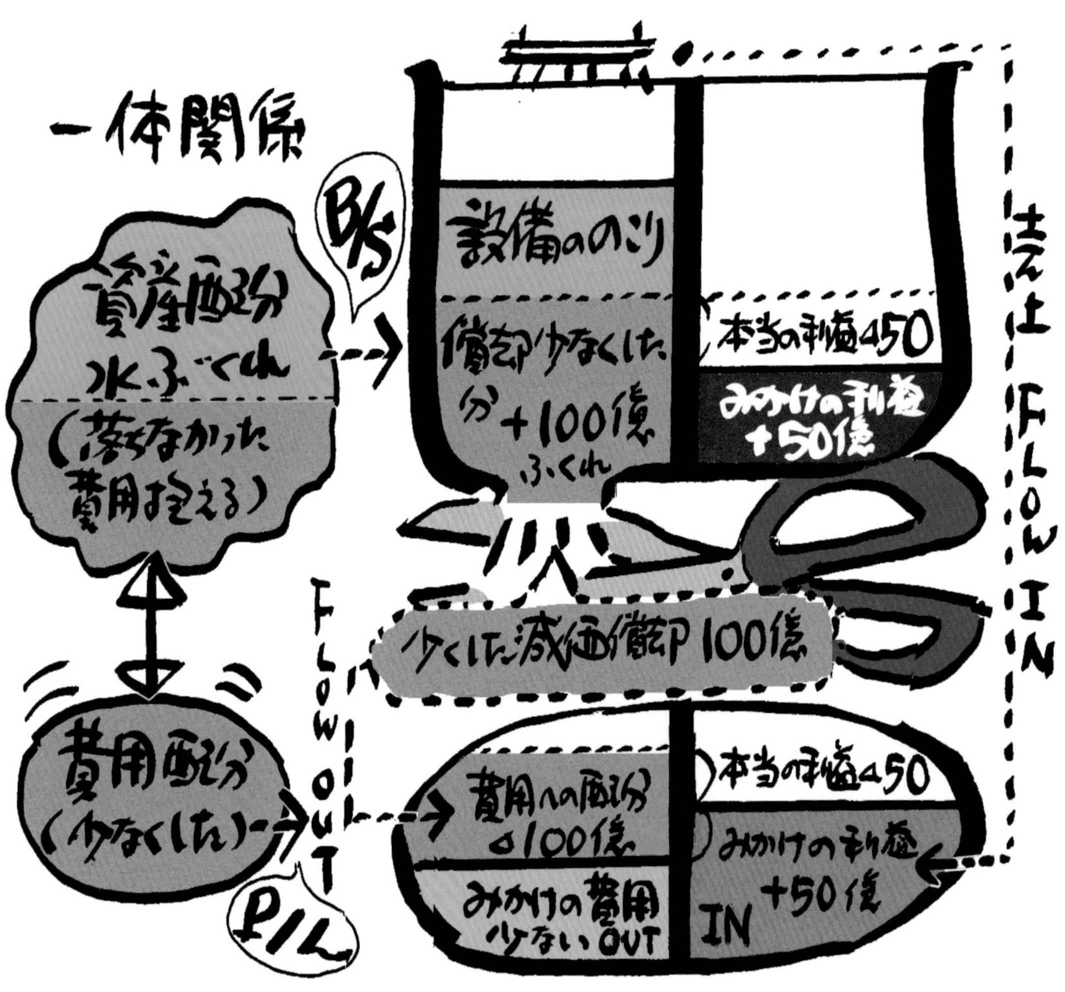

1 ここで 0-2 の【Q1】の質問に挑戦し、決算の実態と意味を考えてみましょう。

2

①定率法を継続していた場合に比べ、減価償却費 N（当期費用）が 100 億円分減少したことにより、税引前当期利益が 100 億円増加。

この利益増を差し引くと現実の税引前当期利益の実態は 50 億円－ 100 億円＝－ 50 億円の赤字決算だったことになります。

②つまり、減価償却の方法を変更したのは、赤字決算を回避するための苦渋の選択だったといえます。

3 **P/L メーターの利益は黒字になりましたが、B/S 上の資産はその分落とすべき費用を抱えこんで水膨れになった姿が見えてくるでしょう。**

このように、当期の費用をどう落とすかによって利益は一変します。

企業会計原則は、継続性の原則を始め、利益のために操作することを戒めており、税法も綿密な関所をこのメカニズムに設けています。

一方、**裁量の余地**を残しているルールもあり、「ハサミ」を使って、**甘い決算（利益を多く出す）や辛い決算（利益を少なく出す）**が行われたりします。

粉飾決算（ふんしょくけっさん）※の手口のひとつには、この**“期間配分ハサミ”で P/L メーターを操作するもの**があります。

操作の結果、B/S 上には赤字をいっぱい含んだ資産が残ることになります。

4 減価償却をつかんだあなたは会計の眼をマスターした !?

いや、もう一つあります。

※ 本来は赤字決算になるところを黒字決算となるよう操作すること。反対に法人税の支払いを逃れるため赤字に粉飾する逆粉飾決算もある。このように決算を粉飾することを不正会計ともいう。

1-12 原価計算 ―冷蔵庫の卵の原理

原価計算のエキスは、数量のSTOCK・FLOWの関係を使って単価を求め、「ハサミ」で原価を期間配分すること。

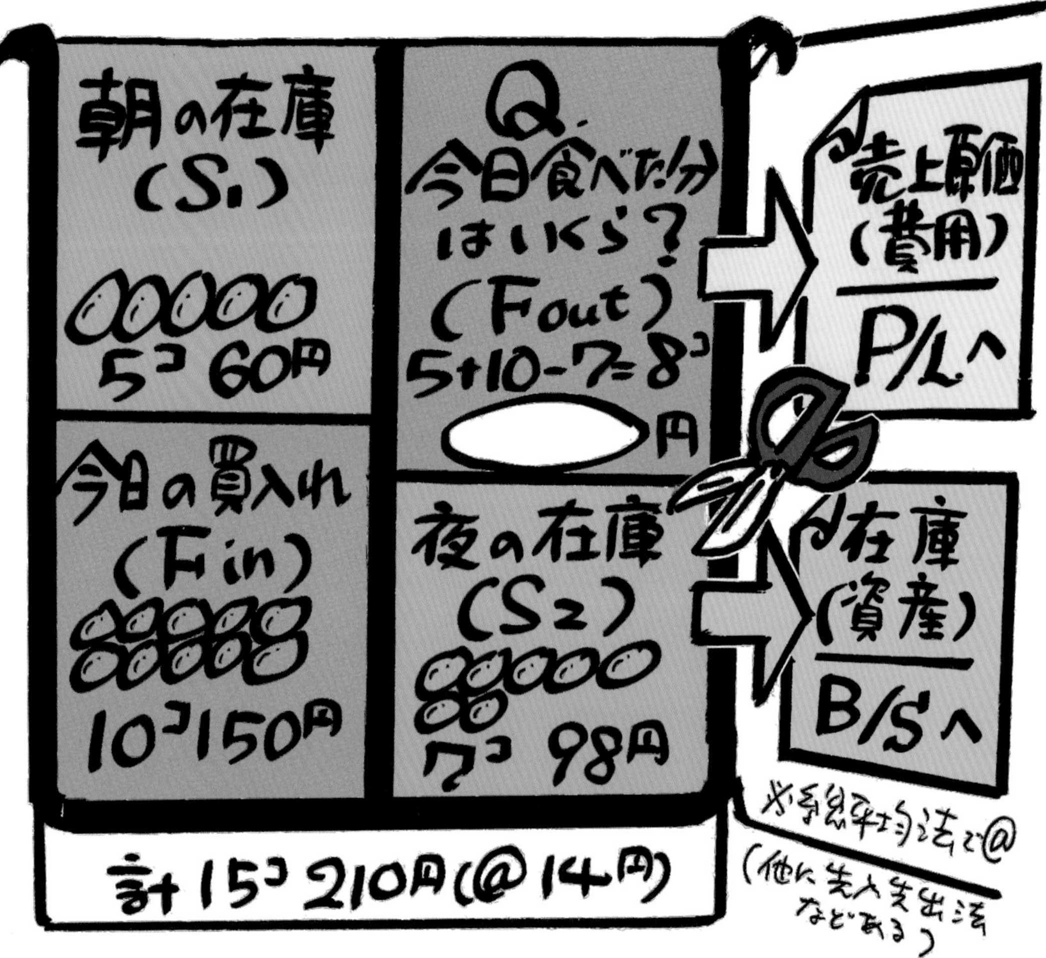

※ @：単価

1 減価償却と並んで近代会計で誕生したもう一つの代表的な技術。
それは**原価計算**です。
連続する工場生産の製造費用と製品の原価をどう扱うか。
その工夫から生まれた原価計算のエキスは簡単、それは**冷蔵庫の卵の原理**です。

2 朝、冷蔵庫の卵の残り（S_1）が５個、計 60 円分ありました。
今日 10 個 150 円で買い入れました（F.in）。
そして夜数えると（これを**棚卸**（たなおろし）という）残り（S_2）が７個でした。
今日使った分（F.out）と残り分（S_2）はいくらでしょうか？　**総平均法**※で答えなさい。
という問題です。

3 この答えは簡単ですね。
今日の卵の総額は
S_1 ＋ F.in ＝ 210 円（15 個）
平均@ 14 円。
残り分（S_2）は@ 14 円× 7 個＝ 98 円（これを**棚卸資産**（たなおろししさん）という）。
今日使った分（F.out）は総額から残りを引いて
S_1 ＋ F.in － S_2 ＝ 112 円（@ 14 円× 8 個＝ 112 円）
となる。（このように流出した分を「当期の費用」という）
個数と単価を使って当期使った分（P/L 分）と残り分（B/S 分）をハサミで分けた。
これが**原価計算のエキス**です。

※ 棚卸資産（在庫）と売上原価を決める原価法には、①総平均法（総取得額を総数量で割り平均 @ を出す）、②先入先出法（先に買ったものから順に先に売ったと考える）、③後入先出法（後から仕入れたものに先に出たと考える）、などがある。仕入れ値がどんどん上がっていくインフレ時には③が税務上有利。

1-13 工場も倉庫も風呂桶とハサミの原理

製造原価報告書も売上原価報告書も、風呂桶原理（STOCK・FLOW関係）とハサミを使って原価を当期分と残り分に期間配分する。

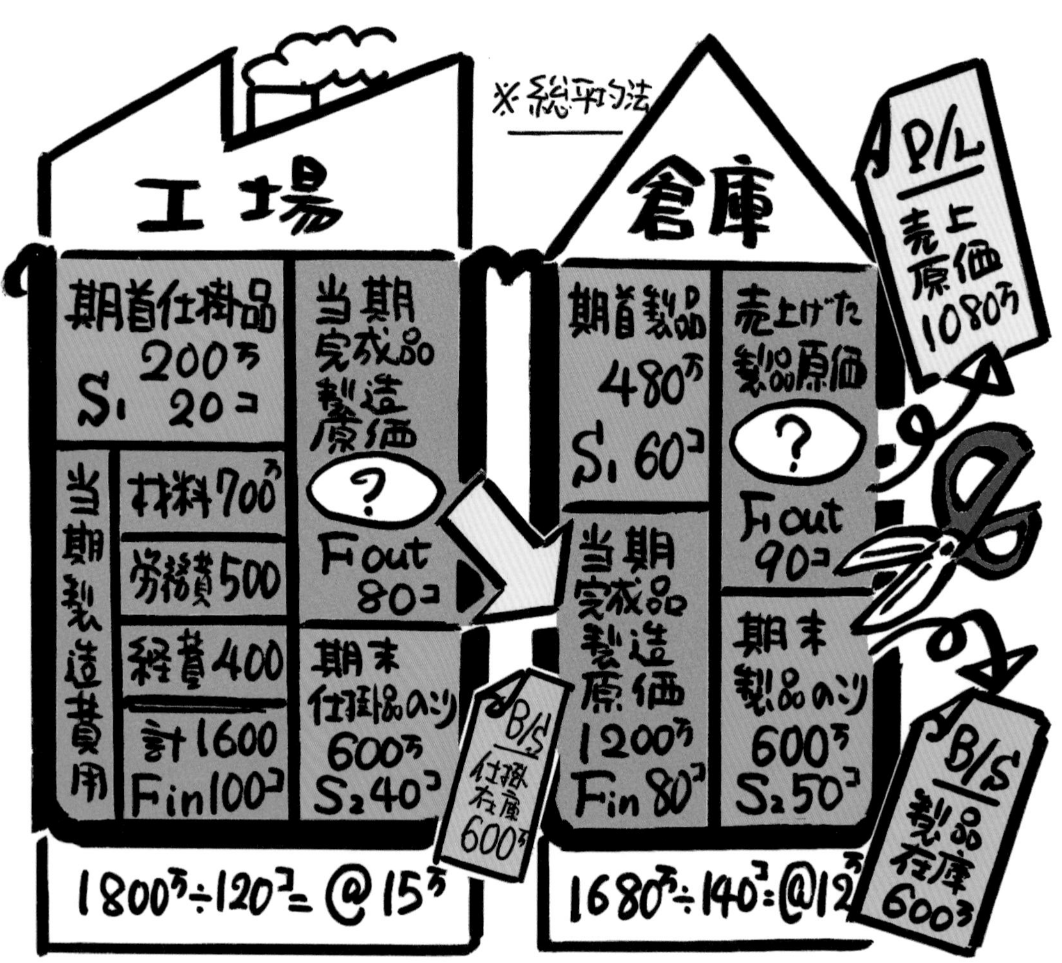

1 原価計算のエキスは冷蔵庫の卵の原理。**数量の FLOW・STOCK の関係を使って単価（@）を計算し、製造費用の当期使った分（F.out）を決定し、期末残り分（S_2）と分けるハサミの技術**です。
すなわち、**当期売上げた分の製品原価（売上原価）を当期費用として P/L に、期末在庫分を資産として B/S に資産費用配分**します。

2 左図左側の工場の図は製造原価報告書です。
期首の仕掛品の S_1 ＋当期製造全費用 F.in を集計して求めた単価@ 15 万円を、当期完成品原価 F.out と期末仕掛品在庫 S_2 の個数に掛けて配分。
左図右側の倉庫の図は売上原価報告書です。製品の期首 S_1 ＋当期 F.in を合計、当期売上げた製品分を売上原価（F.out 費用）として P/L に、製品在庫（S_2 資産）を期末 B/S に配分します。

3 **製造原価の中に製造費用全部を含めるこの全部原価計算**は、**制度会計の基礎**であると同時に**固定費の増加とともに“どんぶり原価”による各種の課題**を生じさせます。
その結果、第 3 章の採算の眼へと展開します。

暗い木曜日とディスクロージャーと会計原則の発達

1929 年 10 月 24 日木曜日ウォール街大暴落に始まった**株式大恐慌は米国会計を一変させた。**
それ以前の債権者保護の銀行中心会計から**投資家保護とディスクロージャー（企業内容開示・透明性確保）の会計へ**、強力独立の準政府機関 SEC（米国証券取引委員会）の主導のもと、公認会計士による強制監査制度と**監査基準としての会計原則**を発達させた。**米国会計は【徹底した投資家保護の観点の会計】であり、【今日の国際会計基準のディスクロージャーの流れ】も暗い木曜日を起点とすると見えてくる。**
（財務会計への愛のあふれる名著・飯野利夫著『財務会計論』から）

1-14 “B/S は P/L の下女” か ??

シュマーレンバッハ先生の「資産は “未費消の費用”、B/S はその容器だ」が分かれば、あなたは近代会計の極意をつかんだ人。

「貸借対照表は年次決算の女王ではなくて、召使いである・・・」
とは近代会計学の始祖シュマーレンバッハ（1873～1955　ドイツ）の言葉だ。
（『十二版・動的貸借対照表論』）

1 近代会計の極意に関するドイツ会計学の父シュマーレンバッハ先生の有名なコトバがありますので、ここでちょっとふれておきましょう。
先生曰く、「**B/S は年次決算の女王ではなくて下女である**」と。
どういう意味でしょうか？

2 シュマーレンバッハ先生が言うには、「**資産は【未費消の費用】である、B/S はその【未費消の費用】の一時貯蔵庫なのだ**」というのです。
当期使った分（F.out）として P/L に期間配分した「発生費用以外の残り分（S_2）」が、その「まだ使っていない費用」が資産なのだ、B/S はその入れ物だ、という彼一流の少しムツカシイが面白い表現は、**近代会計の極意・“期間配分ハサミ”のシンプルな原理をズバリ**と突いています。

3 この**期間費用配分のメカニズム**が分かると、例えば、
「研究開発費を、現金は出ているのに、**繰延資産**（くりのべしさん）として資産（費用の残り）扱いする」
「現金は出ていないが、当期使った分は期末に**未払費用**（みばらいひよう）を立てて、費用を落とす」
「現金が出ていないのに、将来の払いが決まっている退職金の当期負担分を**引当金**（ひきあてきん）として積み立て、費用を落とす」
などの**発生主義の近代会計特有の工夫（現金の流れから離れていく）の風景**が分かります。

4 彼の考え方は、永らく P/L 重視の風潮のひとつの基礎になってきました。
しかし **B/S は資金的に見るともうひとつ別のダイナミックな姿**を現します。（第２章と第５章で解説）

先生の口ぐせ

「僕は師匠に恵まれた。」これが私の人生の師宮本裕先生の口ぐせだった。そして僕も。超有名ではないけれど最高の僕の師匠たち。そのご縁はいつも勇気を出して声を掛けることで始まった。

声掛ける　ことで始まる　奇跡縁　　冬彦

1-15 “3つの絵”と会計進化500年の旅

第1の絵は15世紀と19世紀の会計技術の急所を、第2と第3の絵は20世紀の会計技術の急所を、即ち会計技術500年進化のロマンの旅を表している。

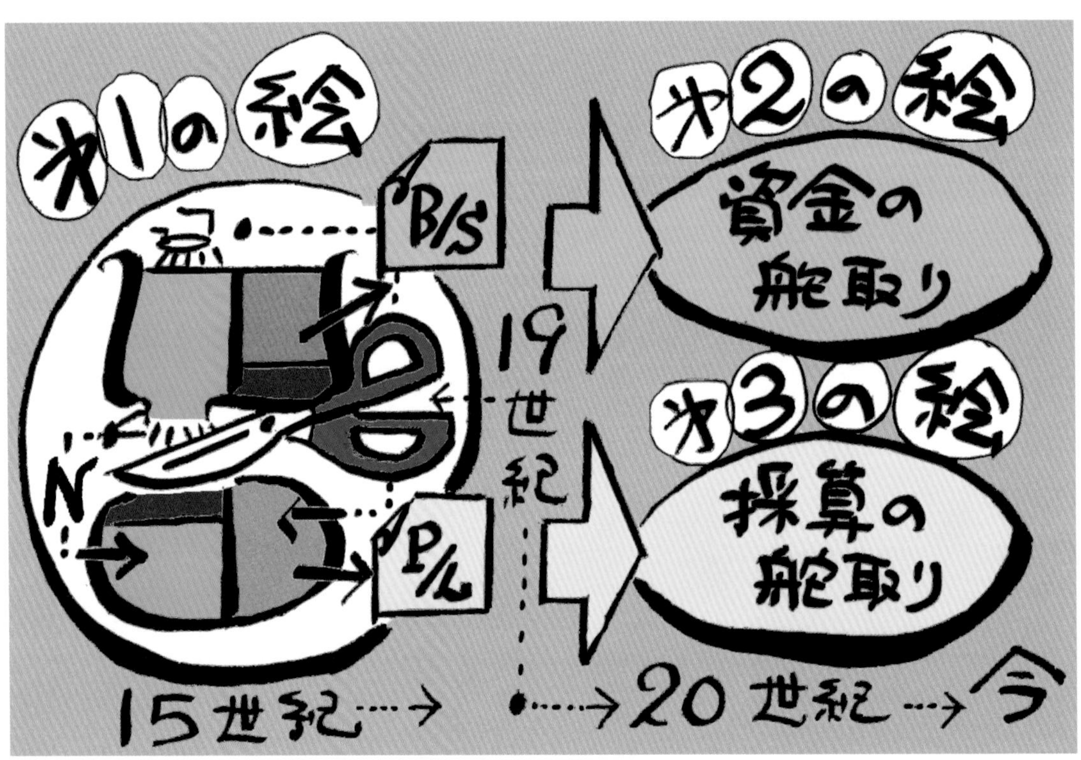

1 0-3 で会計の最も役立つエキスとして「3 つの絵」を示しました。
その第 1 の絵の意味をマスターできたでしょうか？

2 第 1 の絵は **“会計の眼”** を表しています。それは **“FLOW と STOCK の関係”**（メカニズム）を見るシンプルな眼です。
風呂桶とメーターの絵は、**15 世紀のベニスの商人達の発明した FLOW と STOCK の技術**であり、その土台の上に **“期間配分ハサミ” という 19 世紀の技術**が加わることで、近代会計（財務会計・制度会計と呼びます）が成立しました。

3 会計は、**“風呂桶原理”**（$S_1 + F.in - F.out = S_2$）の FLOW と STOCK の営業活動を記録集計し、連続する FLOW を **“期間配分ハサミ”** で区切り、当期使った分（費用）を決定し、**使った分（費用）と期末残り分（資産）に配分して P/L（FLOW 表）と B/S（STOCK 表）**をつくります。
その急所の技術が**減価償却**と**原価計算**（全部原価）。ここがちょっとした難所でしたが、“会計の眼” はとてもシンプルでやさしいこの絵に過ぎないのです。
この**風呂桶とハサミの絵による FLOW と STOCK の期間配分のメカニズム**をつかんだあなたは、**もう会計を恐れるに足りません。**

4 20 世紀の経済変動の中で、会計は**二つのテーマ**に向かって更に進化しました。
一つは資金の舵取りであり、もう**一つは採算の舵取り**です。
その会計の最も役立つ二つのメカニズムも実にシンプルなエキスです。
第 1 の絵を土台にし、そのシンプルな第 2・第 3 の絵のマスターに向かって “絵とき会計” の航海を進めて参りましょう。

Q1. 会計とは風呂桶方程式だ!

● 次の風呂桶の S_2 を求めなさい。

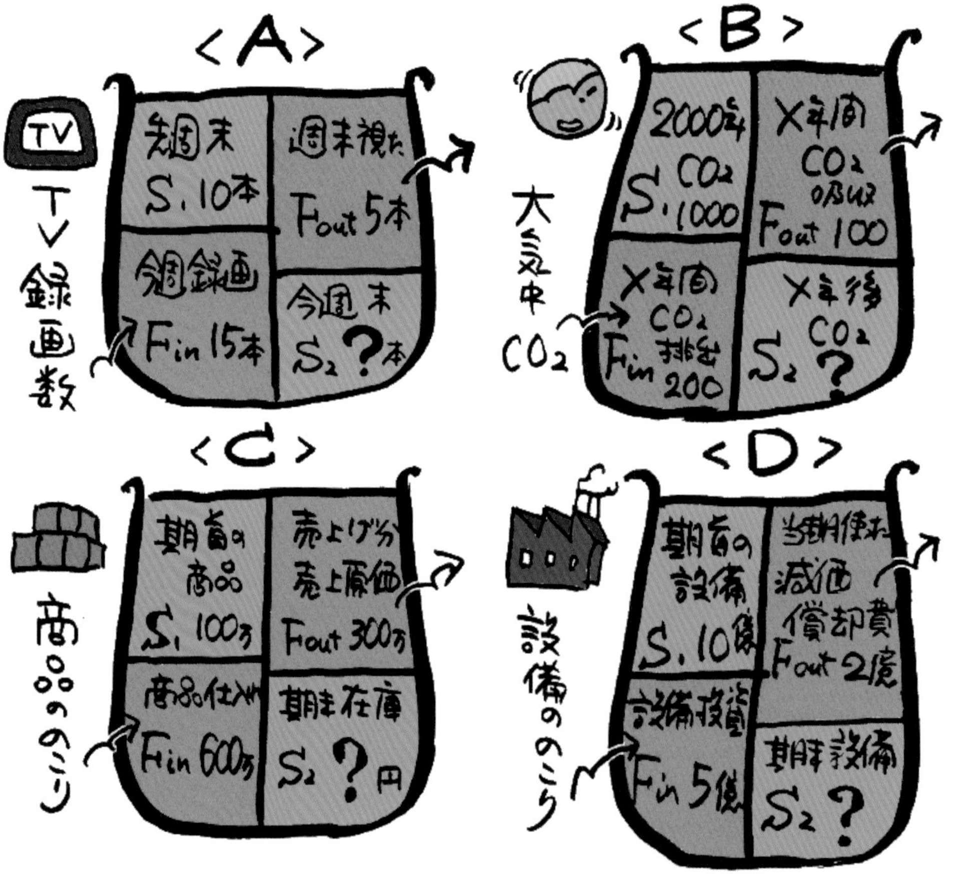

<A>

TV録画数

- 先週末 S_1 10本
- 週末視た F_{out} 5本
- 今週録画 F_{in} 15本
- 今週末 S_2 ?本

<B>

大気中CO2

- 2000年 CO2 S_1 1000
- X年間 CO2 吸収 F_{out} 100
- X年間 CO2 排出 F_{in} 200
- X年後 CO2 S_2 ?

<C>

商品ののこり

- 期首の商品 S_1 100万
- 売上げ分 売上原価 F_{out} 300万
- 商品仕入れ F_{in} 600万
- 期末在庫 S_2 ?円

<D>

設備ののこり

- 期首の設備 S_1 10億
- 当期使えた 減価償却費 F_{out} 2億
- 設備投資 F_{in} 5億
- 期末設備 S_2 ?

Q2. 会計とは減価償却ダ！

- 下図により「期末決算作業」として、取得価格150耐用年数5年の固定資産に対し、「定額法による減価償却N」を計上し、期末の固定資産額A、P/LとB/Sの利益B、B/Sの現金Cを計算しなさい。

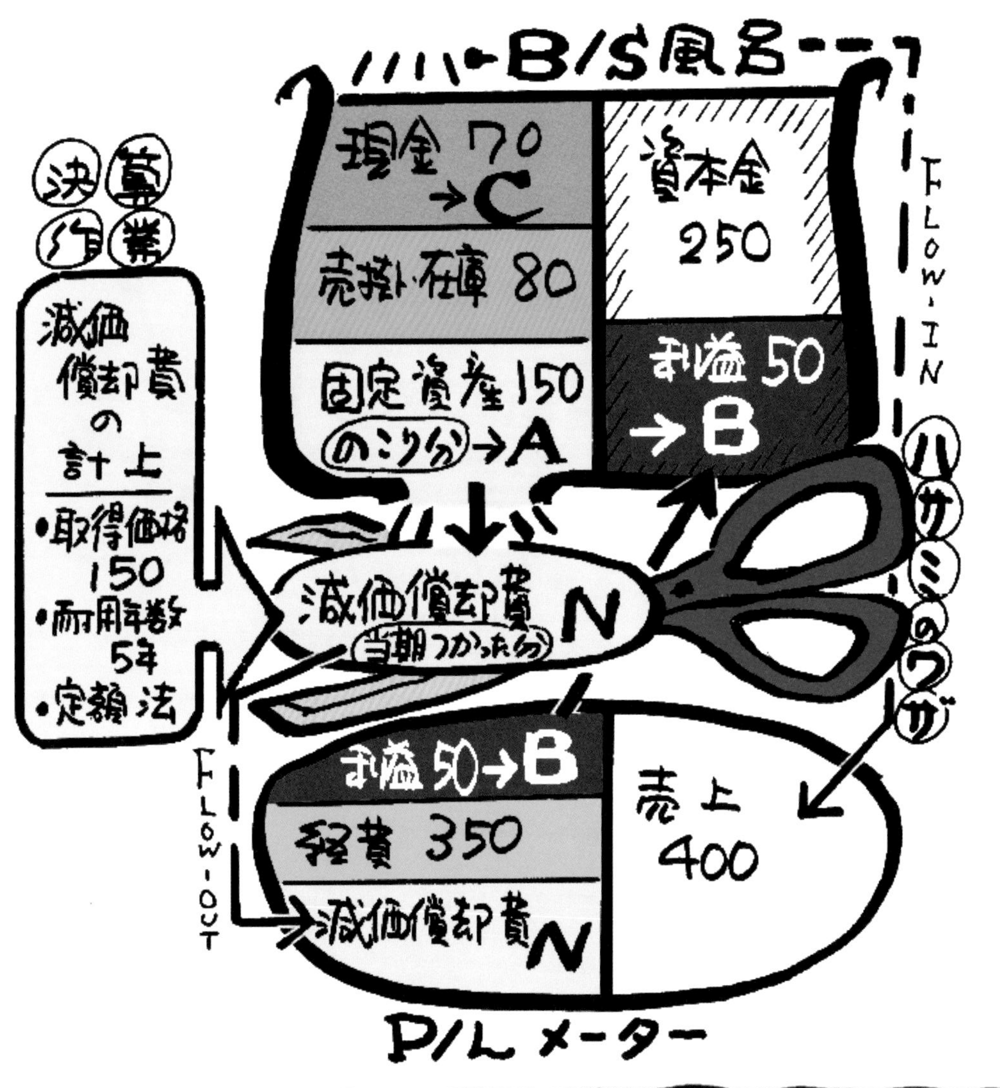

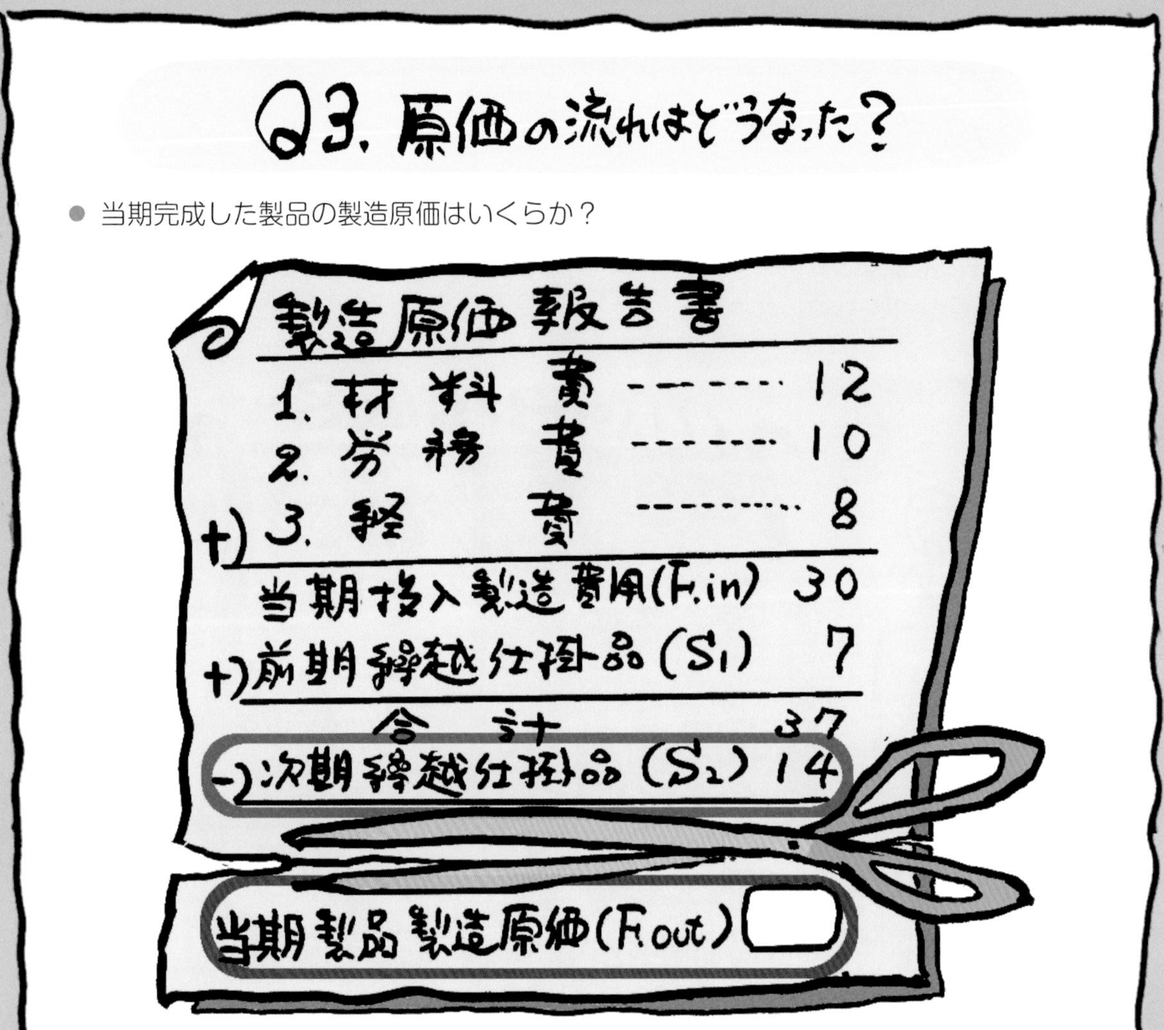

Q3. 原価の流れはどうなった？
● 当期完成した製品の製造原価はいくらか？
製造原価報告書
1. 材料費 12
2. 労務費 10
+) 3. 経費 8
当期投入製造費用(F.in) 30
+) 前期繰越仕掛品(S1) 7
合計 37
-) 次期繰越仕掛品(S2) 14
当期製品製造原価(F.out)

1章：急所プレイバック解答

Q1 **＜A＞20本　＜B＞1,100　＜C＞400万　＜D＞13億**

※会計は全部“風呂桶方程式”（FLOWとSTOCKの関係）でできています。

Q2 **N = 150 × 1/5 = 30　A = 150 − 30 = 120　B = 50 − 30 = 20　C = 70（変わらない）**

※減価償却費は決算手続き（期間配分ハサミ）上の現金の出ない追加費用であり、利益はその分減るが現金は減らない。近代会計（＝期間配分）の代表技術。

Q3 **F.in + S_1 = F.out　30 + 7 − 14 = 23**

※当期使った製造総費用37は在庫（期末資産S_2）14と原価（当期費用F.out）23に期間配分された。（完成品原価はさらに製品倉庫の在庫S_2と売上原価F.outに期間配分される。）

《第2章：第2の絵》

目に見えるものと見えないものを見る複眼

——B/S の複眼をつかみ危ない会社を瞬時に見破る

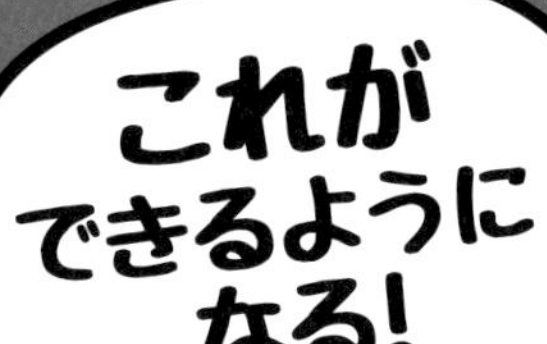

◯と◯の
関係を見る

第２章の目標設計図

❶会計の急所の【第２の絵】の意味、即ちB/Sを左右同時に見る複眼と、B/Sを上下に切る眼を説明できる。(2-18)

❷【B/Sの第１の着眼点】と、その中で【最も注目すべきB/S進化のバロメーター】を言える。(2-9, 10)

❸【腐った流動資産】の意味と、【起業家のワナを脱する手元流動性比率】を言える。(2-13, 15)

❹【債務超過のB/S】と【エクセレントカンパニーのB/S】の特徴を言える。(2-16, 17)

❺B/S右側の【利益剰余金は現金として残っていない】ことを説明できる。(2-10)

❻P/Lの【２つの焦点の利益】とその意味を言える。(2-19, 20)

❼P/Lで【営業利益＞経常利益の原因】と【経常利益＜税引前利益の原因】を言える。(2-20)

❽【経常利益と資本金と配当性向の関係】を言える。(2-21)

❾【B/SとP/Lがリサイクルしている関係】を言える。(2-22)

2-1 B/Sの右側が影のように見えるか？

B/Sを活き活きと読むコツは“左右同時に見る複眼”を身につけることだ。するとベニスの商人たちが大発明したもう一つの秘密が姿を現す。

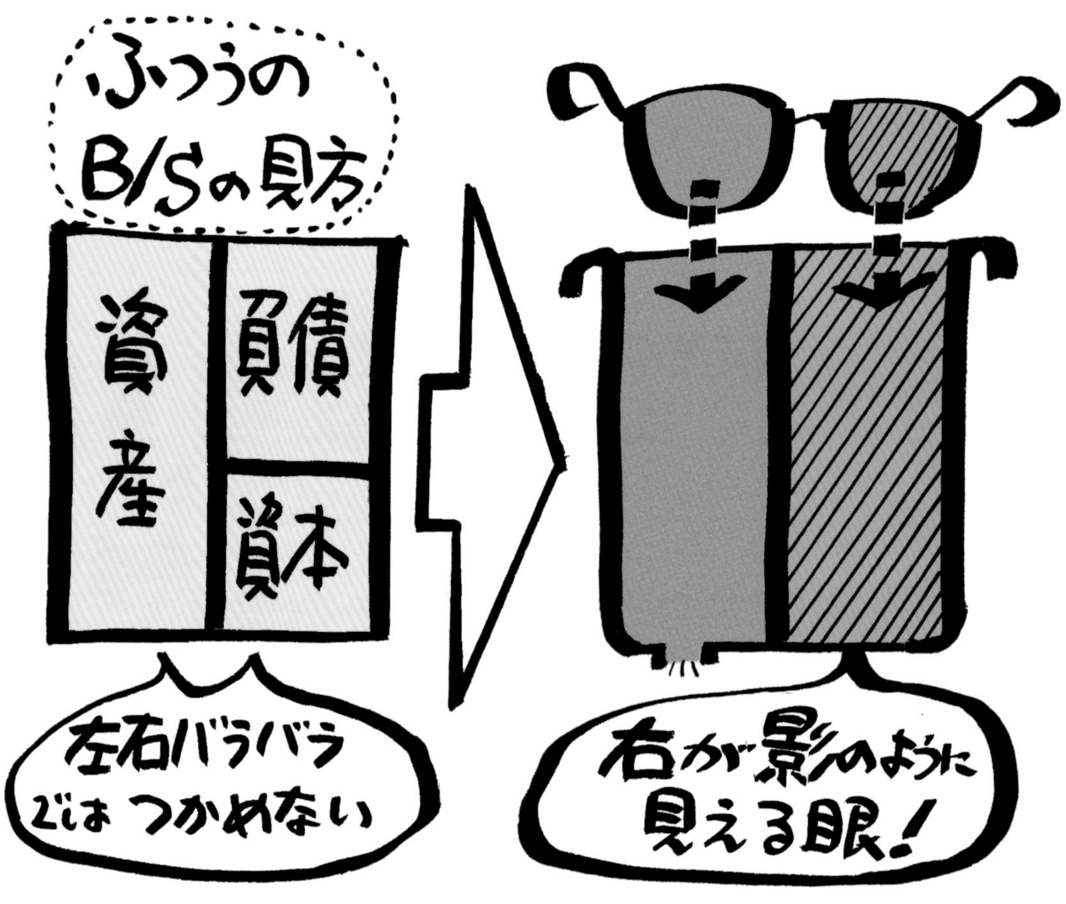

1 **会社が倒産する直接の原因は「資金の赤字」**です。「勘定あって銭足らず」を見破る眼――「資金の眼」――がなければ経営は危なくなり、B/Sの体質は知らぬ間に一変して、利益も資金も激減してしまいます。
では、「資金の眼」とは何でしょうか？
――それは**B/Sの複眼**、すなわち**B/Sのメカニズムを見る眼**です。

2 B/Sというと、会計の知識がある人は、借方（左側）に資産、貸方（右側）に負債･資本、ということをすぐにイメージしがちです。
しかし、このような丸暗記の左右バラバラのアプローチでは、B/Sはなかなかダイナミックな姿を現してくれません。

3 **B/Sを生き生きと読みとるコツ。それはB/Sの右側が影であるかのように、表裏一体、左右同時に見る眼です。**
では、そのような眼とは何でしょうか？　B/Sの左と右には何があるのでしょうか？

4 「資金の眼」でB/Sの左と右を見るとき、第１章で見たベニスの商人達のもうひとつの大発明である帳簿の左と右に分ける技術の謎と、「P/Lの下女（費用の倉庫）」(1-14)とは違うB/Sのもうひとつの顔（資金の顔）が、生き生きと姿を現します。

会計の弱点とヘンテコ・コトバ

「**財務諸表の弱点**は、作成するための**陳腐な技術的用語を利用者に用いる点**にある。」(A.C.リトルトン著『会計理論の構造』から）**会計のコトバ**はとかく難しい。本書の用語法を知ったらリトルトンもびっくりするかもしれません。**本書のヘンテコなコトバは、会計のカベを越えるための小さな冒険です。**

2-2 何が見えますか？

“複式簿記のワザ”即ち“B/S の眼”には、“目に見えないもの”が同時に見える。

1 ここでクイズを一つ。
今、A さんがサイフからサッと現金 10 万円を取り出して、向かって左側の手に持ったとします。あなたの眼には左側の手に現金 10 万円が見えますね。
「おっ、A さんなかなか財政状態いいなあ」と感じるかも知れません。
では、右側の手には何が見えるでしょうか？

2「普通の眼」には“目に見えるもの”しか見えません。
しかし、「**資金の眼**」（これを“**B/S の複眼**”と呼ぶことにしましょう）には、**“目に見えないもの”が同時に見える**のです。では、その眼には何が見えているのでしょうか？

3 もし、**右側の手に“目に見えないもの”**、すなわち 10 万円のカネの出どころ——A さんのカネは２千円だけで、残りの９万８千円はBさんからの借金——が同時に見えたとしたら、今度はどうでしょうか？
A さんの厳しい財政状態・支払能力が生き生きと浮かび上がってきますね。

一番有名な経営分析公式“デュポン公式”

経理の本で必ず出てくる有名な公式がある。

（総資本利益率）＝（売上高利益率）×（総資本回転率）

経常利益 / 総資本＝経常利益 / 売上高×売上高 / 総資本

この起源は 20 世紀初めの米国デュポン社の数字に強い社長ピエール・S デュポンが作った"デュポン公式"。これをマネジメントに導入しデュポンを発展させ、ついで経営危機の GM 改革にも成功した。当時は社外秘であったが、今は広く普及している。その式は、

利益 / 資本（ROI：投下資本利益率）＝利益 / 売上（利益率）×売上 / 資本（回転率）

(B/S のカネが生む利益↑が B/S 改善の鍵）＝（売上当たり各原価率↓）×（各資産の回転↑）

B/S 改善とキャッシュフロー充実の戦略そのものである。（田中靖浩著『会計の世界史』）

2-3 “目に見えるものと見えないもの”を同時に見る眼

“B/S の複眼”とは“カネの運用”と“カネの出どころ”を同時に見る眼。
【これが資金の変化即ち BS をつかむ秘訣である。】

1 前節で“B/S の複眼”が**左側**に見たもの――それは現金 10 万円という**“目に見えるもの”すなわち「カネの運用（カネが運用されている姿）」**でした。
一方、**右側**に見たもの――それは自分のカネ２千円、借入金９万８千円という**“目に見えないもの”、すなわち「カネの出どころ」**でした。
左側の「カネの運用」の具体的な姿を「資産」と言い、右側の「カネの出どころ」のうち、「自分のカネ」を「資本」、「他人のカネ」を「負債」と言います。

2 “**B/S の複眼**”とは、このように“目に見えるもの”と“目に見えないもの”、すなわち**「カネの運用（の姿）」と「カネの出どころ」を左右同時に見る眼**です。
会計用語では左を「資金の運用」、右を「資金の源泉」と呼びます。
我々は **B/S の左右を同時に見るこの「資金の眼」**を

“目に見えるもの（＝カネの運用）”
“目に見えないもの（＝カネの出どころ）”

のニックネームで呼び、工夫活用していくことにしましょう。

簿記と会計はどう違う？

語源的には簿記（bookkeeping ＝帳簿作成行為）と会計（accounting ＝外部への説明行為）の意味を持つ。両者の本質的な関係はリトルトンの情熱の名著『会計発達史』の有名なラストメッセージによって結論が出ている（1-6 参照）。すなわち **15 世紀に誕生した【複式簿記】は 19 世紀の株式会社の発展に伴って【会計】に進化した**と。複式簿記の大発明は**世界中の会計の利益計算構造の根幹**をなしており、一方近代会計の焦点である**期間決算と外部報告機能（B/S・P/L など）は現代複式簿記の不可欠の技術・理論を形成**しています。

2-4 簿記は“カネの変化”を追う——“カネの運用”と“カネの出どころ”の眼

簿記の本質とは、“B/S の複眼”で“カネの変化＝ B/S の変化”を追うこと。

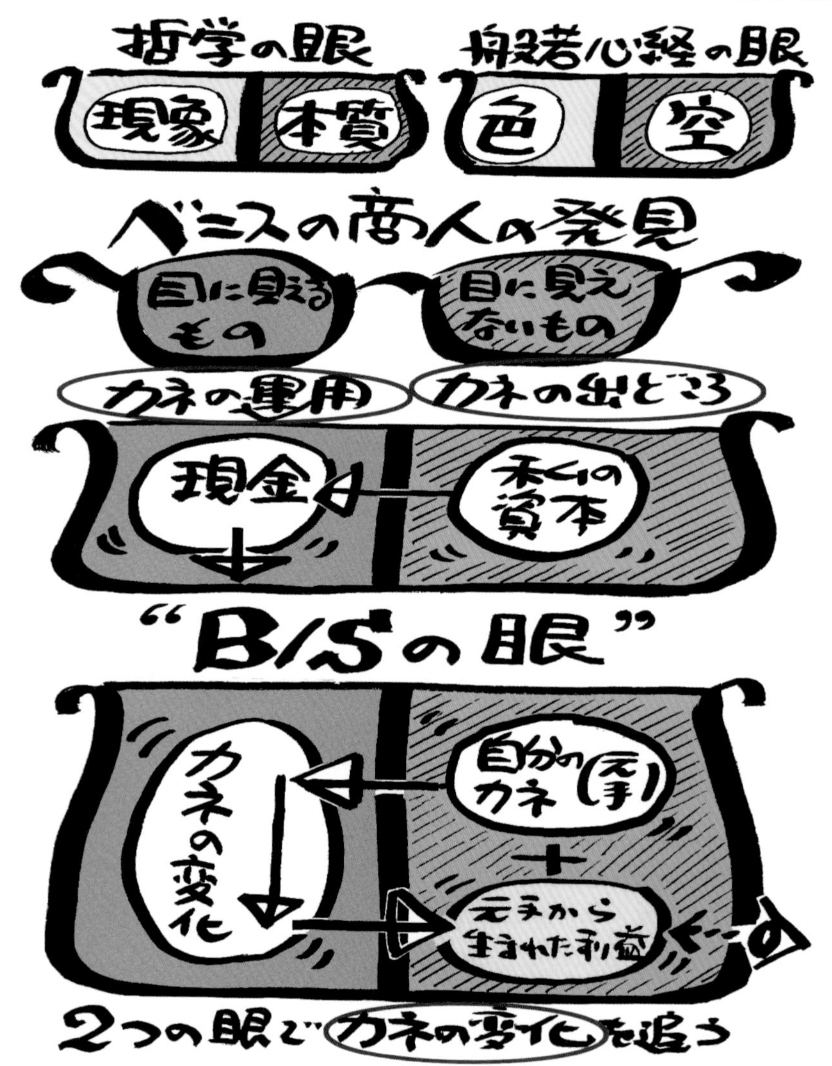

15世紀のベストセラー、パチオリの簿記書『ズムマ』はいいます。

「この帳簿に記入する方法を学ぶために、あなたは二つの用語が必要だ。

一つは現金、一つは資本。……**帳簿のすべての最初にこのように書く。**

【借方】現金、【貸方】わたしの資本、……」と。

記念すべき二重記入（ダブル・エントリー）の技術の大発明です。

①ベニスの商人達は、**ダイナミックに動くカネの動きに対して、「目に見えるものと見えないもの」を同時に見た**のでした。

ちょうど哲学が「現象と本質」を見るように、仏教の般若心経が万事万物を「色即是空と色空一体」の二重視点で捉えるように、**商人達は「カネの変化」を二重視点でつかむ“複眼思考”を手に入れた**のです。

②ベニスの商人達の、左に現金、右に資本を配置した帳簿は、最もシンプルなB/Sを既に立派に表しています。

ただし、このままじっとしていたのでは何も変わりません。

営業活動によって左の現金が動き出すとき、B/Sの「目に見えるものと見えないもの」がどんどん変化していきます。

③左で現金（資産）が多様な形に変化して増える一方、**右の影**（資本・負債）では、**最も本質的な変化として資本から生まれた利益が増えていきます。**

簿記の本質とは、二つの眼でB/Sの変化（カネの変化）を追いかけることなのです。

会計の勉強は頂点から入ると楽しい！

会計の勉強を底辺（借方・貸方）から入ると全体像が見えなくて苦しい。逆に、**会計の勉強は頂点（経営分析）から入ると、会計数字の生きた意味と経営の視点が手に入って楽しい勉強に変化する。**大学の私の授業では、まず会計を教え、**B/S、P/Lの経営分析をワイワイと楽しんでから簿記に入った。**ライバル分析や時系列分析をすると、身近な企業の意思決定の結果、経営成果と財政状態の変化、経営悪化と経営改善、**経営危機と経営再生の悲喜のドラマが生き生きと**伝わってくる。

2-5 簿記の本質 ― “B/S の複眼”で A社の“カネの変化”を追う

本節はインチキ簿記ではなく、“簿記の本質”を表す。皆が悩む仕訳は、この B/S複眼＋反対記入に過ぎないこと。学生・サラリーマンの簿記学習のヒントです。

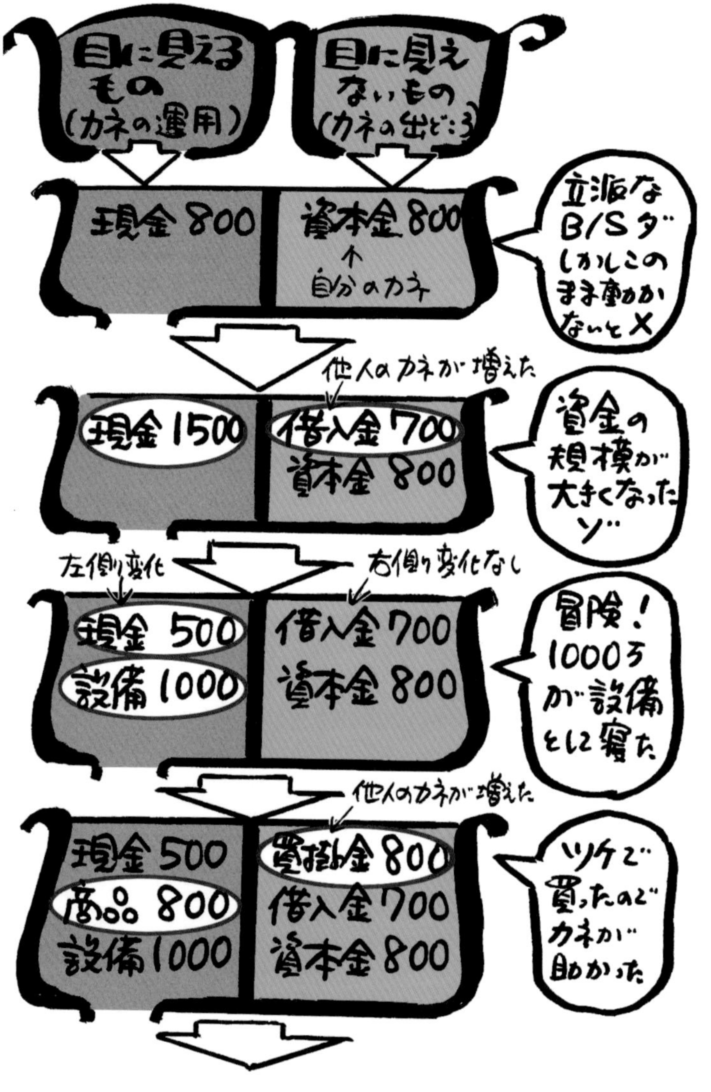

目に見えるもの（カネの運用）	目に見えないもの（カネの出どころ）

①会社設立

A 社長は現金 800 万円で A 社を設立した。

現金 800	資本金 800 ↑自分のカネ

立派なB/Sダ しかしこのまま動かないと×

②財務活動

銀行から 700 万円を借入し資金の態勢を整えた。

他人のカネが増えた

現金 1500	借入金 700
	資本金 800

資金の規模が大きくなったゾ

③設備投資

現金 1,000 万円で最新設備を購入した。

左側変化　右側変化なし

現金 500	借入金 700
設備 1000	資本金 800

冒険！1000万が設備として寝た

④購買活動

ツケ（掛け）で商品 800 万円を仕入れた。

他人のカネが増えた

現金 500	買掛金 800
商品 800	借入金 700
設備 1000	資本金 800

ツケで買ったのでカネが助かった

⑤販売活動

商品 500 万円を 1,000 万円で売り受取手形（うけとりてがた）※を回収した。

＊企業会計原則により資本金と利益（元手と子）は区別する！

（カネの出どころ）
資本金　800
利益　　500

⑥経費支払い

現金 200 万円で諸経費を支払った。

⑦決算

期間配分ハサミで設備の減価償却費を 200 万円計上した。

※ 簿記の仕分の技術とは、この“B/S の複眼”＋“反対記入”（減らすとき暗算せずに反対側に記入して記録を残す）。

（現金 1000 円減）
	現金 1000

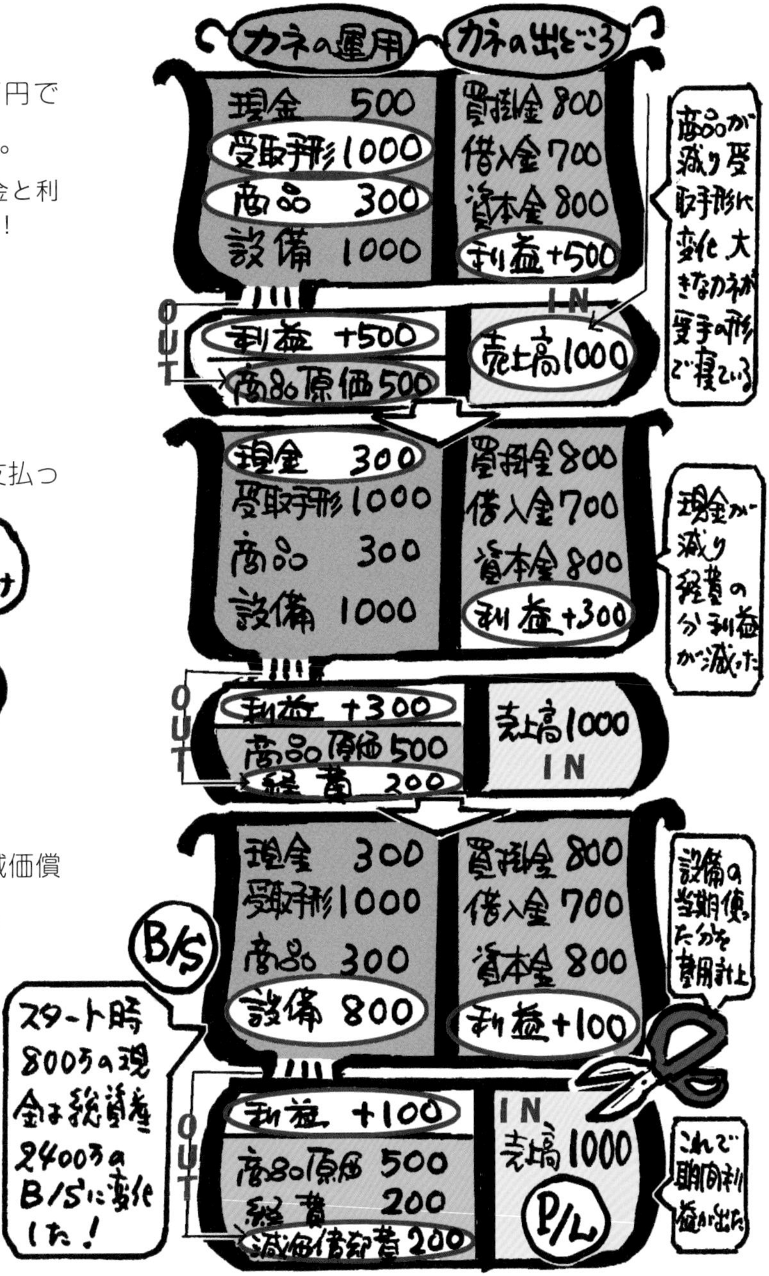

カネの運用 / カネの出どころ
現金 500 / 買掛金 800
受取手形 1000 / 借入金 700
商品 300 / 資本金 800
設備 1000 / 利益 +500
OUT 利益 +500 / 商品原価 500 / IN 売上高 1000
商品が減り受取手形に変化 大きなカネが受手の形で寝ている

現金 300 / 買掛金 800
受取手形 1000 / 借入金 700
商品 300 / 資本金 800
設備 1000 / 利益 +300
OUT 利益 +300 / 商品原価 500 / 経費 200 / 売上高 1000 IN
現金が減り経費の分利益が減った

B/S
現金 300 / 買掛金 800
受取手形 1000 / 借入金 700
商品 300 / 資本金 800
設備 800 / 利益 +100
OUT 利益 +100 / 商品原価 500 / 経費 200 / 減価償却費 200 / IN 売上高 1000
P/L
設備の当期使った分を費用計上
スタート時 800万の現金は総資産 2400万の B/S に変化した！
これで期間利益が出た

※ 受取手形は取引先から受け取った手形（＝約束の期日に金銭を受け取れる）。

2-6 バランスシート（カネの変化表）の誕生

B/S の本質は、“期末の残り表（STOCK)”であると同時に、“カネの運用・カネの出どころ表（カネの変化表)”である。

カネの運用		カネの出どころ	
資産の部		**負債の部（他人資本）**	
Ⅰ. 流動資産		**Ⅰ. 流動負債**	
現金・預金	300	支払手形	―
受取手形	1000	買掛金	800
売掛金	―	短期借入金	―
棚卸資産	300	その他	―
その他	―	流動負債計	800
流動資産計	1600	**Ⅱ. 固定負債**	
Ⅱ. 固定資産		長期借入金	700
1. 有形固定資産		退職給与引当金	―
建物・構築物	―	固定負債計	700
機械装置	800	負債合計	1500
土地	―	**純資産の部（自己資本）**	
2. 無形固定資産	―	**Ⅰ. 株主資本**	
3. 投資その他	―	資本金	800
		資本剰余金	―
		利益剰余金	100
		株主資本合計	900
固定資産計	800	純資産合計	900
資産合計	2400	負債・純資産合計	2400

子会社などへの出資、長期貸付金や投資有価証券など

2-5 で作った B/S を、企業会計原則の貸借対照表作成ルールで区分整理しましょう。

B/S の本質は、当期の FLOW を P/L に配分した残り分の「**期末の残り表（STOCK)**」であると同時に、その左右は **B/S の２つの眼**で追った「**カネの運用・カネの出どころ表（カネの変化表)**」を表します。

①左側カネの運用を「資産」といいます。
右側カネの出どころは
「負債（返さなくてはならない他人のカネ）＝他人資本」
と
「純資産（返さなくてよい自分のカネ）＝自己資本」※1
から構成され、「**資産－負債＝純資産**」の関係が成立します。

② １年以内に現金に変わる資産を流動資産、１年以上かかる資産を固定資産、１年以内に返済を要する負債を流動負債、１年以上長期の負債を固定負債として区分表示します。※2
また、**資産は現金になるスピードの早い順に、負債は返済期日の早い順に配列**します。（**流動性配列法**）

③株主資本は株主が持つ財産。
資本剰余金は、株式の時価発行による額面超過分とその他。
利益剰余金は**利益準備金**（商法規定の利益の積立）と**任意積立金**からなる**留保利益の積立で内部留保の厚さ**を示します。
純資産には、株主資本以外の項目がありますが、ここでは省略します。

※１ 2006 年の会社法改正で登場した「純資産」と自己資本は小さな違いがありますが、本書ではザックリ同義で使用します。

※２ １年を基準に区分するルールを１年基準（ワン・イヤー・ルール）という。なお、実際の営業サイクルを基準に区分する正常営業循環基準も併用する。

2-7 100% B/S で B/S の構造をつかむ

複雑な B/S は、100% B/S にすると、財務構造を一目でつかめる。

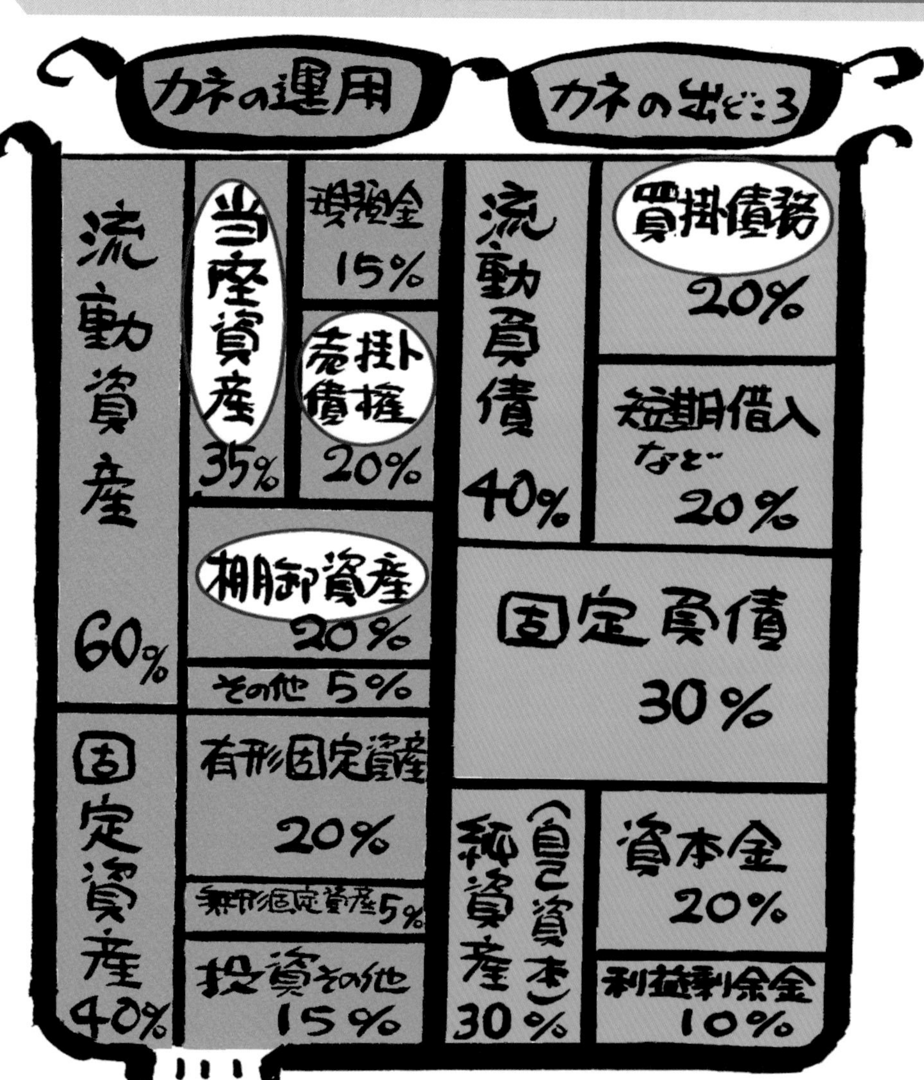

B/S は、会社の規模が大きくなると勘定科目の数が増え複雑になるため、パッと見ただけではわかりにくい。
そこで左図のような **100% B/S（比率 B/S）**をつくると、**財務構造**を一目でつかむことができます。（その見方は後ほど研究しましょう。）

①左図の言葉の解説を補足します。
流動資産のうち、「**当座資産**（とうざしさん）」とは、英語の quick assets（早く現金になる資産）を翻訳したものです。即ち、売掛金（うりかけきん）（ツケで売った商品の代金）、受取手形や現預金（げんよきん）※のこと。会計用語がとかく難しいのは昔の翻訳のためでもあります。英語の方が分かりやすいものがあります。

例）**売上原価**＝ cost of goods sold（売られた製品の原価）←英語の方がわかる！

②「**売掛債権**（うりかけさいけん）」とは売掛金と受取手形の総称です。「**買掛債務**（かいかけさいむ）」とは買掛金（かいかけきん）（ツケで購入した商品の代金）と支払手形の総称です。

③「**棚卸資産**」とは、製品・半製品・原材料などの在庫のことです。売れればお金になりますが、売れなければ不良在庫になります。
なお、完成品を仕入れて販売する商業では、製品と言わず商品と言います。

※ 現預金とは、現金・預金の略称で、会社の保有する現金や預金類などの総称。

純資産のモヤモヤ－“包括利益”って何だ？

上場企業の連結 P/L ➡ B/S 純資産には【**包括利益**】という理解し難い日本語が登場する。【当期純利益以外の純資産の変動を含む“**丸ごと全体の利益**”】を表す。【**包括利益＝当期純利益＋その他包括利益（保有資産・負債の時価変動などによる含み損益）**】。国際会計基準による【**ディスクロージャー（株主等へ会社の現在の正しい姿を開示する）**】の国際標準化の動きで純資産が複雑に進化している。ただ、【**ステークホルダー共通の願い**】の“**絶対倒産しない会計**”**の急所把握の基本**には変わりはない。（参考：國貞克則著『増補改訂財務三表一体理解法』）

2-8 30秒でB/Sを判別せよ

一瞬で企業を倒産に追い込む不渡り手形の恐さは体験しないと分からない。取引先のB/Sを見破る眼を養おう。

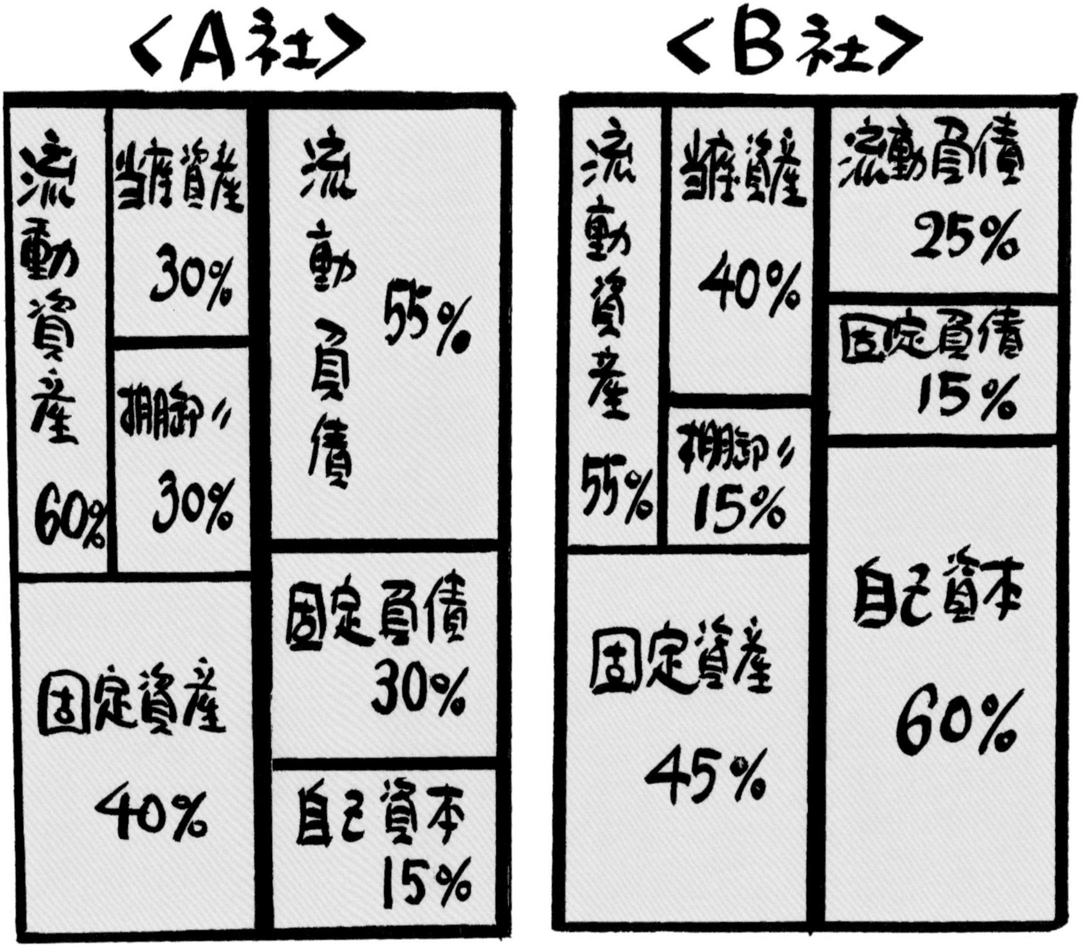

<A社>

資産		負債・資本
流動資産 60%	当座資産 30%	流動負債 55%
	棚卸し 30%	
固定資産 40%		固定負債 30%
		自己資本 15%

<B社>

資産		負債・資本
流動資産 55%	当座資産 40%	流動負債 25%
		固定負債 15%
	棚卸し 15%	自己資本 60%
固定資産 45%		

1 優良と思われている会社も含めて、**会社は倒産することがあります。**
得意先が倒産し、受取手形が不渡り（貸し倒れ）※になると、それまでの努力の結晶である**売上全額が純損失へと変貌し、投資資金全額が回収不能**となります。
影響が致命的な場合は、連鎖倒産の悲劇を迎えることになります。**その怖さは体験した者でないと分からない怖さ**です。取引先のB/Sを見たときには、**一目で会社の安全性について見てとれる**ような感覚と眼を養う必要があります。

2 そこで練習。
下図はＡ社とＢ社のB/Sです。どちらが良い財務体質か？　またその理由はなぜか？
30秒以内に判別せよという問題です。さて、直感でどちらが良いでしょうか？
(なお、自己資本≒純資産です。以後、純資産を自己資本として展開します。)

3 B/Sを手にしたときは、**漫画のように「興味津々と読める感覚」**が欲しいものです。
そのためには、どういう順番でどこを見ていくかの着眼点を持つ必要があります。

※ 手形などの決済が支払期日になっても行われないことを不渡りという。不渡りや取引先の倒産によって売上などのお金を回収できず、損失になることを貸し倒れという。

B/S・P/L以外で危ない会社を見破る法

1）**社長を見る**（❶会社の目標を定性・定量で明確に設定し、社内外に簡潔に宣言・明示しているか　❷眼は輝いているか、言動に覇気があるか　❸誠実な人か　❹実行力があるか　❺本業以外に必要以上に熱心に時間を割いていないか）
2）**従業員を見る**（❶眼は輝いているか　❷言動にやる気が感じられるか　❸従業員の応対は礼儀正しくニコニコ・キビキビ・ハキハキを発揮しているか）
3）**職場環境を見る**（５Ｓ<①整理　②整頓　③清掃　④清潔　⑤躾け>は徹底されているか？）
これらは財務諸表より会社の生命力を物語る！（某中堅商社の「社員研修テキスト」より）

2-9 まず「純資産の成長ぶり」、そのシンボル「自己資本比率」を見る

自分のカネ（純資産）のウェイトをまずつかむ！　すると財務体質の強さが見えてくる。

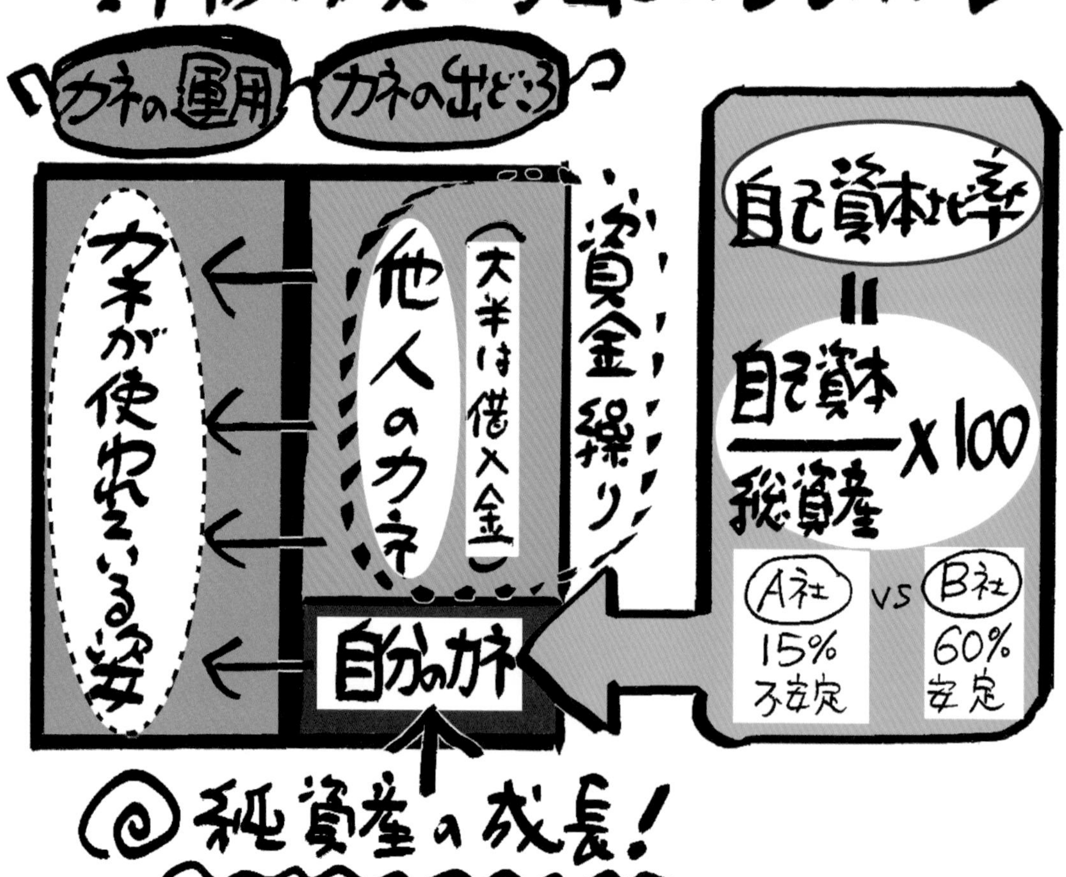

1 B/S を読むコツは、“目に見えるもの（カネの運用）”と右側の影である“目に見えないもの（カネの出どころ）”を突き合わせて見る眼でした。
その眼で見ると、右側には**資金繰りのストーリー**が浮かび上がり、**返済しなくてすむ自分のカネは自己資本（純資産）だけ**で、それ以外は返済が必要な他人のカネ（負債）であるということが分かります。

2 すなわち **B/S 第１の着眼点**は、「**純資産の成長**」とその成果である
「自分のカネのウェイト」＝**「自己資本比率」（自己資本 / 総資産× 100）**
です。
低い自己資本比率は借金体質を意味し、売上のいかんによらず、借入金の大きな金利がのしかかるうえに、借入金自体の返済にも追われます。
つまり、**チャンスがあっても積極投資ができない、不況にも弱い**（不況時には銀行は金を貸さない）という、「**攻めにも守りにも弱い財務基盤**」を意味します。
「自己資本比率」は、財務体質の強さを表すシンボルの比率なのです。

3 自己資本比率は業種や企業の事業方針·事業形態によって異なりますが、一般企業では、大まかに 50%以上が良好企業のライン、40%が安定水域、10%未満は危険水域です。
前節のＡ社・Ｂ社を見ると、Ｂ社は 60%で優良、Ａ社は 15%でかなり危ない財務体質の会社ということが分かります。
なお、重要比率であるとして、**自己資本比率ばかりにこだわる萎縮した経営は本末転倒**です。
内外の環境に応じ、適宜借入金も活かし、発展のための先行投資の打ち手を的確に舵取りし、**攻めと守りをバランスさせつつ強い財務体質をつくる経営姿勢**が望まれます。

2-10 内部留保の厚さが「B/S 進歩のバロメーター」！

「利益剰余金の厚さ」が B/S 改善の中心動力、B/S 進歩のバロメーター。
「利益剰余金対資本金倍率」が目安となる。

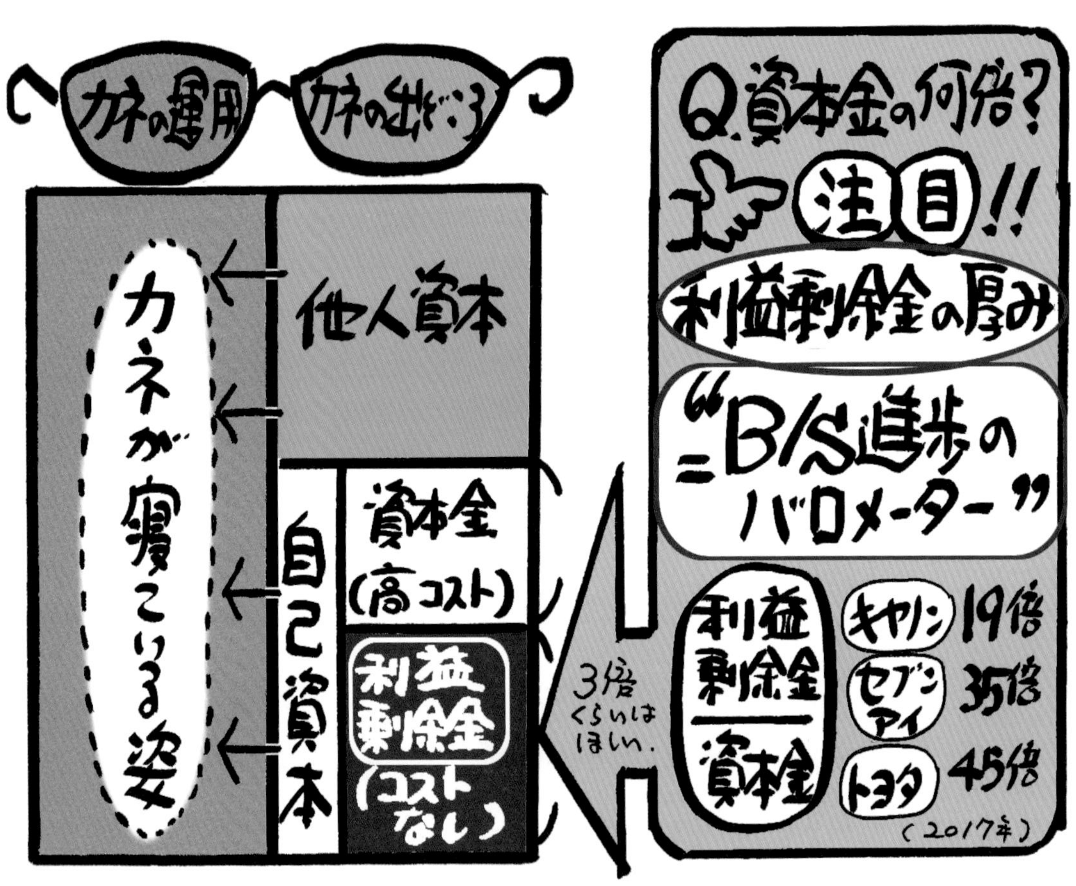

1 自己資本比率を押さえたら「自己資本の中身」をさらにブレークダウンします。

自己資本の主たる中身は、2-6で見たように

①資本金　②資本剰余金　③利益剰余金

の３つのパートからなります。

いずれも返済不要な自分のカネですが、資金調達コストという点では、①の資本金には配当が毎期発生※するのに対し、②と③には発生しません。

2 優良企業の自己資本比率の高さは、いずれも資本金の何倍もの②と③の厚さを背景としています。このうち（②は資本取引の成果でウェイトが小さいので省略）経営活動の成果であり、**税引後純利益から配当を払ったあとの利益（本書では"留保利益R"と呼ぶ）**を経営基盤のためにせっせと積み立てた内部留保、即ち③の**「利益剰余金の厚さ」こそが、「自己資本比率を改善する中心原動力」・「B/S進歩のバロメーター」**なのです。

その厚さは、「利益剰余金対資本金倍率」が一つの目安となります。

3 なお、内部留保された剰余金は、今現金として社内の金庫にある訳ではありません。**右側の「カネの出どころ」のカネは、すべて左側の目に見える方で「カネの運用の姿」に刻々変化しながら寝ている**のです。今期末時点で手元にある現金は、営業活動の現金の流れの残高として、B/Sの目に見える方の最上段に、現金の形で寝ているカネです。

※ 配当は、無配当の場合を除き、一般的には約30%の法人税を支払った後の利益から支払われる。配当は借入金の金利以上の負担になることがあり、株による増資よりも借入するほうが、低コストで資金調達できる場合もある。

"B/S改善の鍵の利益"を"留保利益R"と呼ぶ

本書は自己資本比率UPの原動力を"**留保利益R**"と呼びます。会計学ではSTOCKの内部留保の用語はありますが、内部留保のFLOW－INの用語はありません。しかし、利益剰余金のSTOCKを積み増し**絶対倒産しない自己資本比率を作っていくための営業から生み出す自力の資金源泉は、「税引後純利益から配当を払ったあと残る利益」以外にはありません。**本書ではこの"**純資産を自力で成長させるB/S改善の鍵の利益**"を"**留保利益R**"**のニックネームで呼び**第５章の資金戦略を展開します。（コラム22、49参照）

2-11 “２つのカネ” の発見 ── B/S は上下２つに切れ！

BS を上下に切って、“２つのカネ（運転資金と固定資金）” の動きを “B/S の複眼” で左右同時に見るのが B/S 解読の秘訣。

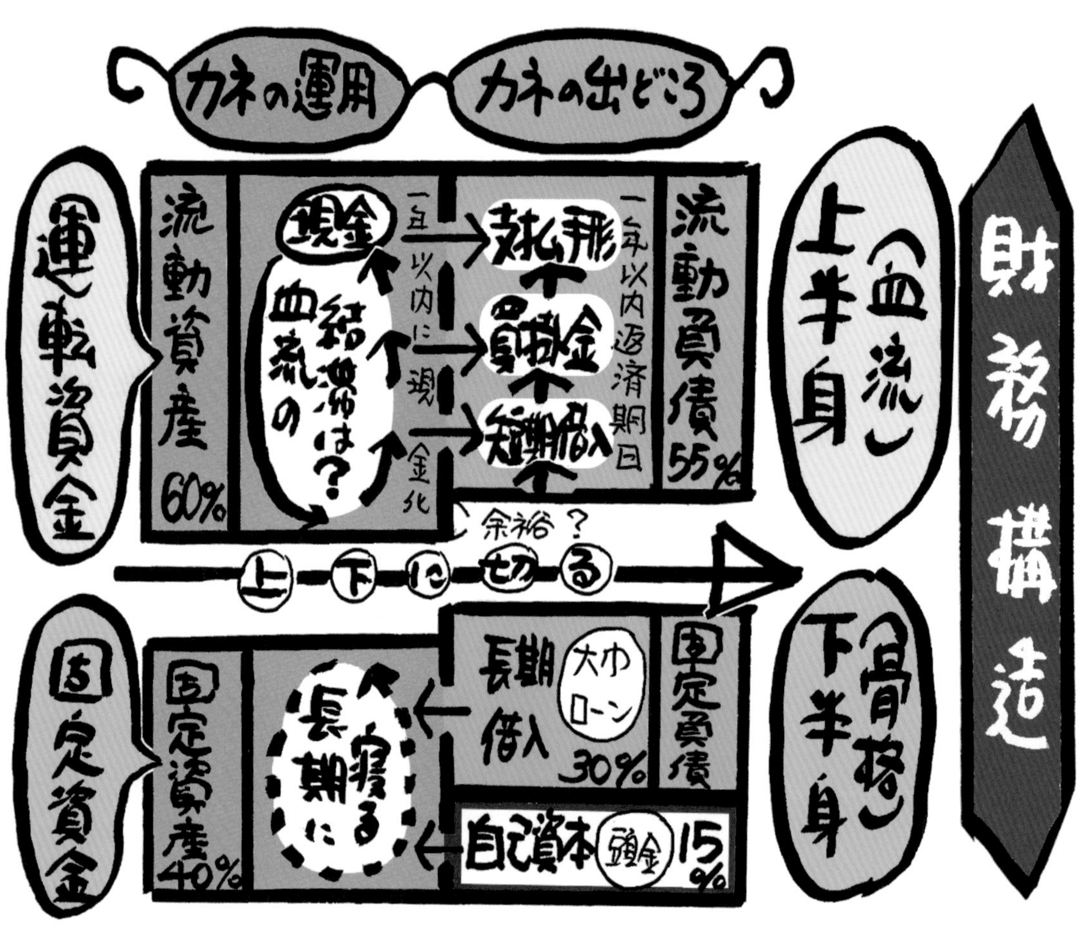

1 B/S の左側を「カネが運用されている姿」という目でよく見ると、B/S には異なる動き方をする“**2 つのカネ**”があることが分かります。
1 つは、現金⇒在庫⇒売掛⇒現金という具合に営業活動のサイクルに従って血液のようにぐるぐる回っているカネ（**運転資金**）であり、もう 1 つは、設備や子会社投資などのように長期多額に釘付けになっているカネ（**固定資金**）です。

2 このカネの性質にそって **B/S を上下に胴切りし、上半身と下半身に分けて、「カネの運用対カネの出どころ」の眼で見るのが、B/S のメカニズムを生き生きと解読する秘訣**です。B/S の資産・負債を流動・固定に区分する米国会計学の技術は、この **“2 つのカネ”の発見**に基づいています。

3「アメリカ式貸借対照表において、通常、流動資産が第 1 に掲げられているのは偶然ではない。しかし利用者が流動資産を……流動負債と対比しない場合には、その内容の一部が失われることになる。これら両者が比較された場合、重要な第 3 の事実……が明らかとなる」（リトルトン著『会計理論の構造』）財務分析の公式を丸暗記するのではなく、**B/S を 2 つに切って「目に見えるものと見えないものを同時に見る眼」**を磨くことにしよう。それが財政状態を解読するカギを握っている。

“経営と人生を生き抜く刀”

やさしくて少々男らしさが足りぬと子供心に感じていた父が、戦後の倒産と小さな企業を生き抜き家族を守り抜いたのは、経理と俳句の支えだったのだなと今にして思う。私は経理アレルギーの塊だったが、父は経理の達人だった。**経理はゲーテが見抜いたように困難を生き抜く経営と人生の刀になる。**しかもその**実戦に役立つ極意は３つの簡単な急所に過ぎない。**

黒揚羽　思いあること　引き返す　　　詩朗
野を往きて　黒揚羽と会う　父と会う　　冬彦

2-12 B/S の下半身は「固定比率」で財務基盤の骨格を見る

下半身の巨額の固定資産投資対自己資本の関係は、不況抵抗力と企業の将来に影響する。

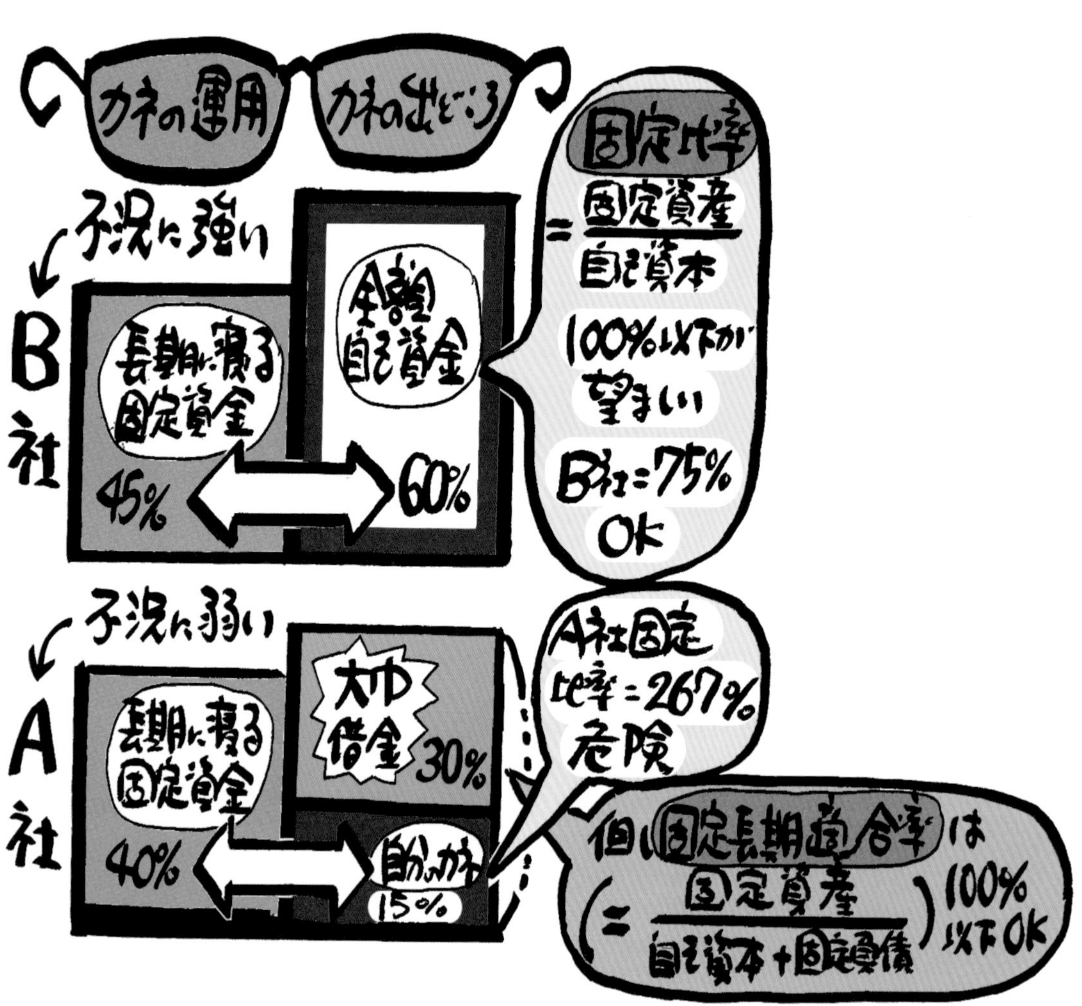

1 この“**２つのカネ**”の眼で、まず下半身から見てみましょう。
B/S の下半身を見る時は、固定資産対自己資本の関係に着眼します。
多額の資金が長期間寝る固定資産は、返済不要の自己資本で全額まかなえれば、不況期でも資金繰りに追われずに経営が安定します。
もし借入金でまかなっているのであれば、返済に追われて経営は苦しくなります。

2 **固定資産対自己資本比率は固定比率（＝固定資産 / 自己資本× 100）と呼ばれ、長期不況抵抗力を示します**。
比率が 100%以下なら安全であり、100%を大きく超えると不安定になります。
この観点で 2-8 のＡ社・Ｂ社を見ると、Ａ社の固定比率は 267%で危険であるのに対し、Ｂ社は 75%と不況にも強固な財務基盤です。

3 なお、借入金で大型投資をすれば固定比率は一旦上がり（悪化し）ますが、この先行投資が活きれば利益の増大につながり、減価償却と借入返済が進むことで、数年で固定比率は改善傾向を示します。
経営の帰趨（きすう）と財務体質の基本骨格を決める固定資金投資にかかわる固定比率は、単年度だけの見方でなく数年間の継続的な見方が必要です。
大型先行投資の成否が経営の土台に影響する景色が見てとれます。

4 敗戦国のため**借入金体質で出発した戦後日本企業**は、固定比率に加えて、長期資本（固定負債と自己資本の組み合わせ）と、固定資産の関係を見る**固定長期適合率［＝固定資産 /（自己資本＋固定負債）× 100］**という独自の指標で、経営の安全性を補完してきました。
比率が 100%以下であれば長期資本の範囲内で OK とする基準で、設備投資を行っています。100%を上回ると、短期資金を固定資産に投資していることとなり経営リスクが増します。
Ａ社の場合、固定比率は 100%超ですが、固定長期適合率は 89%と 100%を切っているので、何とか OK ということになります。

2-13 B/S の上半身は「流動比率」を見る——但し流動比率の落とし穴に注意！

上半身の流動資産対流動負債（支払能力）の眼は経営分析の元祖だが、流動資産は刻々と腐りやすい。

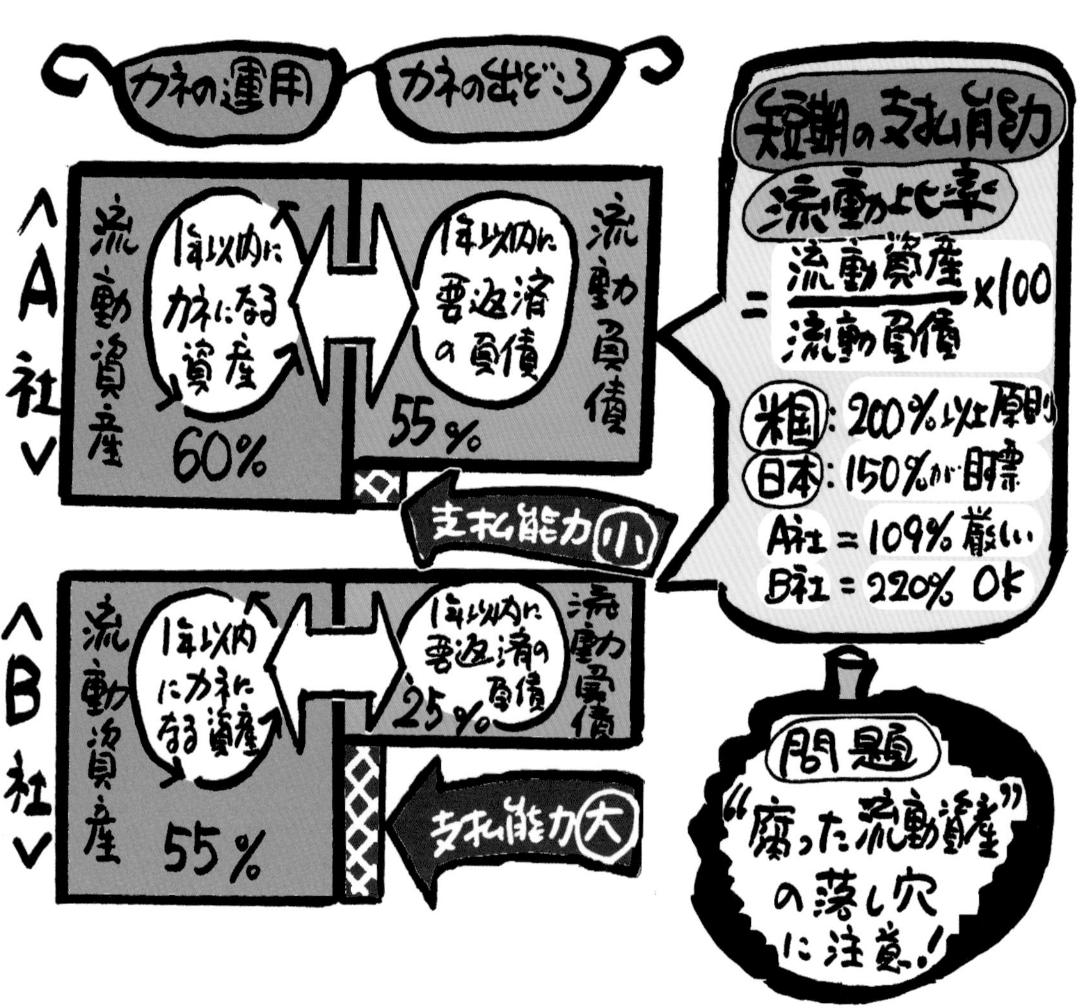

1 B/S の上半身は、営業活動と環境変化に対応して刻々と変化する運転資金を表しており、言わば血流状態（短期の資金繰り状態）を示します。
この B/S の上半身を見る時は、「1 年以内にカネになる流動資産」が「1 年以内に返済せねばならない流動負債」を上回っているか、**この２つの関係**に着眼します。
米国では、**前者が後者を上回る余裕資金の部分を「net working capital（正味運転資本）」**と呼び、**経営のピンチにも対応できる財務流動性（＝支払能力）の指標**として、この動きを重視してきました。

2 この支払能力を見る比率を「流動比率（＝流動資産 / 流動負債× 100）」――米国では別名「銀行家比率」と呼ばれ、**20 世紀序盤に比率分析の元祖**として活躍――と呼びます。
米国では 200%が原則（2to1 ルール）とされ、20 世紀後半も堅持されていますが、日本は低く 150%くらいが目標の目安です。2-8 のＡ社・Ｂ社の流動比率を見ると、Ｂ社は 220%と支払能力が十分なのに対して、Ａ社は 109%と支払能力が僅かです。

3 流動比率は支払能力をつかむ基本的な見方・ロマンチックな比率ですが、すぐカネになるとされる流動資産がなかなか現金にはならない過剰な在庫や不良在庫・不良手形などの**“腐った流動資産”であれば「流動比率の落とし穴」にはまります。**流動資産は刻々と変化し、絶えず腐りやすい。したがって、**流動資産の中身が問題**（在庫は諸悪の根源になり得るし、また利益の源泉にもなる。207 頁のコラム参照）です。

6 倍を超えると危ない“借入金月商倍率”

資金繰りの苦しさは借入金に現れる。その指標としては次節の借入金依存度以外に、B/S と P/L を合わせて見る**【借入金月商倍率＝（長短借入金＋社債）/ 月商】**も有力である。**6 倍（年商の半分）を超えると体力に比べ借金過多でありリスクが大きい。**
なお、決算書を読む場合、上場企業では第 5 章で学ぶ第 3 の財務諸表 CF 計算書で現金の動きを見るとおカネのストーリーが活き活きと読める。

2-14 「当座比率」でさらにシビアな支払能力を見る

在庫を差し引くと手厳しい支払能力がつかめる。これに加えて売掛債権の管理には眼力がいる。

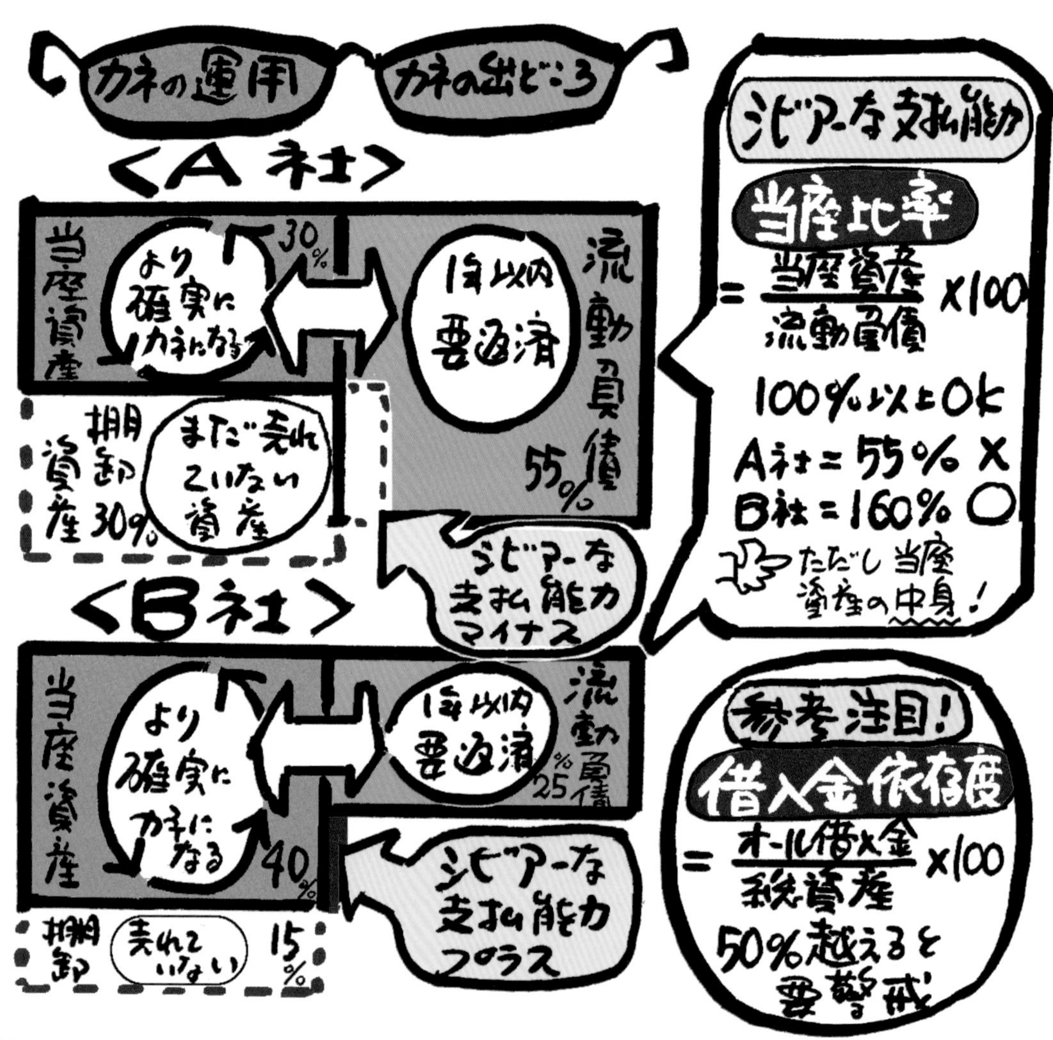

1 流動資産を「短期にカネになる資産」として扱いましたが、この中には棚卸資産（在庫）という、まだ売れるか売れないか確定していないものが含まれています。
流動資産が増加したといっても、倉庫に「ホコリをかぶった売れない在庫」が大量に山積みとなっているのであれば、支払能力があるとは言えません。
そこで、流動資産から棚卸資産を差し引いた**“より確実にカネになる資産”すなわち「当座資産（quick asset）」と「流動負債」を比較**すれば、“**より厳密な支払能力**”をつかむことができます。

2 この当座資産と流動負債の関係を表す比率を「**当座比率**[※1]（＝当座資産／流動負債×100）」と言います。
比率が100%を超えていれば、当座資金で流動負債をすべて支払っても手元に現金が残ることになり、資金繰り状況は良好と言えます。
2-8のＡ社・Ｂ社の当座比率を見ると、Ａ社は55%と資金繰りは極めて厳しく危ない状態です。対して、Ｂ社は160%と余裕があり、短期不況に強い抵抗力があります。

3 なお、当座資産の中身が、極端に過大な売掛債権・回収の遅い不良の売掛債権で多く占められている——ホコリをかぶった売掛台帳になっている——のであれば、当座比率が良くとも、支払能力が良いとは言えません。
在庫と売掛を筋肉質に管理できるかが資金繰りの重要な鍵なのです。

4 資金繰りの指標としては、カネの出どころの総資本（＝負債＋自己資本）の何%を借入金に依存しているかを見る**借入金依存度**［＝（長期・短期借入金＋割引手形[※2]残高＋社債）／総資産］の指標も有力です。
1970年代の解析ですが52%を超えると極めて危険というデータもあり、業種・規模・状況にもよりますが、**50%を超えると要警戒**です。
B/Sの右側は**“自己資本メーター表”兼“借入金メーター表”**なのです。

※1 米国では別名「酸性試験比率」といい、経営者にとってすっぱい手厳しい比率を表しています。
※2 割引手形とは、受取手形を約束の期日前に銀行等で利息を差し引いた金額で換金することです。

2-15 脱起業家の罠！ ―― 手元流動性比率

損益がどうあろうと、資金がショートして手当がつかなかった瞬間に会社は倒産する。

1 前節で当座比率をシビアな支払能力の指標としましたが、緊急時の指標としては不十分です。当座資産の中の売掛債権はキャッシュ化するのに時間がかかり、また相手先の支払能力に依存し不安定な面があります。
緊急時の支払能力としては、更にシビアに今すぐ確実に決済に使える現預金などの支払手段（＝手元流動性）を見ていく必要があり、この**最もシビアな短期支払能力の指標を、手元流動性比率または現預金月商倍率**と呼びます。
不況で売上が減少したとき何カ月分の売上喪失に耐えられるかを表します。

（算式）　**手元流動性＝現預金＋短期有価証券（1 年以内に換金できる有価証券）**

（指標）　**手元流動性比率＝現預金月商倍率＝手元流動性÷月商**＊

＊月商＝年間売上高÷ 12

2 現預金月商倍率の目安は下記です。

（安全の目安）　**現預金月商倍率≧ 1.5 カ月（中小企業）≧ 1 カ月（大手企業）**

現預金月商倍率は多いほど安全性を増しますが、一方で現預金が遊びますので資金効率とのバランスの舵取りが必要です。

3 手元流動性は**【非常時待機の現預金】**です。ぐるぐる売上が現金化されている順調時は傷みを感じませんが、不渡り手形など不時の緊急事態発生への対策管理は常に必要です。
特に、今回の新型コロナ不況など、**【景気下降には気を配り一早く手元流動性の備えに手を打つ】**必要があります。

4 なお、現預金月商倍率は、今日を生きるための資金の備え、短期の資金対策であり、企業が存続するためには、第５章で研究するキャッシュフローの戦略管理と長期不況をも生き抜く強い財務体質づくりが必須です。

2-16 債務超過のB/S

赤字が連続して負債が資産を上回ると債務超過だ。このような経営危機に陥らないように舵取りすることが経営だ。

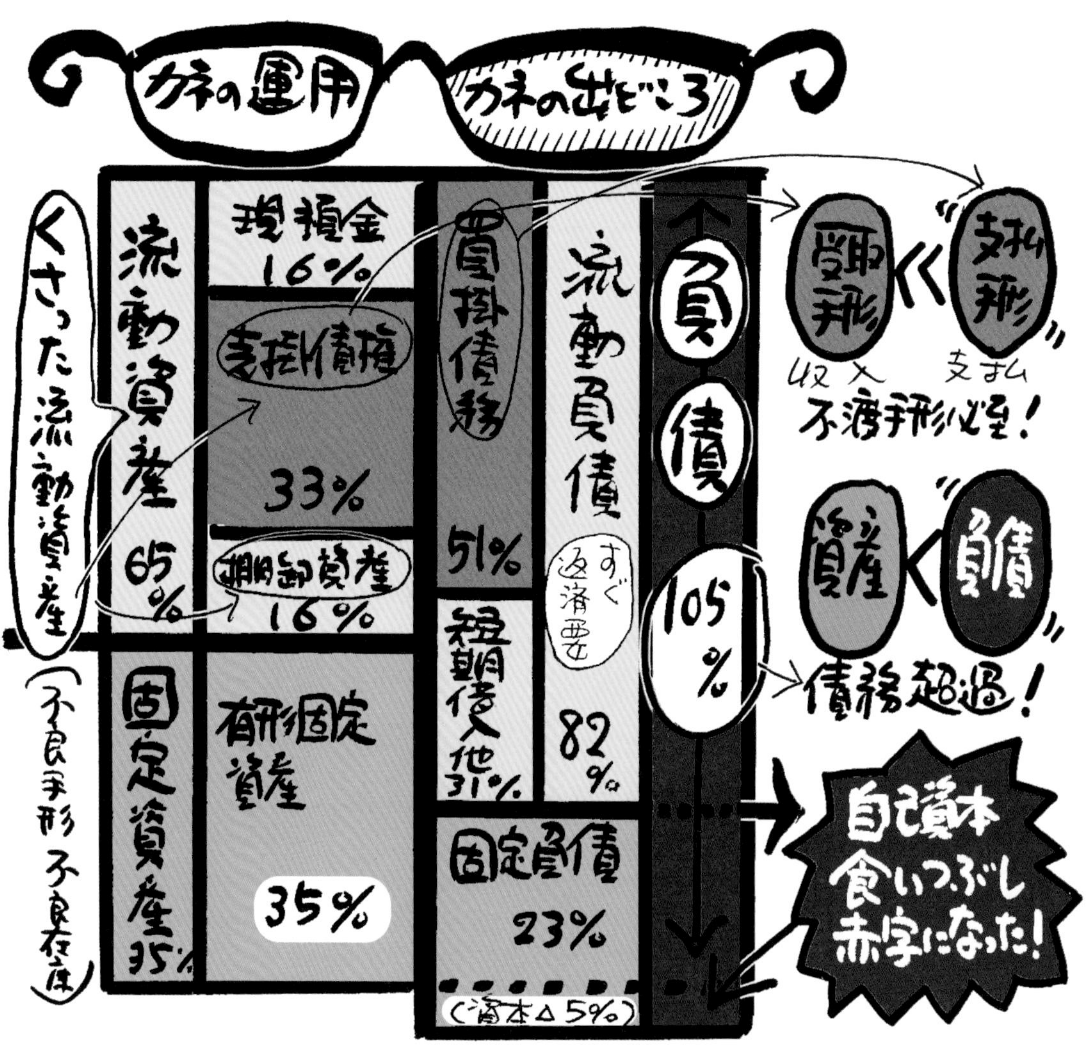

1 利益を出すと、税・配当などを支払ったあとの留保利益Rが剰余金となり、B/Sの自己資本が増加します。
反対に累積赤字を出すと、B/Sの目に見える側（左側）では、投下した費用を現金回収できないため資産が減少する一方、B/Sの目に見えない側（右側）では借入金（負債）が増加し、赤字が剰余金を食いつぶし自己資本が減少します。
累積赤字が資本金まで食いつぶすと自己資本ゼロとなり、ついには自己資本マイナス（つまり総資産より負債が多くなり、全資産を売却しても負債が返せない状態）になります。この状態を債務超過※**といいます。**

2 ここで実際に倒産した会社の倒産寸前のB/Sを見てみましょう。
自己資本比率はマイナス5%と雪だるま式に悪化し、債務超過に陥った様子が伺えます。
自己資本比率は如実に安全性を物語ります。
支払能力を見ると、流動比率79%、当座比率60%と、100%を大幅に割っています。
更に中身を見ると買掛債務（買掛金＋支払手形）が売掛債権（売掛金＋受取手形）を大幅に上回っており、**異常な支払手形の発行（手形の過大振り出し）が資金繰りの窮迫を告げています。**

※ 日本取引所グループのルールにより、２年連続で債務超過となった企業は上場廃止となります。

固定資産投資の損失を先延ばしさせない減損会計

2000年から会計ビッグバンの改革が始まり上場企業では国際会計基準に対応する**ディスクロージャー（会社の正しい姿の開示）の新基準**が逐次採用され決算に大きな影響を与えている。その一つ**減損会計は経営者の意思決定である固定資産投資の失敗を将来に繰り延べすることなくタイムリーにP/L・B/Sに反映させる会計処理。**固定資産投資の損失見込みに対し減損損失を測定、B/Sの固定資産を減額しP/Lの経常利益の下の欄で特別損失を計上、先延ばしすることなく純利益を減少させる。

2-17 エクセレントカンパニーのB/S

エクセレントカンパニーの B/S は利益剰余金の STOCK が厚く不況に強い。それは経営者・社員一丸の長年の努力の結晶だ。

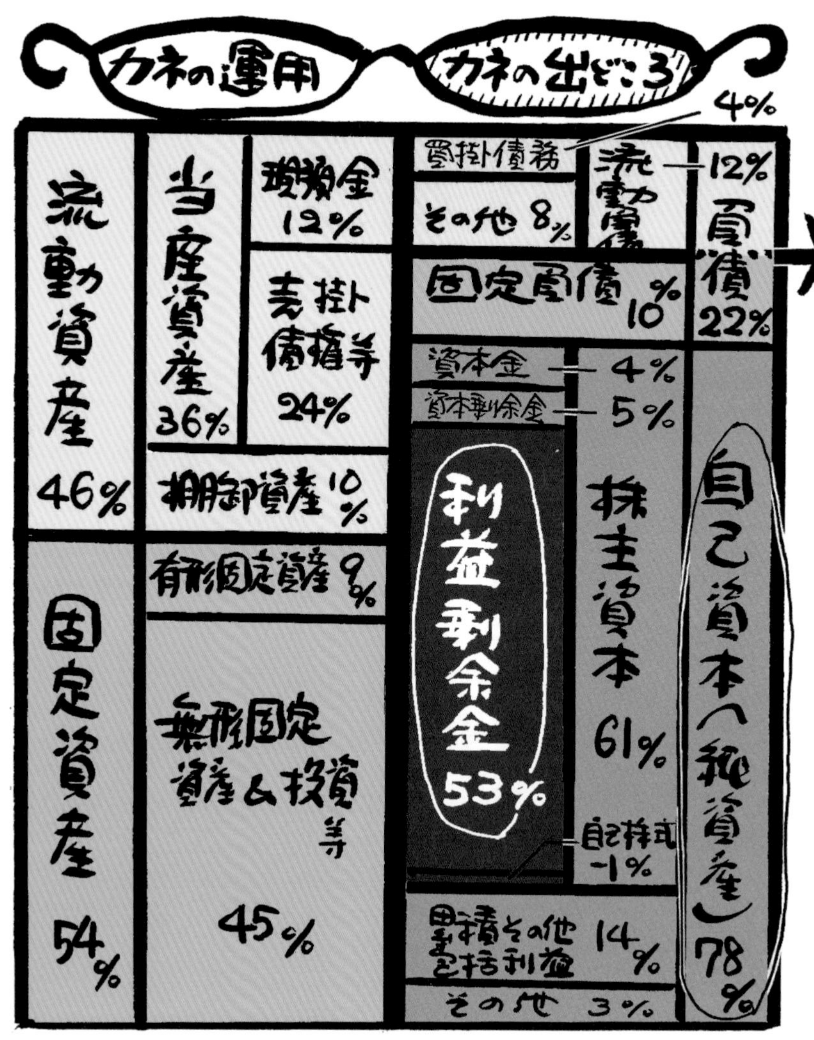

＊ 2017 年 3 月期連結 B/S より作成。

総資産	31,110
自己資本	24,189
資本金	1,157
利益剰余金	16,381
当期純利益	1,038

（単位：億円）

1 電子部品大手の京セラの B/S を見てみましょう。
自己資本比率は 78%、**実質無借金経営**に近い B/S です。
流動比率は 383%、当座比率は 300%、固定比率は 69%です。

2 特に、**配当を必要とする資本金**に対し、せっせと蓄えた**無利子の自己資金である利益剰余金の厚さは資本金の 13 倍**。この部分は当期が赤字でも取り崩して配当を維持することができ**「不況抵抗力のバロメーター」とされる強固な財務体質**です。

3 京セラは**全職場の小集団**が**フィロソフィー**（人として正しいことをする、お客様第一と利他の哲学）と**計数の二つの羅針盤**をつけて走る**全員参加型の経営**で知られます。
1959 年わずか 28 人でスタートした町工場の会社が、社員の工夫行動の結晶として“留保利益 R”を積み上げて築いた見事な B/S に感嘆します。

コラム 22 絶対倒産しない会計！ー京セラ会計思想の極意

達人経理部長と闘魂の独創社長が激突したらどうなるか？　経理部長は**会計の本質を突く素晴らしい経営者の素晴らしい経営学に心底感服**、退社時に社長の経営思想を『京セラ会計思想の原点』という本にし、それは京セラのバイブルとなった。稲盛和夫著『稲盛和夫の実学―経営と会計』は、小さなベンチャーからエクセレントカンパニー京セラを作り上げた稲盛和夫氏の**【人間として何が正しいかで判断する】哲学（北極星！）**に基づく会計思想とキャッシュベース・設備投資・採算など全ノウハウを結晶させた**【本物の経営者の会計学】**である。そこには氏が達人経理マンから学びとった会計の極意が裏打ちされている。氏は言う「いつ不況やどんな困難が来るかわからない。これに対するには**常に余裕資金を持つ、即ち利益を蓄積し内部留保を厚くして高い自己資本比率に財務体質を強化せねばならない。常にその意識で経営してきたからこそ無借金経営に到達した。会計がわからなければ真の経営者になれない。**」と。**“留保利益 R”を積み上げて“絶対倒産しない B/S”をつくる！**京セラ会計思想の極意であり、**“ 本書の資金戦略のベース”**となっている。（コラム 49 参照）

2-18 “カネの複眼”で上（心臓会計）下（経営者会計）を切る！

B/S を上下に切り、経営の命に直結した２つのカネの動きを B/S の複眼で洞察する眼を養おう。

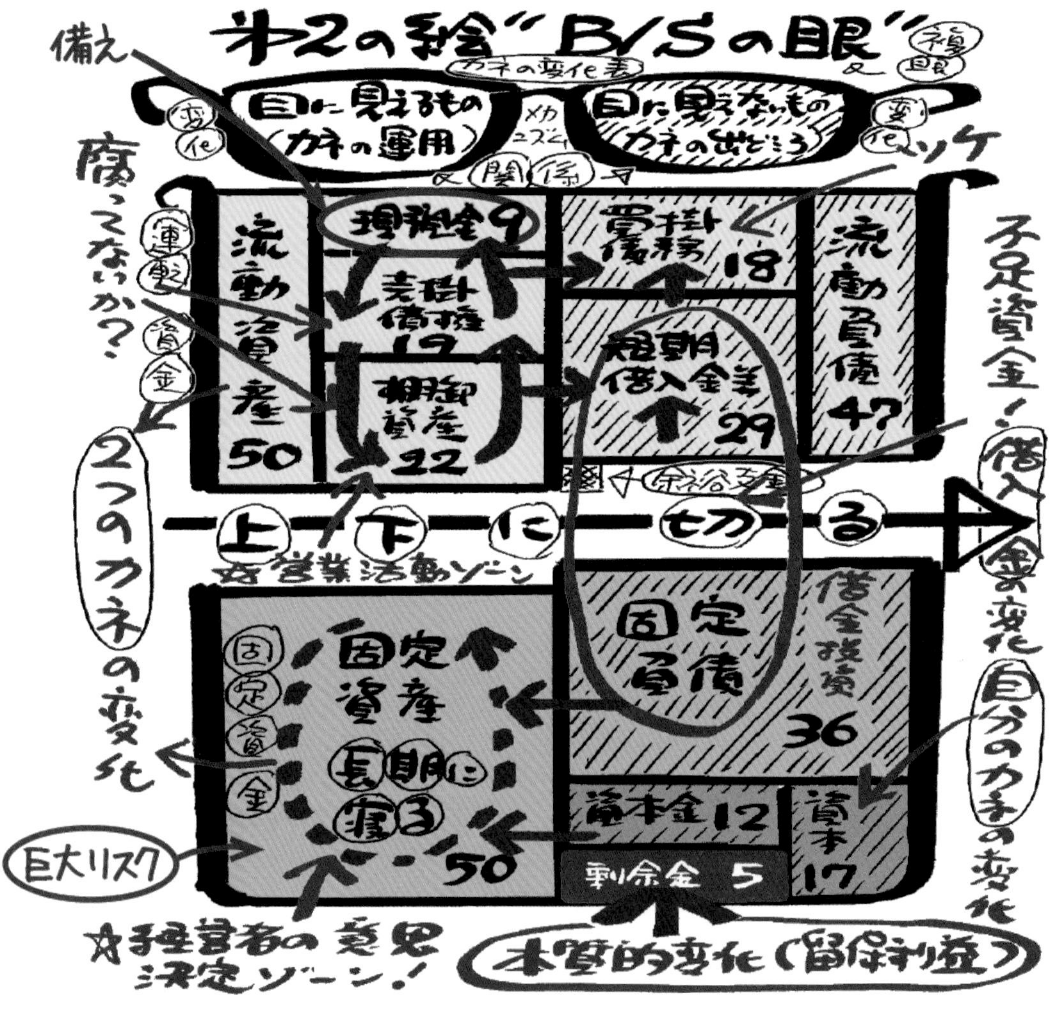

1 回避すべきは“**債務超過型 B/S**”、目指すべきは“**エクセレントカンパニー型 B/S**”です。これまでの学習内容から、B/S を見る基本ワザ、すなわち 0-3 の「3 つの絵」の第２の絵の意味をつかめたでしょうか？
左図でその着眼点のワザを試してください。

2 B/S を見る基本ワザとは、B/S を**上下２つに胴切り**し、**“B/S の複眼”で“目に見えるもの（カネの運用）”と“目に見えないもの（カネの出どころ）”の関係（カネの変化のメカニズム）をつかむ**ことです。

3 目に見えない側の**最も本質的な変化は、純資産（自己資本）の成長（財務体質のシンボル、自己資本比率に注目）**であり、その原動力は**留保利益 R で積み立てられた利益剰余金の厚みの変化（経理の達人が一番に見るのはここ！）**です。
また、下半身の**長期間寝る巨額の固定資金と自己資本の関係（固定比率）**の動向は、**財務体質（借金体質か？）の骨格と長期不況抵抗力**を決定し、**先行投資の成否**は経営の将来に影響します。下半身は**巨額のリスクテイキングの意思決定領域、「経営者会計のゾーン」**と言えましょう。
上半身のぐるぐる回り**絶えず増加する運転資金（流動資産）と返済期日の迫る流動負債の関係（流動比率と当座比率）は、短期の支払能力**を表します。
しかし**流動資産は絶えずコレステロールが溜まりやすく、不良な不渡り手形を食うと一瞬に倒産のリスクがあり、資金繰りのカギの刻々のマネジメントを必要とする「心臓会計ゾーン」**と言えましょう。
この B/S を上下に切って２つのカネの変化を複眼で見るワザをつかんだあなたは、実際の B/S を身近に読めるようになったことでしょう。

2-19 P/L の収益構造を解読せよ

PL は 4 つの収益力の評価システム。タテ (時系列) とヨコ（ライバル）の眼で継続的に比較する眼を養おう。

Q、どちらが収益力があるか？どこに問題があるか？

科目		E電気	F電気
経常損益	売上高	100.0	100.0
	売上原価	78.0	73.0
	売上総利益	22.0	27.0
	販売費一般管理費	20.0	15.0
	営業利益	2.0	12.0
	営業外収益	2.0	2.0
	営業外費用	2.0	8.0
	経常利益	2.0	6.0
特別損益	特別利益	5.0	1.0
	特別損失	1.0	1.0
税引前当期純利益		6.0	6.0
法人税等		2.0	2.0
当期純利益		4.0	4.0

1 ここで報告式の P/L の読み方に慣れておきましょう。
2-5 のイラストで勘定式（左右型）の簡単な P/L メーターを作りましたが、諸規則により報告式（タテ型）の P/L が一般に採用されています。
その見方は大変分かりやすいものです。

2 左図は 100% P/L です。ライバルである E 社と F 社の当期純利益は同率の 4%、どちらのほうが収益力があるか、課題は何かという問題です。その他の条件※を全く同じとすれば、P/L は次のような収益力のプロセスを示しています。上から見ていきましょう。

3 売上 100%に対し売上原価を差し引いた「売上総利益」は E 社 22%に対し、F 社 27%。F 社がコスト競争力･商品力があり､E 社は相当問題を抱えています。(この段階では、本社費・販売費・研究開発費などの販売費一般管理費をまだ差し引いていません。)

4 そこで販売費一般管理費を見ると F 社 15%に対し E 社 20%。
ここでも F 社の管理コストは効率的で E 社は逆です。この結果、本業の基礎収益力である「営業利益」には大差が生まれています。**E 社はわずか 2%と収益構造に改善を要する根本問題を抱えています。**
ところが、次の段階では様相が少し変わります。(2-20 に続きます。)

※ 事業規模や多角化状況、その他企業を取り巻く経済環境など。

運が良いとは何か？ ― ダ・ヴィンチのらくがき術

“降り立てば　一陣の風　春の風　　祝郎”　「日常フッと浮かんだコトバを捕まえた方が良い句ができるな。」晩年視力を失った日本のバイオの父 Dr 木下はでも元気で俳句をよく作った。この “**秘伝俳句術**” は “**らくがき術**” に通じる。よく運が良いというが、**運が良いとは良い情報のことだ。**良い情報に出会った瞬間 “**すかさず必死にカッコ悪くらくがき図解する**” こと。すると個人でも職場でも次々と良いアイディアが**連鎖反応**を起こす。

2-20 “本業の利益”の動きが焦点 ―― P/Lは４つの利益の物語

４つの利益は収益体質を物語る。中でも“本業の利益”は企業の生命力の焦点だ。

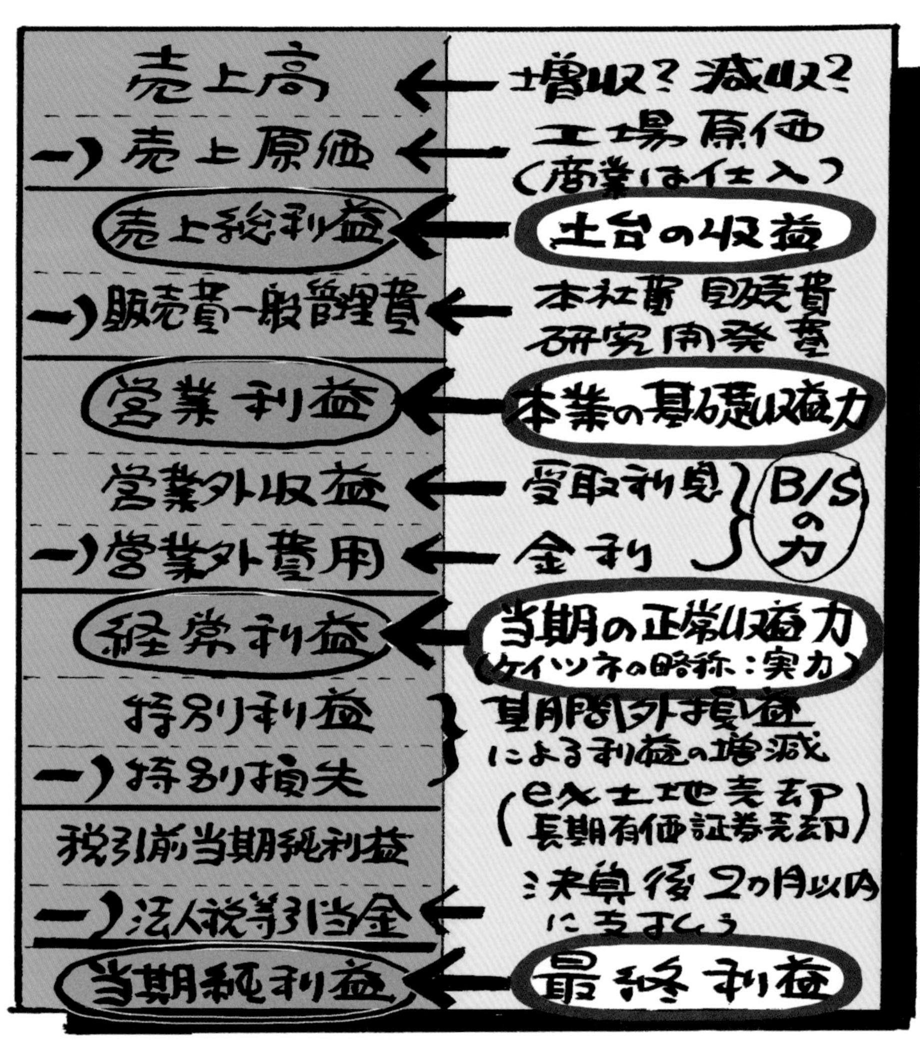

1 営業外収益は受取利息や配当など、営業外費用は支払金利などの総称です。
前節の両社の差である**営業外損益（＝営業外収益ー営業外費用）には、B/S の財務体質（借金体質か否か）が如実に反映**します。E 社はこの金融収支（営業外損益）が 0 で、過去に築いた財務体質は良好であることが伺えます。
一方、**F 社は金融収支が大幅マイナスで、せっかく稼いだ本業の利益は 12%から激減し、当期間の正常収益力の指標である経常利益は 6%に半減**しています。
このことから、F 社は B/S の改善が課題であることが分かります。

2 **過去に投資した固定資産の売却損益などの期間外損益や災害などの異常損益、特定引当金の引き当てや取り崩しなどの特別損益（＝特別利益ー特別損失）**を経常利益に加えた結果、E 社の税引前当期利益は、F 社と同じ 6%を辛うじて捻出しています。

3 左図のように、報告式の P/L は 4 つの利益を段階的に示すことによって、企業の収益力を自動的に評価する仕組みになっています。
この中でも、**本業の基礎収益力を示す「営業利益」**と**当期の正常収益力である「経常利益」**は企業収益力のベースの指標として最も重視されます。

4 中でも**「営業利益」は本業の生命力の利益**であり、**これが赤字なら経営は即危機事態**です。一方、B/S の借入金が大きくても、営業利益が継続して大きく改善していれば、企業としての生命力があり、将来性が大と評価されることもあります。

5 P/L の 4 種の利益を売上で割れば収益性比率が出ます（例：売上高営業利益率、売上高経常利益率）。“率”は鋭いので、時系列の変化と同業他社との比較の分析に便利です。B/S と組み合わせて実力を測る見方もあります（例：総資本利益率、自己資本利益率）。

6 なお、**財務会計の P/L は“採算の焦点”が欠けており**、第３章、第４章にて研究します。

2-21 “経常利益と資本金の関係”で会社の成長力を見る！

配当性向を見れば B/S 改善力即ち内部留保力がつかめる。

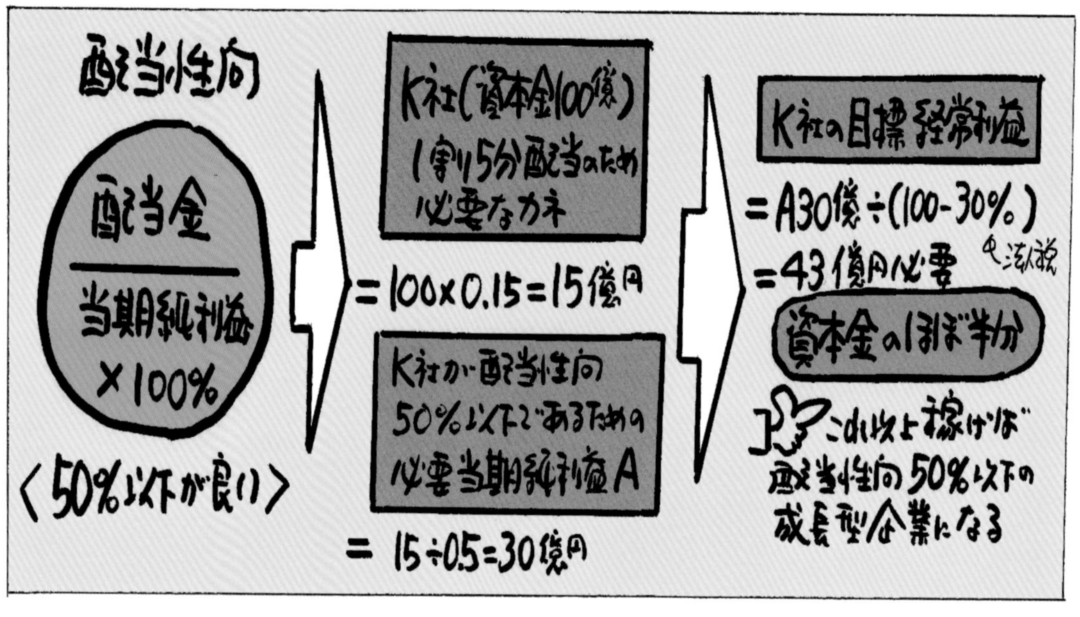

＊欧米でよく使われているＲＯＥ［＝当期純利益 / 株主資本（≒自己資本）］という比率が、最近日本でもよく使われます。株主の財産の投資効率・収益力がどうか、市中金利より上回っているかなどという経営者の成績を見る指標ですが、上記の経常利益対資本金倍率の眼は、企業の収益力を比較する上でより親しみやすい指標です。

1 当期純利益のうち配当金として株主に支払うウェイト（配当支払い率＝配当金／当期純利益×100）のことを、**配当性向**（はいとうせいこう）といいます。
配当性向が高いとか低いとかのフレーズを聞いたことがある方もいると思います。

2 例えば、資本金100億円のK社が１割５分配当するためには、100億円×0.15＝15億円のカネが必要です。
このK社の当期純利益が15億円だとすると、配当性向＝15億円/15億円＝100%。
利益剰余金として積み立てられる留保利益Rは0となり、非常に苦しい配当です。
配当性向は50%以下であることが良く、配当性向が低いほど留保利益Rが増え、自己資本のストック（利益剰余金）が充実し、B/S（財務体質＝経営基盤）の改善と成長が図れます。

3 通常、会社運営の目標指標は「当期の正常収益力」である経常利益です。
税負担率30%、特別損益なしとすると、経常利益＝税引前当期利益＝当期純利益／（100%－30%）となります。
配当性向50%にするためには、K社の必要当期純利益＝15億円/50%＝30億円ですので、目標経常利益＝30億円／（100%－30%）≒43億円となり、資本金のほぼ半分の経常利益が必要になります。
K社がこれ以上稼げば、配当性向は50%以下になります。

4 つまり、**１割５分配当の場合、資本金のほぼ半分以上となる経常利益を確保できれば、配当性向50%以下で内部留保を積み増し得る成長力を持つ企業である**、という関係が成り立ちます。
P/Lの経常利益とB/Sの資本金の関係を見る眼は、各企業の成長力を見る簡単な目安として役に立ちます。

2-22 P/LとB/Sはリサイクルしている！ ── P/L と B/S の関係図解

P/L から生まれる留保利益 R が B/S 純資産の原動力、これをもとに B/S のカネの運用如何で財務体質が決定し P/L に影響する。

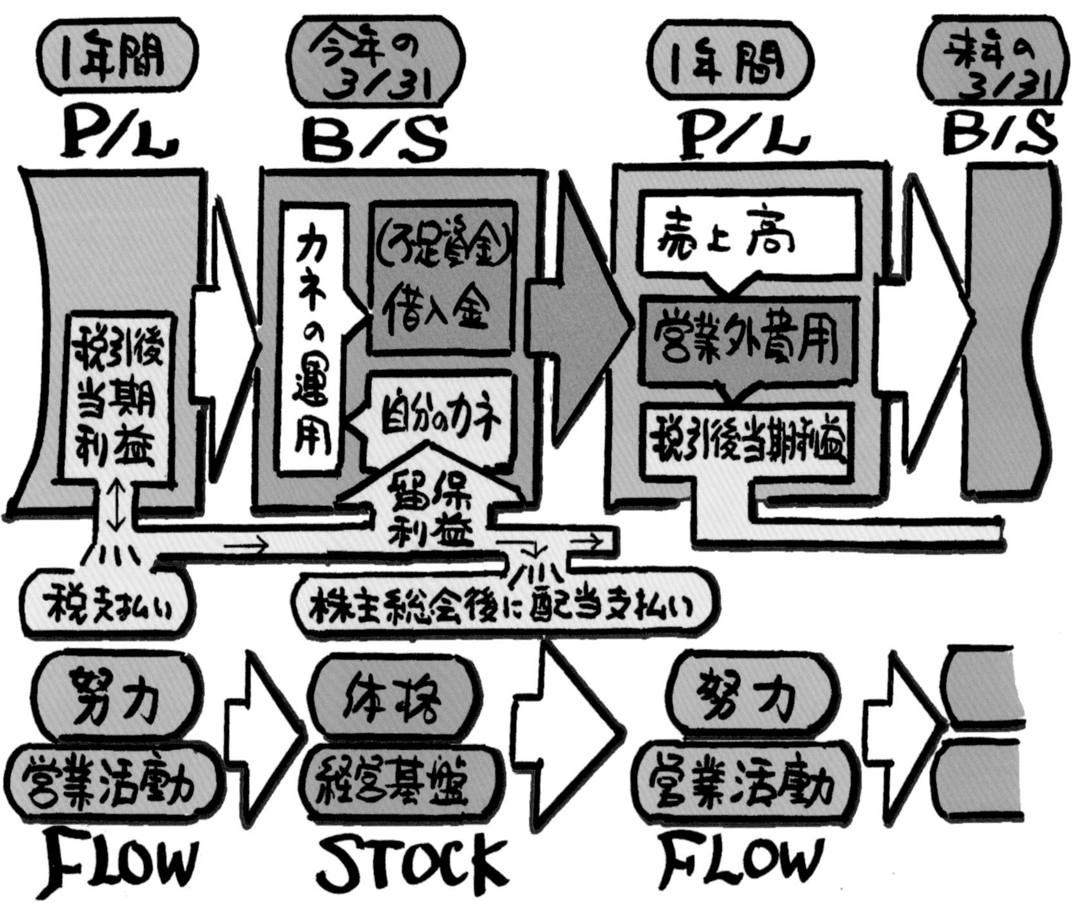

＊法人税は見込みで当期 P/L に計上されます。配当は株主総会で決める利益処分なので、総会後に支払い、来期 B/S に反映されます。

1 2-20 の 1 でふれたように、**B/S（財務体質）の良し悪しは、P/L（収益力）に大きな影響を与え、逆に P/L の良し悪しは B/S の体質に直結します。**
すなわち、P/L（1 年間の営業活動の努力）と B/S（その努力の積み重ねでできた企業の体格）は、**お互いに因となり果となって、ぐるぐるリサイクル**しているのです。

2 その中身を見ると、まず第 1 に、**P/L で生まれた利益から税・配当の社外流出を差し引いた残りの留保利益 R が、自己資金の出どころ・B/S 充実の原動力**です。
これをもとにカネを運用して次の営業活動を行います。
ここで、**カネの運用が超過すると資金不足になり、不足資金の分借入金が増加し、P/L の営業外費用欄で金利が増加**します。この場合、**投資したカネが活きて力を発揮すれば**、売上も利益も増え **B/S は良くなっていき**ます。
逆に**活きないでカネが寝ていると**、売上があがらないのに金利がドンドン発生するため、利益が減り **B/S は悪化**します。
特に P/L の一番上の売上を伸ばしにくい低成長下では、B/S の財務体質が悪いと金利負担が重荷になり経常利益が減少します。

3 そこで、第 3 章・第 4 章で、B/S の原動力の利益を生み出す採算の眼をマスターし、第 5 章で、B/S の“カネが寝る”を制御する資金戦略の眼にチャレンジしましょう。

P/L・B/S をつなぐ株主資本等変動計算書と“R”

本書では P/L の当期純利益から配当の社外流出を除いた**留保利益**だけが B/S に流入してくる唯一の自分のカネ（純資産成長の源泉）であるとし【**R のニックネーム**】で呼び **R ＋ N －⊿W の CF 戦略**を展開している。株主資本等変動計算書は P/L と B/S のつながりを表すが、その**利益剰余金変動の中核式は、S_1（期首利益剰余金）＋期中剰余金変動額【F.in（当期純利益）－ F.out（期中支払配当金）＊】＝ S_2（期末利益剰余金）**である。**当期純利益から当期中に支払った配当を引いた R ＊**が利益剰余金を増加させ B/S の資本を増加させ自己資本比率を改善する【**唯一の自力源泉**】なのだ。

Q1. 菓子メーカーのライバル対決

● P社とQ社の経営状況について、分析コメントを考えてみてください。

P社 (単位：億円)

BS	1987年3月期	2021年3月期
流動資産	369	771
固定資産	490	1,249
総資産	**859**	**2,020**
流動負債	377	483
固定負債	135	297
負債合計	512	780
資本金	141	186
利益剰余金	87	744
その他	119	309
純資産合計	347	1,239
負債及び純資産合計	**859**	**2,020**
PL	**1987年3月期**	**2021年3月期**
売上高	1,138	2,000
営業利益	3	192
経常利益	11	198
税引前当期純利益	41	189
当期純利益	40	136
経営指標	**1987年3月期**	**2021年3月期**
純資産成長率	-	257.1%
自己資本比率	40.4%	61.3%
剰余金資本金倍率	0.62	4.00
固定比率	141.2%	100.8%
固定長期適合率	101.7%	81.3%
売上高営業利益率	0.3%	9.6%
売上高経常利益率	1.0%	9.9%

Q社 (単位：億円)

BS	1987年3月期	2020年12月期
流動資産	811	1,778
固定資産	327	1,623
総資産	**1,138**	**3,401**
流動負債	343	756
固定負債	164	419
負債合計	507	1,175
資本金	59	78
利益剰余金	476	2,058
その他	96	90
純資産合計	631	2,226
負債及び純資産合計	**1,138**	**3,401**
PL	**1987年3月期**	**2020年12月期**
売上高	1,190	3,440
営業利益	40	185
経常利益	87	196
税引前当期純利益	87	197
当期純利益	43	118
経営指標	**1987年3月期**	**2020年12月期**
純資産成長率	-	352.8%
自己資本比率	55,4%	65.5%
剰余金資本金倍率	8.07	26.38
固定比率	51.8%	72.9%
固定長期適合率	41.1%	61.4%
売上高営業利益率	3.4%	5.4%
売上高経常利益率	7.3%	5.7%

※決算期の変更により2020年度は12月期となっています。

Q2.優良企業の経営非常事態と再生努力

● R社の経営状況について、分析コメントを考えてみてください。

R社　(単位：億円)

BS	2008年3月期	2017年3月期	2021年3月期
流動資産	29,294	27,363	21,309
固定資産	30,062	15,332	13,697
総資産	**59,356**	**42,695**	**35,006**
流動負債	29,860	27,184	12,549
固定負債	15,575	18,268	9,412
負債合計	45,435	45,452	21,961
資本金	2,801	2,000	2,006
利益剰余金	7,745	-5,804	11,271
その他	3,376	1,047	-232
純資産合計	13,922	-2,757	13,045
負債及び純資産合計	**59,356**	**42,695**	**35,006**

※1 国際会計基準により、非継続事業（売却予定等）の業績は含まれない。
※2 国際会計基準により、非継続事業（売却予定等）分の巨額損失を含む。

PL	2008年3月期	2017年3月期	2021年3月期
売上高	76,653	40,437	30,544
営業利益	2,464	989	1,044
経常利益	2,650	619	1,535
税引前当期純利益	2,650	450 ※1	1,535
当期純利益	1,274	-9,657 ※2	1,140

経営指標	2008年3月期	2017年3月期	2021年3月期
純資産成長率	-	-	-
自己資本比率	23.5%	-6.5%	37.3%
剰余金資本金倍率	2.77	-2.90	5.62
固定比率	215.9%	-556.1%	105.0%
固定長期適合率	101.9%	98.8%	61.0%
売上高営業利益率	3.2%	2.4%	3.4%
売上高経常利益率	3.5%	1.5%	5.0%

Q3.史上最大級の危機　V字回復.but….

● S社の経営状況について、分析コメントを考えてみてください。

S社　(単位：億円)

BS	2000年3月期	2016年3月期	2021年3月期
流動資産	28,246	107,476	103,497
固定資産	37,166	66,261	61,024
総資産	**65,412**	**173,737**	**164,521**
流動負債	29,809	67,642	67,264
固定負債	25,709	54,687	53,859
負債合計	55,518	122,329	121,123
資本金	4,966	6,058	6,058
利益剰余金	-2,373	41,507	36,299
その他	7,301	3,842	1,041
純資産合計	9,894	51,407	43,398
負債及び純資産合計	**65,412**	**173,737**	**164,521**

PL	2000年3月期	2016年3月期	2021年3月期
売上高	59,771	121,895	78,626
営業利益	826	7,933	-1,507
経常利益	-16	8,623	-2,212
税引前当期純利益	-7,127	7,329	-3,393
当期純利益	-6,844	5,238	-4,487

経営指標	2000年3月期	2016年3月期	2021年3月期
純資産成長率	-	419.6%	-15.6%
自己資本比率	15.1%	29.6%	26.4%
剰余金資本金倍率	-0.48	6.85	5.99
固定比率	375.6%	128.9%	140.6%
固定長期適合率	104.4%	62.5%	62.7%
売上高営業利益率	1.4%	6.5%	-1.9%
売上高経常利益率	0.0%	7.1%	-2.8%

Q1

P社

分析コメント 34年前の1987年3月期は、収益力は売上高経常利益率1.0%と落第レベルの企業でしたが、2021年3月期までに売上を倍増させる中で付加価値力や収益力を高めました。

その結果、売上高経常利益率は、製造業としては優等生レベルの9.9%にまで高まりました。財務体質でも自己資本比率を40.4%から61.3%と大幅改善し、剰余金資本金倍率は0.42倍から4.00倍に増え、純資産も3.6倍となっています。

Q社

分析コメント 1987年3月期時点でも自己資本比率55.4%と財務体質の素晴らしい優良企業でしたが、2020年12月期までの34年間で、純資産は3.5倍に、自己資本比率は65.5%に高まり、利益剰余金のストックは資本金の8.1倍から26.4倍の厚みとなりました。しかし、売上高経常利益率は7.3%から5.7%に下がっており、収益力が低下しています。

P社とQ社の比較

分析コメント P社は良好な収益率を維持させながら売上高を堅調に拡大、それに対しQ社は利益率をそこそこに売上高の拡大に注力。ここに両社の経営姿勢の違いがうかがえます。その結果、財務体質の指標はいずれも素晴らしいですが、P社の収益力がQ社を逆転してきています。Q社は付加価値力・収益力の一層のアップが課題です。

解説 P社は森永製菓、Q社は江崎グリコです。お菓子のライバルメーカーの古いB/S・P/Lのデータを使ったのは、大学の講義で学生たちに経営分析の面白さを伝えるためにした工夫の名残りです。長期間にわたる企業の経営努力と変化を見る時感動があります。両社とも付加価値率の高くない業種で切磋琢磨精進を重ねともに不況にも強いBSを築きあげているのは素晴らしいことです。

Q2

R社

分析コメント 2008年3月期のR社は、収益面は売上高経常利益率3.5%とまずまずでしたが、自己資本比率は23.5%と低く、固定比率は200%超と財務体質に不安を抱えていました。

2017年3月期には巨額の損失を出し、債務超過に陥りました。固定資産が約半分に減少しているのは、損失の穴埋めのための売却だとみられます。経営指標の悪さは論ずるまでもありません。

2021年3月期には利益剰余金の大幅挽回（1.7兆円増）と財務体質の立て直し（債務超過を解消し、自己資本比率は37.3%に回復）を図っていますが、経常利益1,500億/年程度でそれだけの利益剰余金を確保することは困難です。したがって、経営活動による純粋な利益の積み上げではなく、増資などの資本政策と事業売却による利益も含まれていると推測されます。

解説 R社は東芝です。2006年にハイリスクの米国原子力関連事業の巨額買収をしたことで、2008年3月期の財務体質は著しく悪化しました。その後、買収事業の失敗などで、2017年3月期には巨額の損失を出してしまい、債務超過に陥ってしまいました。2年連続で債務超過になると上場廃止になるため、上場廃止回避のために急場の増資・一番の稼ぎ頭である高収益事業の売却など、苦渋の選択を余儀なくされました。我が国を代表する優良企業であった東芝の事例から、B/Sの下半身が経営者の責任会計領域であり、巨額の資金をハイリスクの固定資産投資へ回すことの適否判断が、企業の命運を決めるメカニズムであることが読み取れます。総資産・売上など経営体力の大幅な減少、営業利益の大半を担う中核高収益事業の喪失など払った犠牲は大きく、今後の経営再生には厳しい覚悟と努力が必要です。

Q3

S社

分析コメント 2000年3月期に▲6,800億円の巨額な損失を計上し、利益剰余金は▲2,400億円のマイナス（累積赤字）の状態でした。経常赤字▲16億円なので、経営再建目的の膿出しか、事件事故か、何れかによる巨額特別損失計上と考えられます。
2016年3月期には5,200億円の純利益を計上するまでに回復し、売上高経常利益率はなけなしの0.0%から優等生レベルの7.1%に改善しました。総資産は対2000年3月期で2.7倍増、純資産は5.2倍増、自己資本比率も15.1%から29.6%と財務体質も改善しており、大胆な事業再生策を実行したことがうかがえます。
ところが、2021年3月期には対2016年3月期で売上は64.5%（▲4.3兆円の減収）、利益は営業利益段階で▲1,500億円、最終利益は▲4,500億円の純損失となりました。純資産は対2016年3月期で84.4%（▲8,000億円の減少）に縮小、自己資本比率も29.6%から26.4%に悪化しています。経営体質・財務体質の両面での悪化がうかがえます。

解説 S社は日産自動車です。我が国を代表する企業の一つである日産自動車は、1999年に戦後最大級と言われる経営危機に直面しました。経営を立て直すために同業外資との提携に活路を求め、派遣された新たなリーダーのもと1999年10月に再建のための経営改革に入りました。過去の膿出しに伴い、2000年3月期は財務が大きく悪化しましたが、すべてのしがらみを断ち切った社内外の徹底した合理化・コストダウンの断行と社内の力の結集が行われた経営改革により、危機を脱出しました。この経営改革はV字回復の手本とされました。
しかしその後、拡大路線による体質の悪化、加えて改革の旗手であったリーダーの不祥事があり、内外の販売は不振となります。さらにパンデミックの直撃が重なって、再度の経営危機状態に陥りました。現在、再生へ向け苦闘全力投球中です。
日産自動車のケースを見る時、自己の利益を優先する経営者の強欲の姿勢を否定し、人格の錬磨と道徳と経済の合一を説いた渋沢栄一翁の志の貴さが痛感されます。

総合コメント

上場企業のリアルな有価証券報告書は、インターネットで、例えば「ホンダ　有報」と検索することで、簡単に入手することができます。第２章の学習内容を駆使すれば、もはや皆さんは、有価証券報告書のB/S、P/L の基本骨格とその変化を読む楽しさを、次々と味わえることでしょう。また、分からない専門的なことはどんどん勉強して、着眼点を増やしていけば良いのです。決算数値を読むとき、経営の現場では数字ではつかめない波乱万丈悲喜こもごもの動きが展開されているのを感じます。B/S、P/L の変化を読むことで、私たちは日頃身近な企業の懸命の経営危機回避と経営改善奮闘のドラマの一端に触れることができるのです。

指標の基準値

経営指標の評価目安です。業種・規模・ライバル社・経済環境の動向などによって内容は変化します。

自己資本比率	◎：r≧50%	○：r≧40%	△：r≧20%	×：r≧0%	××：0%>r
資本金対利益剰余金倍率	◎：r≧8 倍	○：r≧5 倍	△：r≧2 倍	×：r≧0 倍	××：0 倍 >r
固定比率	◎：50%＞r	○：100%＞r	△：150%＞r	×：200%＞r	××：r≧200% or 0% >r
固定長期適合率	◎：50%＞r	○：80%＞r	△：100%≧r	×：120% >r	××：r≧120% or 0%>r
流動比率	◎：r≧200%	○：r≧150%	△：r≧100%	×：r≧0%	××：0%>r
売上高営業利益率	◎：r≧8%	○：r≧5%	△：r≧3%	×：r≧0%	××：0%>r
売上高経常利益率	◎：r≧8%	○：r≧4%	△：r≧2%	×：r≧0%	××：0%>r

※ r は各指標の比率。◎、○、△、×、××の記号は左のものほど良い水準であることを意味します。

《第3章：第3の絵》

どんぶり勘定を脱出する！
——採算の眼をつかむと霧が晴れたように会計が見える

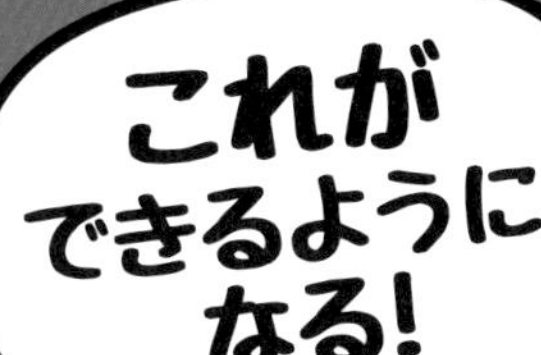

第３章の目標設計図

❶会計の急所の【第３の絵】の意味を言える。(3-4, 7, 10)

❷【採算思考の出発点どんぶり費用脱出の眼】と【採算の第１の鍵】を言える。(3-2, 4)

❸【“売上＝どんぶり勘定”脱出の眼】即ち【採算の第２の鍵】を言える。(3-2, 7)

❹【変動費・固定費の中身】と【固定費・貢献利益のつかみ方】を言える。(3-5, 9)

❺【損益分岐点（BEP）のシンプルな本質】と【損益分岐点の基本等式】を言える。(3-10, 11)

❻【BEPをつかめない制度会計P/L】と【BEPをつかむD/C型PL】の“違いの急所”を説明できる。(3-5, 13)

❼【3種類のBEP算式自在⇒ハーバードのBEP卒業試験】を即答できる。(3-15～18)

❽【脱腰高経営＝採算構造シンボル比率】を言える。(3-14)

❾【目標利益達成の利益計画の算式】を言える。(3-15, 19)

3-1 “ふつうの眼”——“どんぶり勘定の眼”を脱出する

「収益>費用」は正しい。だが“どんぶり勘定の眼”だ。“採算の２つの急所”がつかめてない。

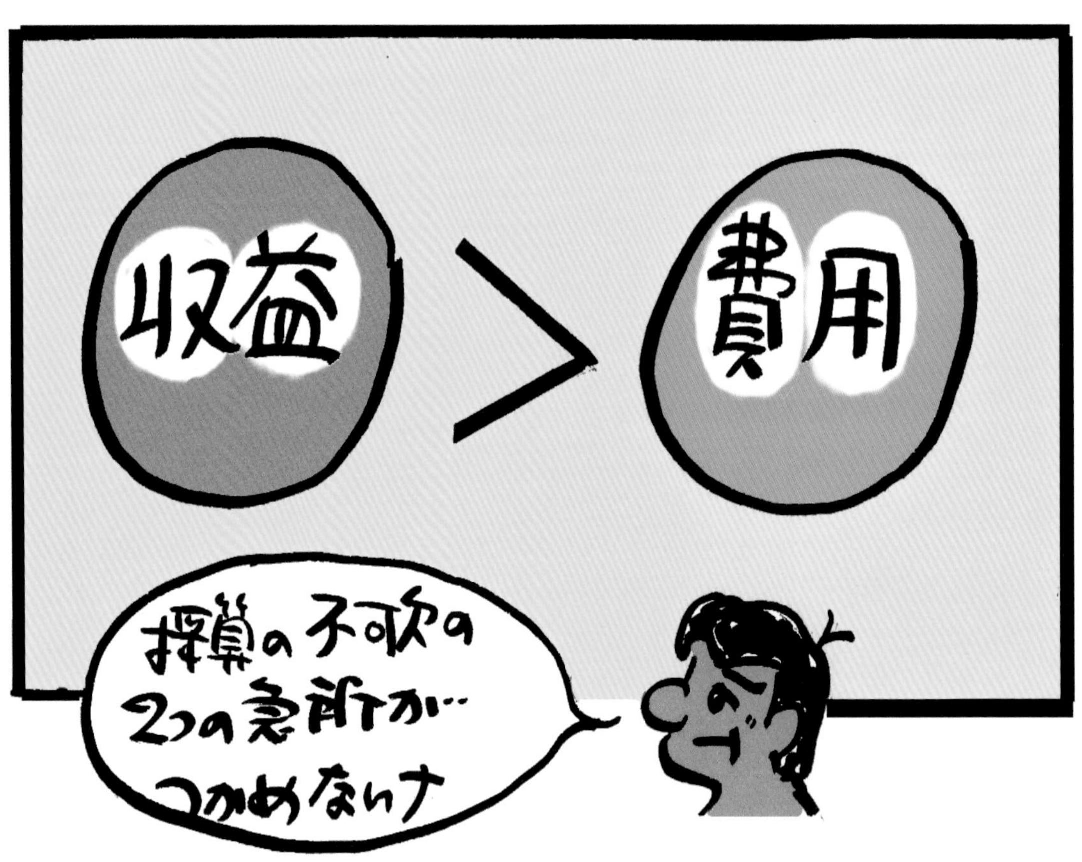

1 第３章の目的は、0-3 に掲げた**会計の“3つのメカニズム”**の絵の最後のイラスト、**“採算の眼”**のマスターです。
“**採算の眼**”、すなわち「**損益分岐点**※」のシンプルなメカニズムをつかむと、会計が霧が晴れたように見え、採算の舵取り（判断）を自信を持ってできるようになります。
その眼とは、一体どんな眼でしょうか？

2 採算がとれるとは、利益が出るということです。
では、利益が出るとはどういうことでしょうか？
損益計算で使われる「収益－費用＝利益」から、一応「収益が費用を上回る（入って来る方が出て行く方より多いこと)」と定義できます。
この定義は、いわば“**ふつうの眼**”です。

3 この“**ふつうの眼**”では、**“採算の鍵”が見えないし“採算の戦略”が出て来ません。**
もちろん、昔から言われるように「入るを量りて出づるを制す」を徹底してやり抜くならば、これも立派な神髄であり戦略です。
ただ、具体的な行動・戦略を、迫力を持って打ち出すためには十分とは言えません。

4 なぜならば“**どんぶり勘定の眼**”になっていて、**採算の不可欠の2つの急所がつかめていない**からです。
では、採算の不可欠の2つの急所とは何でしょうか？
そのためには、「費用」と「収益」の中の戦略的成分を、もう一歩突っ込んで見ていく必要があります。

※ 損益分岐点については、3-10 で解説します。

3-2 “コストの振舞い”と「2つの費用」の発見

まず“費用のどんぶり勘定”を脱出する！ この“2つの費用の区別の発見”から、損益分岐点戦略のドラマが始まった。

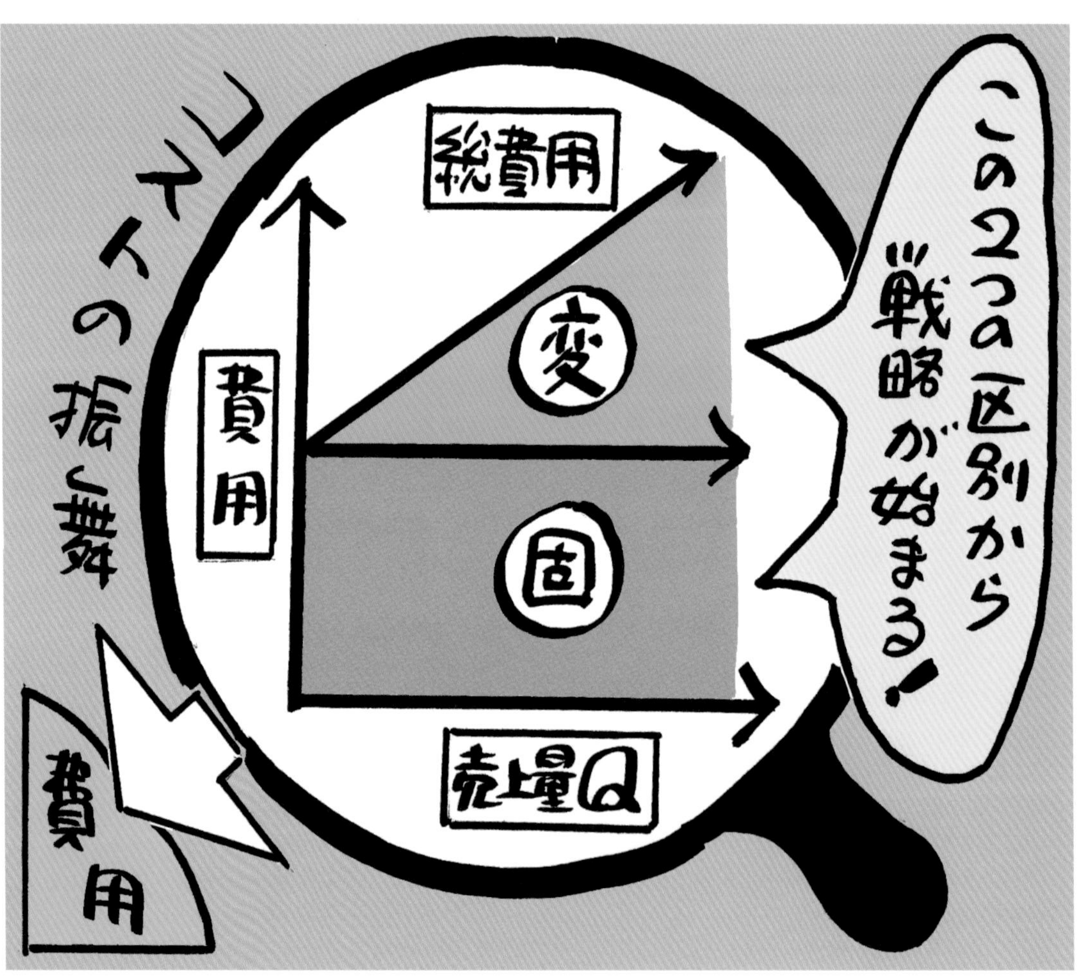

1 まず、費用を虫メガネで拡大してみましょう。
費用をどんぶり勘定で見るのでなく、その動き・振舞い方をよく観察してみると、**総費用は売上量の動きに対して水と油のように違う動きをする「２つの費用」から成り立っている**ことが分かります。

2 １つは売上数量Ｑに比例して動く費用、もう１つは売上量Ｑに比例しないで、売上げようと売上げまいとズシーンとかかってくる費用です。
“**採算の戦略思考**”の大きな特徴は、費用を“**どんぶり勘定の眼**”から脱出して、この**戦略的性質の違う「２つの費用の区分」に着眼し、区分管理する**ところから出発します。

3 これらの費用の動きを「**コストビヘイビア（“コストの振舞い”）**」と言います。
多額の設備投資などで固定的な費用が大型化するほど採算計算は困難化し、会計士たちはこの費用の動きの性質から「**２つの費用の区分**」に着眼していきます。**損益分岐点戦略のドラマは、この「２つの費用の区別の発見」から出発**するのです。

オーバーヘッドと全部原価計算の誕生

19 世紀に原価計算が必要になったとき技師たちが悩んだのが、間接費の扱いだった。製品の製造に直接要した費用以外の費用をさてどう扱うか？　そこでかれらは間接費は全くの損失として、製品原価には入れないことにした。そのなごりで**米国では間接費のことを overhead（原価の頭の上にのっている余計者）と呼ぶ**。ところが、機械が発明され、動力費、減価償却費、修繕費などが競争力の費用として大きなウェイトを持つに至り、**間接固定費を投資として製品単位に割り当てる全部原価計算が誕生し固定費配賦技術が発達**した。（しかしやがて後世の会計士たちは、**採算を考えるために、売上量に対して原価がどのような動き方をするかーこれをコストビヘイビアと呼ぶーに着眼し始める。そして製品原価の中から固定費をはずして区分して損益分岐点を計算する手法を発見する**のである。）（岡本清著『米国標準原価計算発達史』より）

3-3 売上０のとき、まるまる赤字となる費用

“経営者の羅針盤＝損益分岐点”の技術は、“固定費＝赤字費回収作戦”として誕生した。

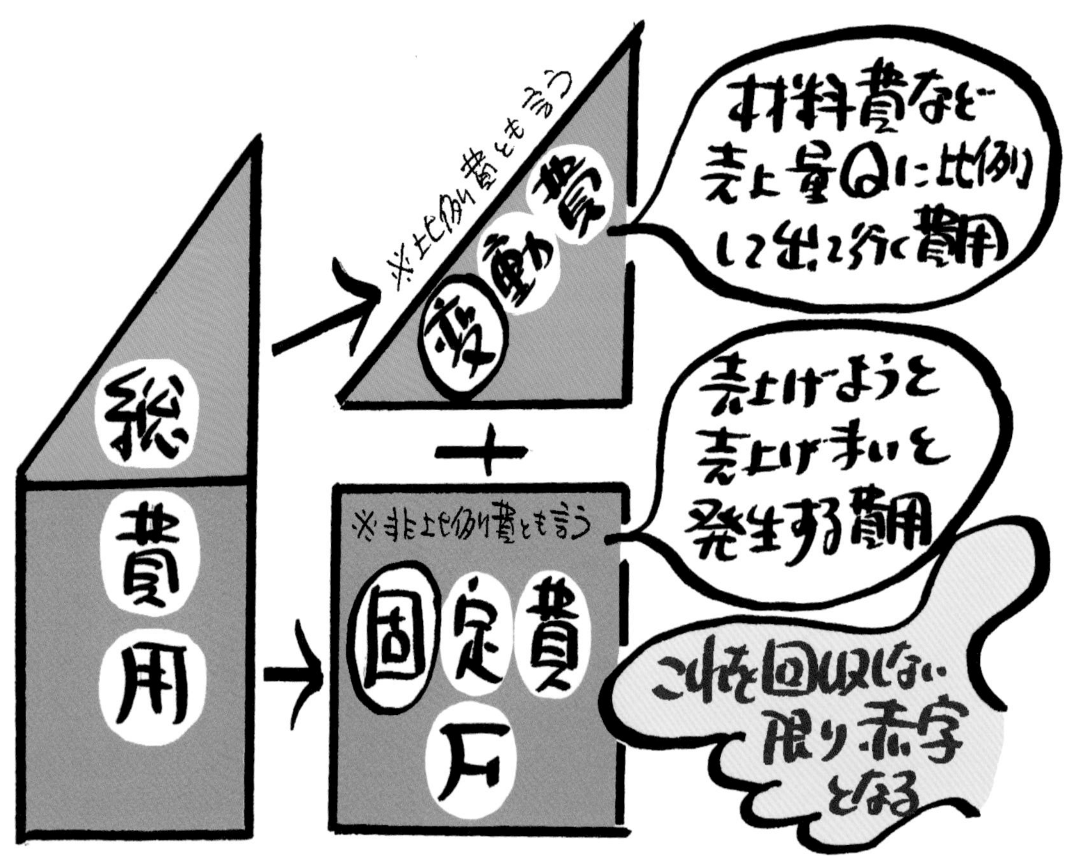

＊ 1910 年代、米国ノイッペル氏らは損益分岐図表を使って幾多の企業再建に成功します。そのエキスは、固定費の増加に対応した固定費回収作戦、損益分岐点の誕生です。損益分岐点は一名“Director-Diagram”（経営者の羅針盤）として、不況下の米国で普及していきます。

1 総費用は、次の２種類の費用から成り立っています。
1つは売上量Qに比例して動く費用で、これを「変動費」と呼びます。
製造業でのその代表は原材料費です。したがって、変動費と呼ぶときは、**パッと原材料費**を思い浮かべてください（**商業では仕入れ値**です）。
この費用は、製品を売れば当然出て行く費用です。もし外部から買ってきた原材料費より低い値段で売れば、**全くの赤字**（これを**真性出血**と言います）になります。
このように、**売ればそれに比例して当然逃げて行く費用、これ以下で売ることは考えられない費用が「変動費」（あだ名を“逃げ費”とします）です。**

2 **もう１つは売上量Qに比例しない費用**です。
すなわち、**売上げようと売上げまいとそれに関係なく発生する費用であり、これを「固定費」（あだ名を“赤字費”とします）と呼びます。**

3 **もし、売上数Qが0だったとしたら**、皆さんの会社はいくら赤字になるでしょうか？
採算の第１の急所はこの赤字の額をつかむことです。
3-2のグラフで見ると、売上量０のとき、変動費は０ですが、固定費分はまるまる赤字になって降りかかってきます。
すなわち、固定費は、これを“**回収しない限り赤字となる費用**”です。言葉を変えて言えば、採算とは、この“**固定費(赤字費)の回収作戦**”なのです。

財務会計ー ディスクロージャーの会計（外部報告会計）

財務会計は19世紀に株式会社の発達に伴い**【外部利害関係集団の保護】**を目的として法律により**【複式簿記による外部関係者への決算報告】**を義務づけた**【制度会計】**として成立した。社会的に広範な影響を持つため適正な損益・財政状態の公開を求めた**【ディスクロージャー（開示）の流れ】**が会計基準を進化させてきた。情報的には**【過去実績会計】**であり**【全部原価計算】**をベースとする。**制度的な会計の基盤**であり、管理会計とは情報の利用等で**相互依存の関係**にある。

3-4 採算の第１の鍵――“回収すべき赤字費”のシャープな認識！

経営者に採算感覚があるかないかの第１の決定的な鍵は“固定費の痛烈な認識”にかかっている。

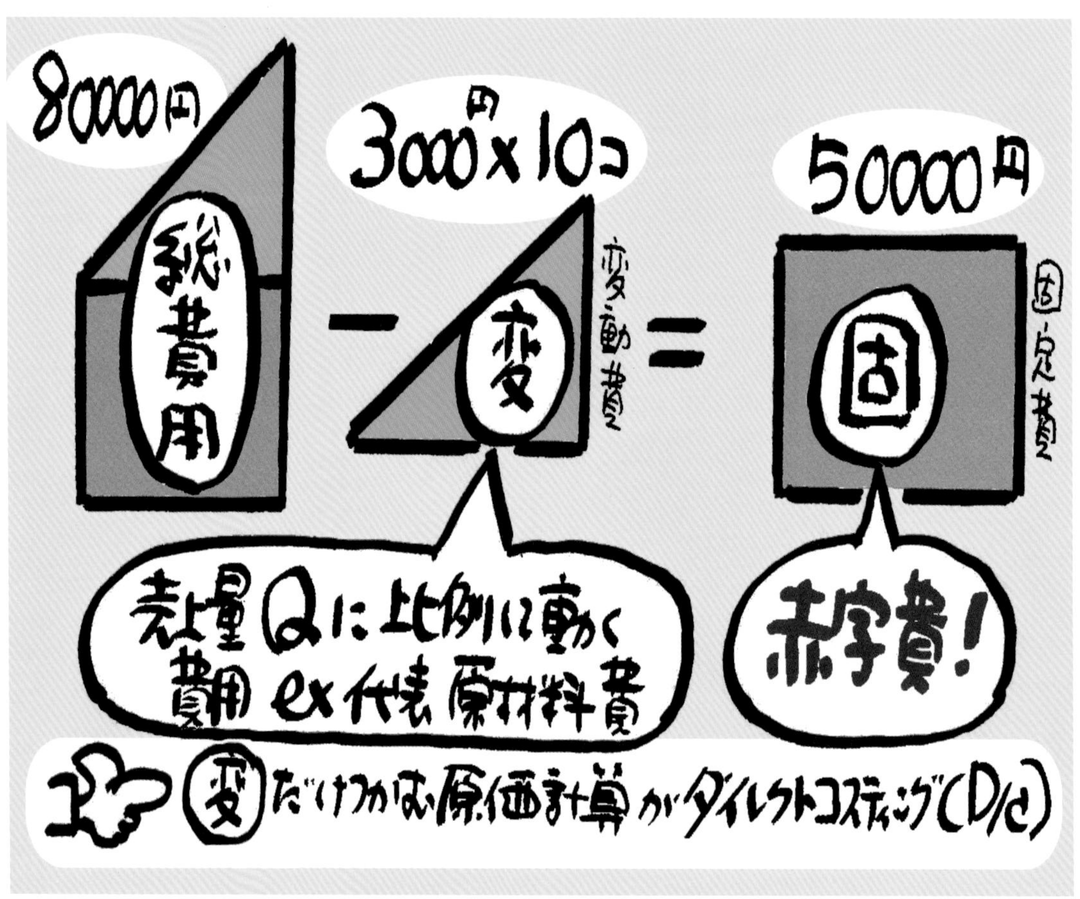

1 **経営者に採算感覚があるかどうかの尺度は簡単です。“赤字費”（固定費）をつかんでいるか否か**です。
採算の急所のターゲットである固定費をつかむことなしに、採算の効果的な打ち手は打てないからです。
“採算の眼”の第１の決定的な鍵、それは、この**“赤字費”（固定費）のシャープな認識**にかかっています。

2 採算戦略のためには、**まず第１に“回収すべき赤字費(固定費)”がいくらかをつかむ**必要があります。

総費用＝固定費＋変動費

ですから、そのつかみ方は、

固定費＝総費用―変動費

です。
すなわち、**総費用から売上量Ｑの比例費である変動費を差し引けば良い**ことになります。

3 今、左図のように、総費用＝80,000円で、変動費単価＠＝3,000円、売上量Ｑ＝10個なら、
固定費＝80,000円－3,000円×10個＝50,000円
となります。

4 このように総費用の中の変動費が分かれば、固定費はすぐつかめます。
変動費をつかむために、**製品１個当たりの変動費だけを計算する原価計算**を、**直接原価計算**※**（ダイレクト・コスティング＝D/C）**と呼びます。すなわち、**D/Cとは、「変動費と固定費を分けて、固定費の回収作戦を立てるワザ」**です。

※1-13でふれたように、外部報告を目的とした制度会計では全部原価計算（フル・コスティング＝F/C）が義務づけられています。この計算方式では、製造費用の中に固定費・変動費の全てを含めた１個当たりの製品原価を求めます。財産計算としては正しいですが、どんぶり原価のため採算戦略判断ができません。これに対し、内部管理を目的とした管理会計では、製品原価を変動費と固定費に分ける直接原価計算（ダイレクト・コスティング＝D/C）に基づいて採算戦略を展開します。

3-5 変動費（“逃げ費”）と固定費（“赤字費”）の中身は何か？

変動費は“外からの購入費用（“逃げ費”）”、固定費（“赤字費”）は社内で抱えているパワーの費用（諸刃の剣の戦略費）。

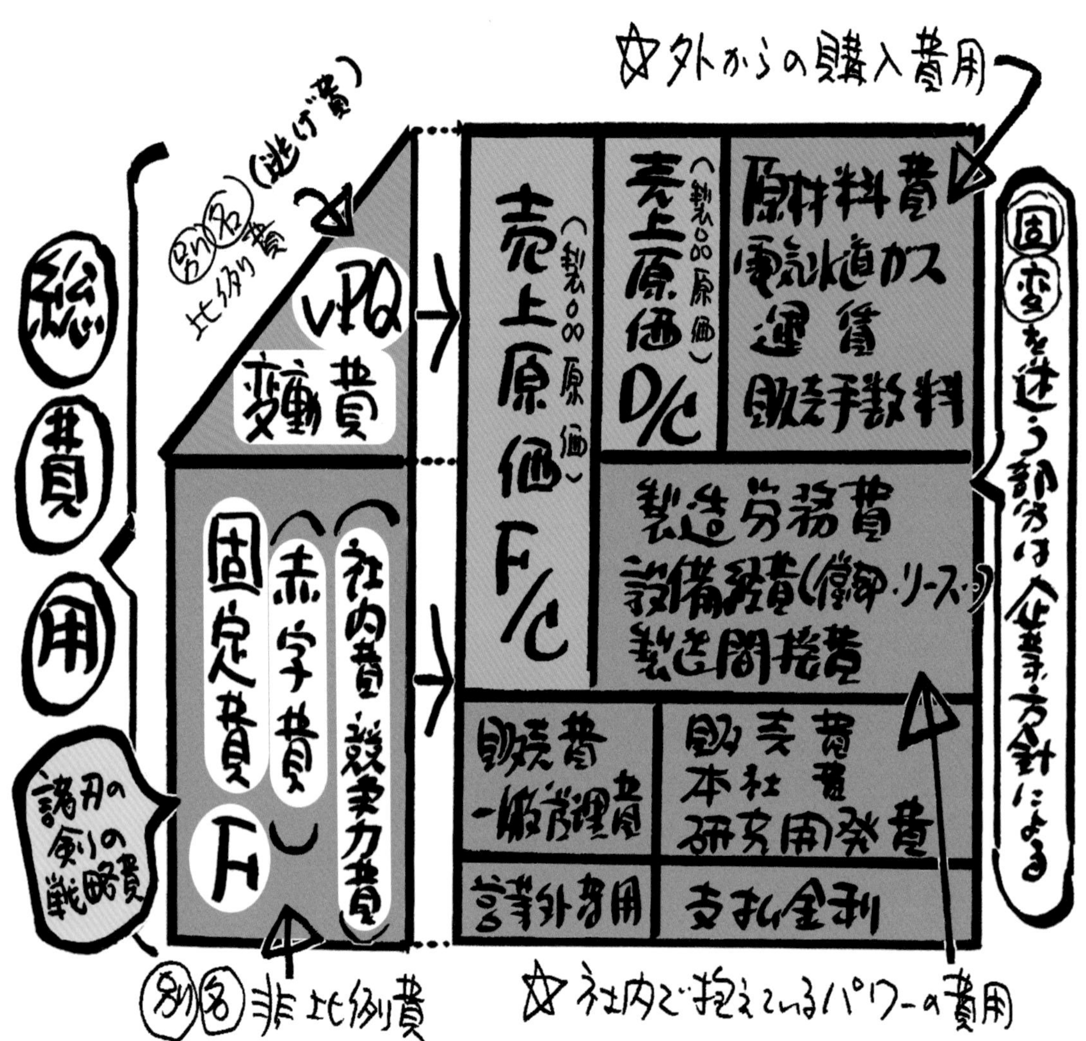

1 変動費と固定費の中身を具体的に見ると左図の通りです。

変動費（“逃げ費”）の代表は、パッと原材料費（商業は仕入れ値）を思い浮かべてください。他には電気・水・ガス・物流費・販売手数料などがあります（商業では固定費）。

これらは外から買ってきたものであり、**売れれば売れるほど売上量Ｑにダイレクトに比例する、外へ逃げて行くコストです**（**別名、比例費**とも言います）。

この外から買ってきたコスト以下で売ってしまうと、コストの回収ができずに赤字になります。

2 “赤字費”（固定費）の中身は、社内で抱えている費用、言わば**社内費**です。

人・モノ（償却費・地代・家賃・リース代・税）・経費（研究・生産・販売・本社）・資金（金利）などがあります。**抱えているだけで売上に関係なくかかってくるため、回収しない限り赤字となる“赤字費”です**（売上量Ｑに比例しない費用なので別名、**非比例費**と言います）。

しかしながら、**それと同時にこの費用は、すべて競争力のために社内に抱えている戦略投資費でもあります。**

活きれば競争力、活きなければ赤字の諸刃の剣の戦略費です。だから**固定費に対する投資方針・活用方針を見れば、その企業の戦略レベルが分かります**（なお、固定費・変動費どちらに入れるか迷うものは、企業の戦略方針によりズバリと区分します）。

3 全部原価計算（F/C）と直接原価計算（D/C）の製品原価の範囲に注意してください。

F/Cは変動費＋固定費の全部原価、D/Cは変動費のみ原価です。

管理会計ー各社それぞれの型で工夫する経営の会計

簿記会計は元来内部経営の実践であったが、株式会社の発展で期間決算の外部報告制度会計となった。1920年代から固定費増大と不況に対応し米国を中心に管理会計が登場進化を遂げた。**管理会計は内部管理を目的として未来への意思決定や製品や組織のセグメント別業績評価を担い、法規制不要で決まった方法はなく各社の工夫で進化している。**1930年代に登場した**直接原価計算**は、損益分岐点・採算構造の把握と利益計画・採算改善を可能にし、**固定費概念と貢献利益概念の工夫は管理会計進化の中心的動力**となっている。（高橋賢著『直接原価計算論発達史』）

3-6 “売上のどんぶり勘定”を脱出する

採算の眼は、「売上というコトバ」＝「どんぶり勘定！」と反応する。

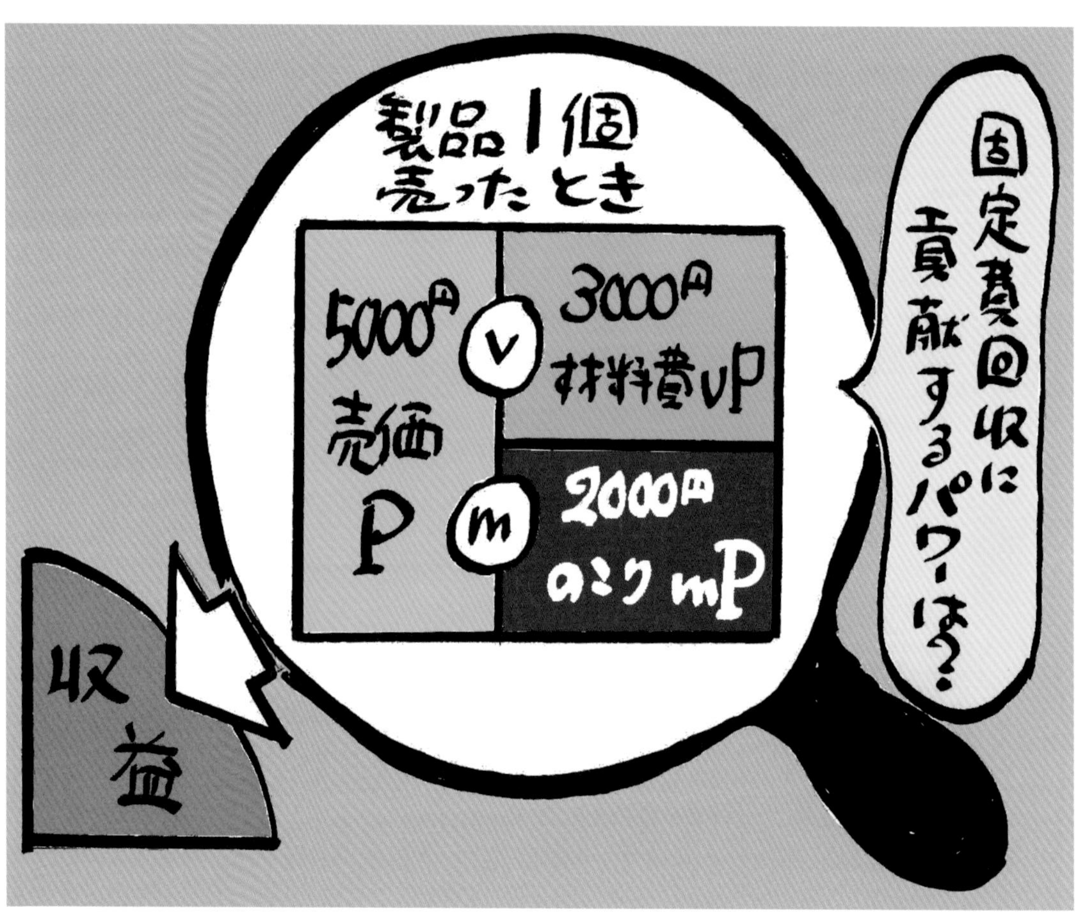

1 次に収益（売上）を虫メガネで拡大して見ましょう。
今、製品１個を売ったときの売上の内訳を観察してみると、売価が5,000円、そのうち変動費（イラストでは分かりやすく材料費としましたが､次から変動費と表します）が3,000円――これは外から買ってきたもので、売れれば当然外へ出て行く費用です――そして、変動費を引いた残りが2,000円でした。

2 それでは、１個売上げるごとに“**赤字費（固定費）回収に貢献するパワー**”はどの部分でしょうか？
私たちは売上という言葉を良く使いますが、**採算の戦略思考の大きな特徴は､「売上＝“どんぶり勘定”！」と反応し見破ること**、常に、１個売上げるごとに変化する“**赤字費回収への貢献パワー**”はいくらか？ という眼で捉えることです。
「売上というどんぶり勘定」からの脱出です。

“逃げ費”というヘンテコ語

本書では変動費を“逃げ費”とニックネームで呼ぶ。とてもヘンなコトバで科学的なコトバではない。学生達に授業していると中々変動費が使えない。そこで“逃げ費”と呼ぶと、【１－変動費率＝貢献利益率】が一発で身につき、**【売上＝水ぶくれのどんぶり収益（逃げ費を含む！)】､【売上中心でなく貢献利益中心が採算のカギ！】**という採算感覚が一発で身についた。ヘンテコ語には難しいコトバにないパワーがあって助けになることがある。なお、固定費も含めすべての費用は多様に変化する変動費であって、固定費・変動費自体が厳密には正確な言葉遣いではない。**売上量Ｑに対して比例的な費用か否かで区別した“非比例費・比例費”の方が本質的な名前**で、この言葉を使用している企業もある。

3-7 採算の第２の鍵──“固定費回収への貢献パワー”貢献利益

“採算の第２の鍵”は売上志向（水ぶくれ収益志向）を脱して、“固定費回収パワー”に徹すること。

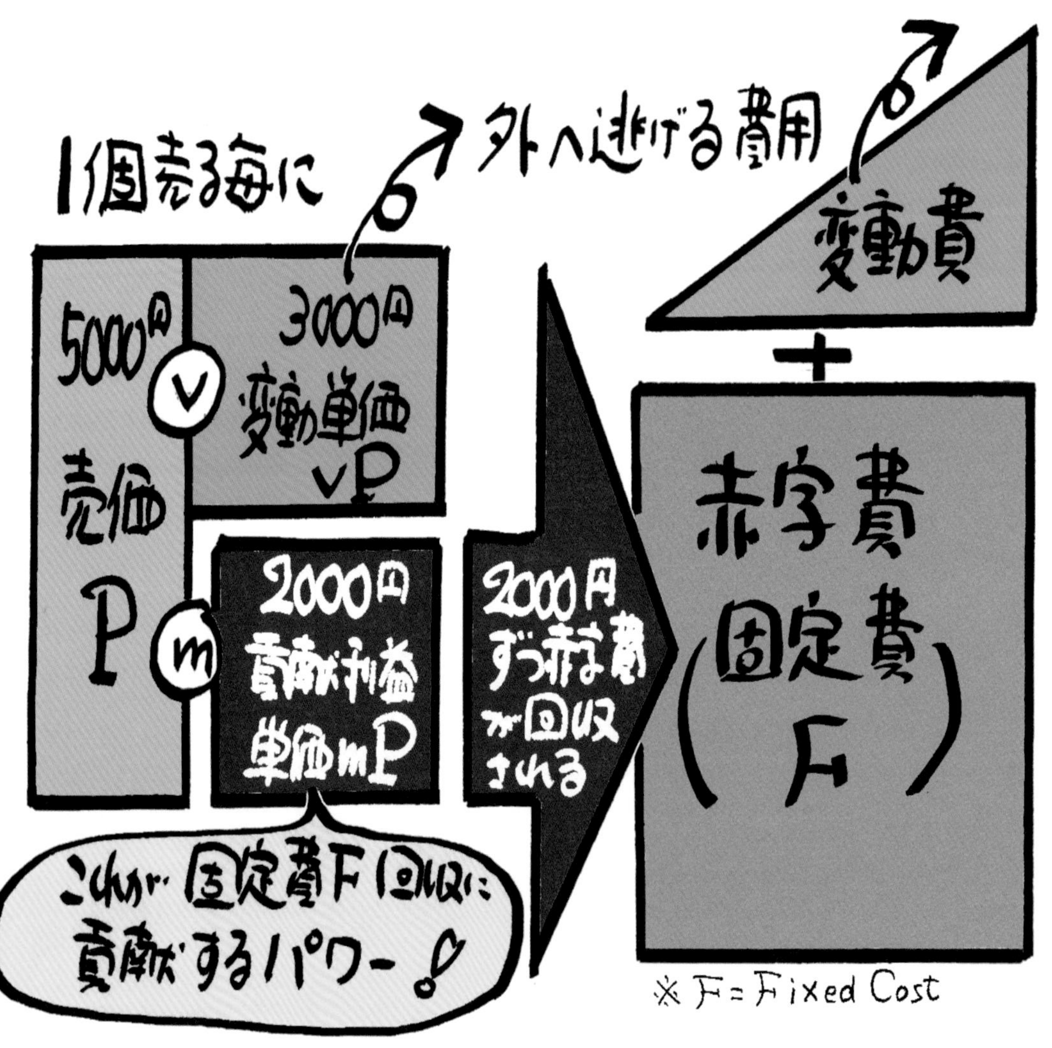

1 １個売上げる毎に“**赤字費（固定費）の回収に貢献するパワー**”は、当然ながら売上単価全部ではありません。
前節のケースで見ると、売上単価 5,000 円から１個売る毎に外へ出て行く変動単価（1 個分の材料費）3,000 円を差し引いた、差額の 2,000 円。
これこそが“**赤字費（固定費）の回収に貢献するパワー**”です。これを本書では「**貢献利益**」と呼びます。

2 **「売上」という言葉**と出会ったら、「**どんぶり勘定の水ぶくれの収益**」だと反応すること。**１個売る毎に当然外へ出て行く変動単価（材料費）を差し引いて、“赤字費（固定費）回収に貢献するパワー”＝「貢献利益」をしっかとつかみとる**こと。
これこそが、**“採算の眼”の第２の鍵**を握ります。

3 なお、多くの会計の本はこの“固定費回収への貢献パワー”を「**限界利益**」という用語で呼びます。**本や会話で「限界利益」という言葉と出会ったら、パッと「貢献利益」のことだと察知**して使いこなしてください。
では、なぜ本書では「貢献利益」と呼ぶのでしょうか。

損益分岐点教育が成功しない理由

昔、専門家の損益分岐点講義を受講した時、今一つパンチが感じられなかった。何故だろうか？それは **“どんぶりの眼”** を徹底粉砕できなかったからだ。❶どんぶりの費用を２つに砕いて **“痛烈な痛さの固定費 F”** を認識すること。❷どんぶりの売上を粉砕して **“痛烈な痛さの貢献利益 mPQ”** に着眼すること。この **“痛烈な固定費 F 対貢献利益 mPQ”** の採算の核心成分を、実際の赤字改善体験かゲームの疑似体験かそれに匹敵する迫力講義かで沁み込ませることなしには、BEP の眼は中々切れる刀として身につかない。それは **“経営の極意”** そのものなのだ。

3-8 「限界利益」VS「貢献利益」——“やさしい本質語”

本書では“採算の急所(=固定費回収)への貢献”をズバリ表す“貢献利益”を使用する。

1 経理の本を読んでいて、どうも詰まってしまうのが**「限界利益」という言葉**です。「限界」という日本語は難しく意味が分かりにくいのです（経済学の用語から来ていて、「売上が１単位増えるとき増加する利益」を意味します）。

2 これに対し「貢献利益」は**“採算のメカニズム”の本質**をズバリと表します。
「貢献」と言う言葉は**「貢献する目的」、すなわち“回収しない限り赤字となる固定費”**を指し示します。
【第１の鍵】“回収すべき固定費（赤字費）”VS【第２の鍵】“回収に貢献するパワー”という“**採算のメカニズム**”において、**「貢献利益」こそが第２の鍵**であることを指し示します。

3 本書では、第１章～第５章を通じて、難解な会計学の用語に対し、**ズバリと本質を表すニックネーム（“やさしい本質語”）をつけることにより、会計の神髄をつかむ**ことに重点を置いています。
そこで本書においては、**“採算の固定費回収メカニズム（固定費回収作戦）”**の中心となる“**固定費回収への貢献パワー**”に対して、そのものをズバリと表現する“**やさしい本質語**”として、この**「貢献利益」の用語を主役**として使います。
（最近は日商の簿記検定試験を始めこの「貢献利益」を使用する本も増えてきつつあります。**管理会計は 1930 年代以降ずっとこの「貢献概念」をキーワードにして進化**してきました。）

4 なお、「限界利益＝貢献利益」については、図のように様々な用語法があり、この採算のキーワードの翻訳についての**会計学者・専門家の苦心のあと**が伺えます。**どの言葉もそれぞれにインスピレーションがあります**ので参考にしてください。

3-9 “固定費回収への貢献パワー” ＝貢献利益のつかみ方

“1 個当たりのＦ回収力” と “Ｆ回収の総力” のダイレクト・コスティングのつかみ方を【ローマ字法】でマスターしよう。この標語法は千変万化に役立つ。

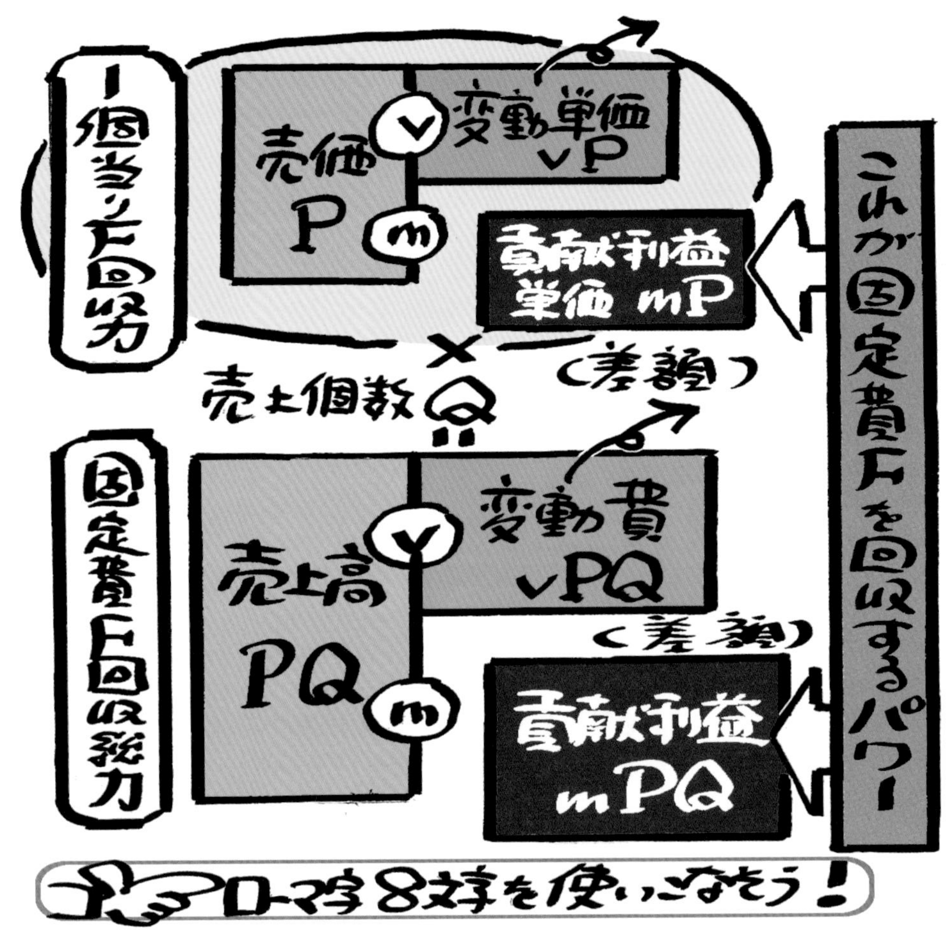

＊これらの８つの戦略成分は、ローマ字で表すと、計算・戦略に大変役立ちます。ぜひ覚えて駆使してください。

1 3-7で見たように、採算戦略のためには**“固定費回収への貢献パワー”である貢献利益をつかむことが、第２の鍵**となります。

2 貢献利益総額のつかみ方は、左図で覚えましょう。**“1個当たりの固定費回収力（＝貢献利益単価）”**に売上量Qを掛けると、図のように**“Q個売上げた時の固定費回収力の総力（貢献利益総額）”**が得られます。この貢献利益総額は、売上高から売上量Q比例の変動費総額を差し引いた差額と一致します。

3 この**【ダイレクト・コスティングのつかみ方】**は、本書の底本『人事屋が書いた経理の本』（P44～47）でご紹介した**【MGのローマ字による標語法**※**】**で表すと、計算・戦略において**千変万化に役立ちます。ぜひ下記の内容を覚えて駆使**してください。

売価……………………P	売上量………………Q	固定費率……………f
変動費率……………v	売上高………………PQ	利益…………………G
貢献利益率…………m	変動費(総額)………vPQ	利益率………………g
変動費単価…………vP	貢献利益(総額)……mPQ	
貢献利益単価………mP	固定費………………F	

各項目の元の英語や意味などは下記四角枠内を参照してください。

売価P：Price
売上量Q：Quantity
変動費率v：variable ratio（売上に占める変動費の比率＝“逃げ率”⇒戦略比率）
貢献利益率m：marginal ratio（売上に占める貢献利益の比率＝1－v⇒戦略比率）
固定費F：Fixed cost
固定費率f：fixed cost rate（売上に占める固定費の比率）
利益G：Gain
利益率g：gain rate（売上に占める利益の比率）

※このローマ字標語法は全国のMG（マネジメントゲーム）研修で普及し実践にも広く活用されています。巻末MG研修参考文献をご参照ください。

3-10 損益分岐点——固定費（“赤字費”）F回収のメカニズム

損益分岐点の本質は、“固定費Fの回収作戦”すなわち“回収すべきFと回収パワーmPQの関係”のメカニズムだ。

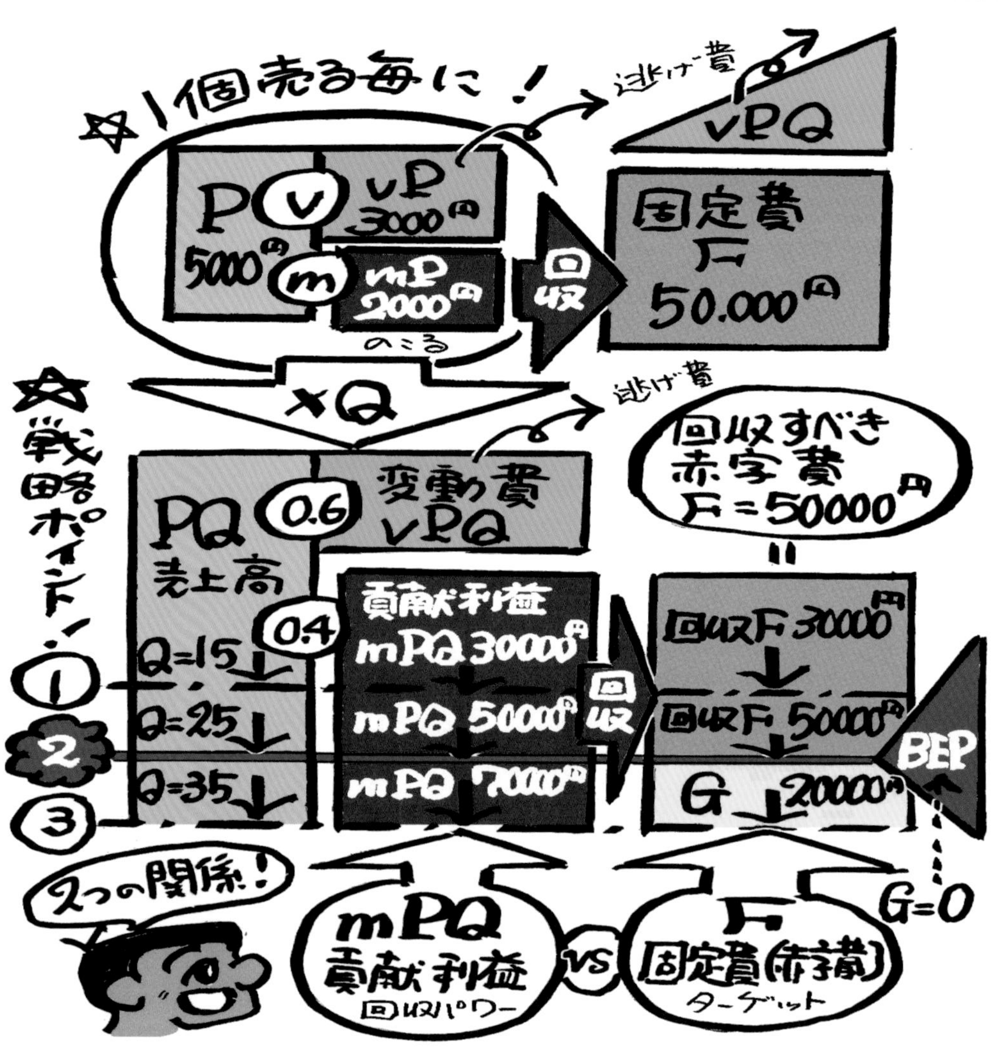

1 これで**道具**がそろいましたので、**損益分岐点とは何か**をつかむことができます。
引き続き、3-6 のケースで見てみましょう。

2 **第１の鍵の回収すべき固定費（“赤字費”）F**は、図のように 50,000 円とします。

3 一方、製品１個を 5,000 円で売る毎に、変動費（材料）単価 3,000 円が外へ逃げ、**貢献利益 2,000 円分だけ固定費（“赤字費”）が回収**されていきます。

4 売上量 Q が 15 個のとき（①）、貢献利益 mPQ は 30,000 円なので、固定費 F は 30,000 円回収されます。
しかしながら、mPQ − F ＝ 30,000 円− 50,000 円＝− 20,000 円と、まだ F が未回収のため赤字です。

5 売上量 Q が 25 個のとき（②）、mPQ は F と同額の 50,000 円に達します。
この時、**mPQ − F ＝ 0 で、F は回収し尽くされて利益は０円**となります。
この点を**損益分岐点**と言います。つまり、**損益分岐点の本質は、mPQ ＝ F** ということになります。

6 売上量 Q が 25 個を超え（③）、**mPQ が F を超えるや、mP が増加するだけ利益 G もどんどん増加**します。
逆に **mPQ が F を下回るや、mP が減少するだけ赤字が加速的に増加**します。

7 **損益分岐点とは**経営の戦略的な死活点であり、その本質は“**固定費 F の回収作戦**”すなわち **“回収すべき固定費（赤字費）F” と貢献利益 mPQ の関係のメカニズム**なのです。

日本企業を蝕む目先利益の “P/L 脳”

昔は利益を落として果敢な先行投資をする経営者がいたのにどうして短期利益ばかり追うのかと今の米国流経営の風潮を憂いていたら、この本と出会って快哉を叫んだ。売上や利益という目に見える指標で**短期の P/L 数値の最大化を経営目的とし**、果ては**見かけの利益を繕う目先利益思考を P/L 脳**と呼び警鐘を鳴らす。これを脱するには**長期的な目線で未来の会社価値最大化へ逆算的に組織が連動し資源の最適配分と先行投資を行うファイナンス思考が不可欠**とする。（朝倉祐介著『ファイナンス思考』）

3-11 損益分岐点の基本等式

損益分岐点の本質は「mPQ（貢献利益）＝F（固定費）」だ。この式は“採算の２つの急所の関係”をつかむ“採算の眼”を表す。

1 **mPQ ＝ F。**
貢献パワー（貢献利益）と固定費（“赤字費”）が等しい。
この極めてシンプルな式が損益分岐点の本質を表す等式です。

2 すなわち、**“採算の眼”**とは、「どんぶり勘定の費用」対「どんぶり勘定の売上」で見るのではなく、**総費用から変動費を抜き取って“回収すべき固定費（赤字費）F”をつかみ、売上から逃げて行く変動費を抜き取ったＦ回収への貢献パワー（貢献利益 mPQ）を対置**させ、**「固定費Ｆ 対 貢献利益 mPQ」の関係を見る眼**なのです。

3 **mPQ ＜ Ｆのときは赤字**となり、**mPQ ＝ Ｆのときは損益ゼロ**（すなわち損益分岐点）に到達し、**mPQ ＞ Ｆのときは黒字**となります。

4 従来の会計の教科書では、損益分岐点の公式は「損益分岐点売上高＝固定費／（1 －変動費／売上高)」という複雑な式を始め、いくつもの式を暗記せねばなりませんでした。これに対し、「**mPQ ＝ F**」は損益分岐点の**本質をシンプルにズバリ**と表しており、あとで見るように、損益分岐点の計算や採算戦略において**自在に展開活用**できます。

会計技法誕生の歴史は探偵小説のスリル！

「ある一つの原価計算技法が、その利用目的との関連で、それ以前の技法を少しずつ巧妙に変形され改造された結果であることを発見した時、探偵小説で遂に犯人を発見した時と同様のスリルを感ずる。……多くの原価計算書は歴史を扱わない。しかし**現代の原価計算を理解するためには、……先人達の営々とした努力によって築き上げられた原価計算のつながりの歴史を知ることが有益である。**」（一橋大学の講義内容を収録した名著　岡本清著『原価計算』から）

3-12 損益分岐点の伝統型グラフと戦略型グラフ

損益分岐点の戦略型グラフは、「mPQ が F を回収し G に貢献する」採算の全プロセスを明示する。

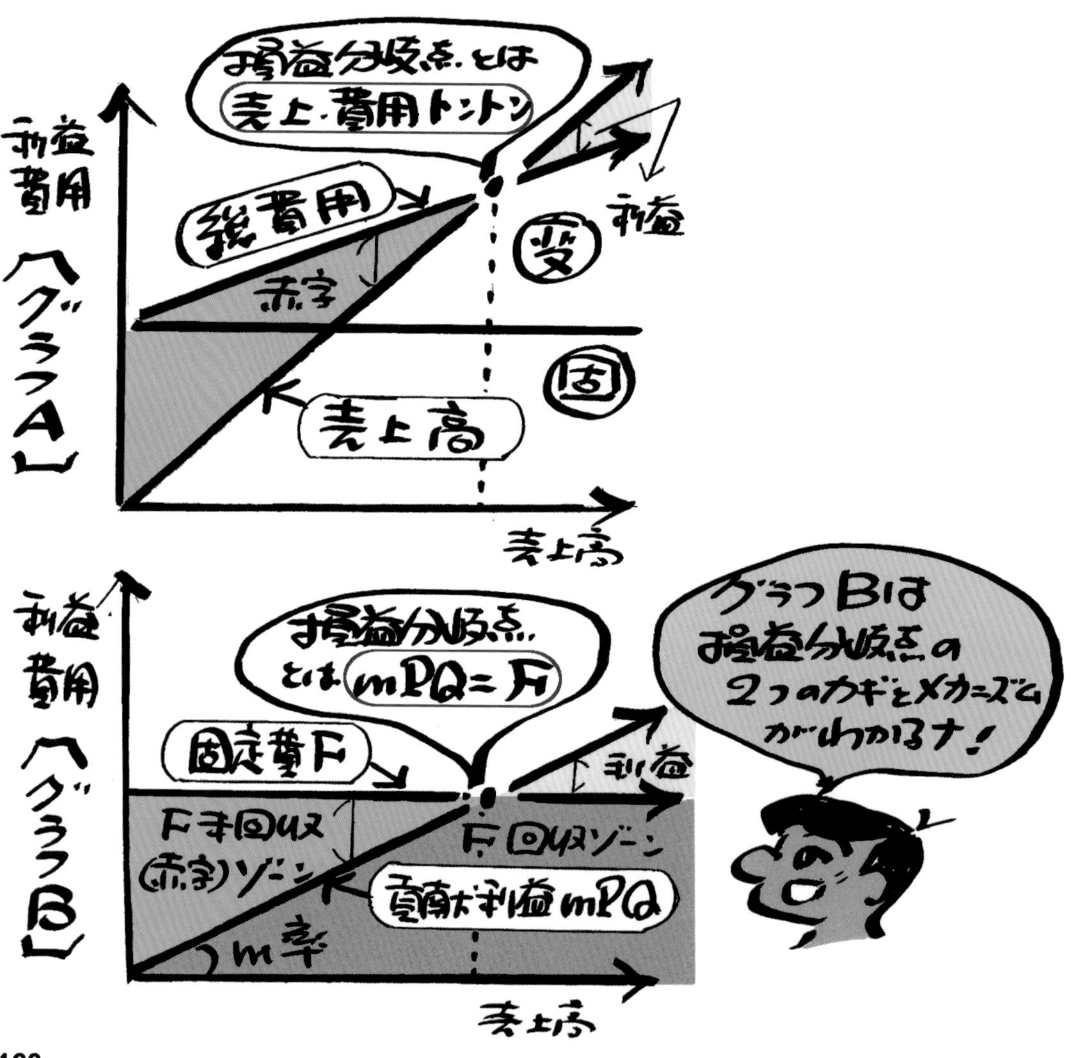

1 図の〔グラフA〕は、損益分岐点を表す**伝統型グラフ**、〔グラフB〕は損益分岐点の本質を表す**戦略型グラフ（貢献利益図表、通称：限界利益図表）**です。

2 〔グラフA〕は「どんぶり勘定売上高」と「どんぶり勘定総費用」による損益分岐点売上高（収益と費用がトントンになるときの売上高）を示しており、**損益分岐点の本質が見えません。**

3 これに対し〔グラフB〕は【採算の第１の鍵】“回収すべき固定費（赤字費）F”と【採算の第２の鍵】“F回収に貢献するパワー貢献利益 mPQ”による、**損益分岐点の固定費回収のメカニズムをズバリ示します。**

すなわち、mPQ が固定費（“赤字費”）F を回収していくプロセス、mPQ ＝ F の戦略ポイント、損益分岐点カバー後に mPQ の全額が利益となるプロセスを明示します。

損益分岐点の材料計算トレーニング

【Q】損益分岐点算出に必要な下記の材料を即座に計算してください。

① v 率（変動費率）70%のとき、m率（貢献利益率）は？

② P（売価）15 万円、vP（変動単価）9 万円のとき、m P（貢献利益単価）は？

③ vP（変動単価）４万円、Q（売上数量）20 個のとき、vPQ（変動費）は？

④ 総費用 600 万円、vPQ（変動費）200 万円のとき、F（固定費）は？

⑤ PQ（売上高）1,000 万円、経常利益 100 万円のとき、総費用は？

⑥ PQ（売上高）１億円、v 率（変動費率）40%のとき、mPQ（貢献利益）は？

⑦ PQ1 億円、経常利益率 10%、v 率 30%のとき、F は？

⑧ PQ10 億円、vPQ ６億円のとき、mPQ は？

⑨ mPQ30 億円、F35 億円のとき、利益は？

【A】① 30%　② 6 万円　③ 80 万円　④ 400 万円　⑤ 900 万円
⑥ 6,000 万円　⑦ 6,000 万円　⑧ 4 億円　⑨－ 5 億円

3-13 ターゲットFを一括明示する“戦略P/L（D/C型P/L）”をつくる

制度会計のP/Lでは急所Fがつかめない。D/C型P/Lでは、水ぶくれ収益から貢献利益をつかみ、急所の赤字費Fと貢献利益を対置、2段階で採算をつかむ。

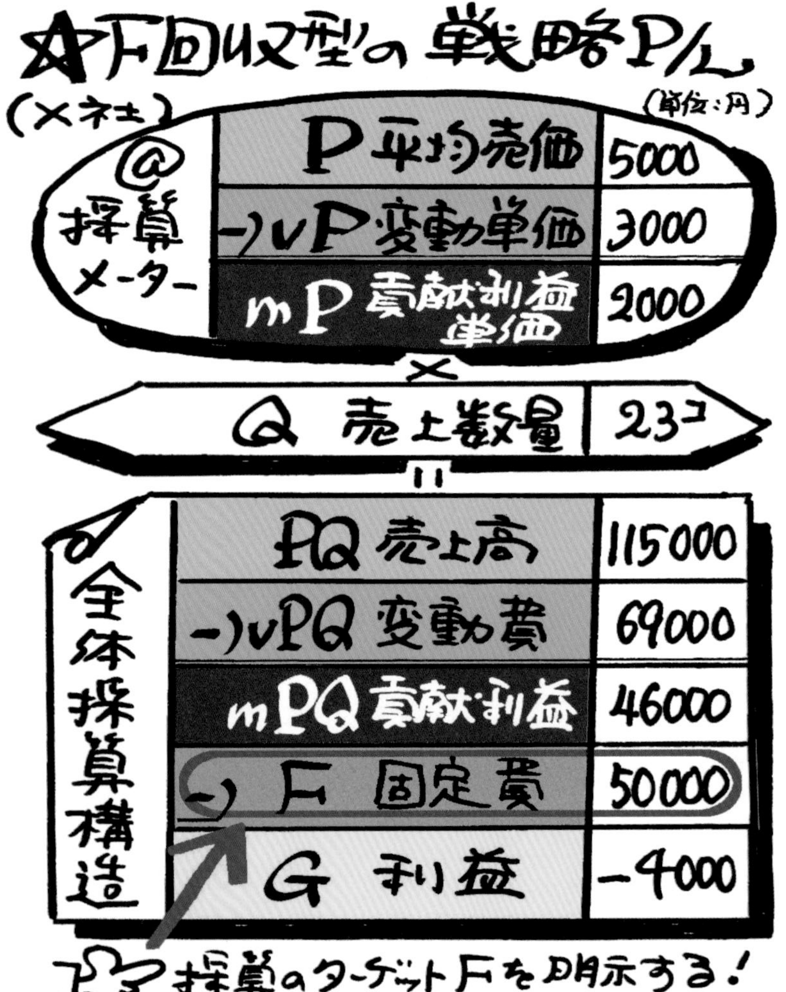

＊この2段階F回収型の戦略P/Lの原型は、直接原価計算の先駆者米国J.N.ハリスの小冊子『我々の会社は先月いくらもうけたか？』によって1936年に発表されました。これを契機に管理会計の武器として進化普及していきます。

1 これまでに見てきた損益分岐点の“固定費Ｆ回収メカニズム”を、そのまま損益計算書にした「**Ｆ回収型の戦略 P/L（＝ D/C 型 P/L）**」を眺めてみましょう。

2 この P/L は、3-10 のプロセスをそのまま表にしたものです。
まず、**最大の特徴**は下半身の“**全体採算構造**”の部分に“**回収すべきトータルの固定費（赤字費）F**”が表示されていることです。
制度会計の伝統型 P/L（2-20）では、売上原価が「変動費・固定費混合のどんぶり原価」のため、この**採算に不可欠なターゲット固定費 F が隠れており、P/L 上で損益分岐点の計算・戦略検討を行うことができません**。

3 次に上半身の“**@採算メーター**”を見ると、1 個売る毎の固定費 F の回収力 mP（貢献利益の平均単価）が表示されています。
1 個売る毎の採算の変化を表しています。

4 上半身の 1 個売る毎の mP が Q 個集積されて、下半身の採算構造が形成されます。
下半身の**“全体採算構造”は、貢献利益総額 mPQ をつかんで、“回収すべき固定費 F”総額と mPQ を対比する「2 段階構造」**です。

【Step1】売上高 PQ －変動費総額 vPQ ＝貢献利益総額 mPQ
【Step2】回収パワー総額 mPQ －固定費 F ＝利益 G

と“回収すべき赤字費”総額の対比の「2 段階構造」です。

5 左図のＸ社の場合、F ＝ 50,000 円に対し、mPQ ＝ 46,000 円でした。
あと Q2 個頑張っていれば F を回収でき、Q3 個以上で黒字化できたことになります。

6 なお、戦略 P/L（D/C 型 PL）を説明する上で、単一製品を例としましたが、多品種の製品を扱う企業では、単一型にまとめて見るだけでなく、**類似製品グループごとの D/C 型 P/L に分解表示した方が分析には有用**です。**トータル固定費に対するそれぞれの製品グループの貢献利益が**はっきり示されます。

3-14 “3つの損益分岐点(BEP)”と採算構造のシンボル「BEP比率」

3つのBEPのうち、戦略行動指標のBEP数量と採算構造改善の戦略目標であるBEP比率に注目！

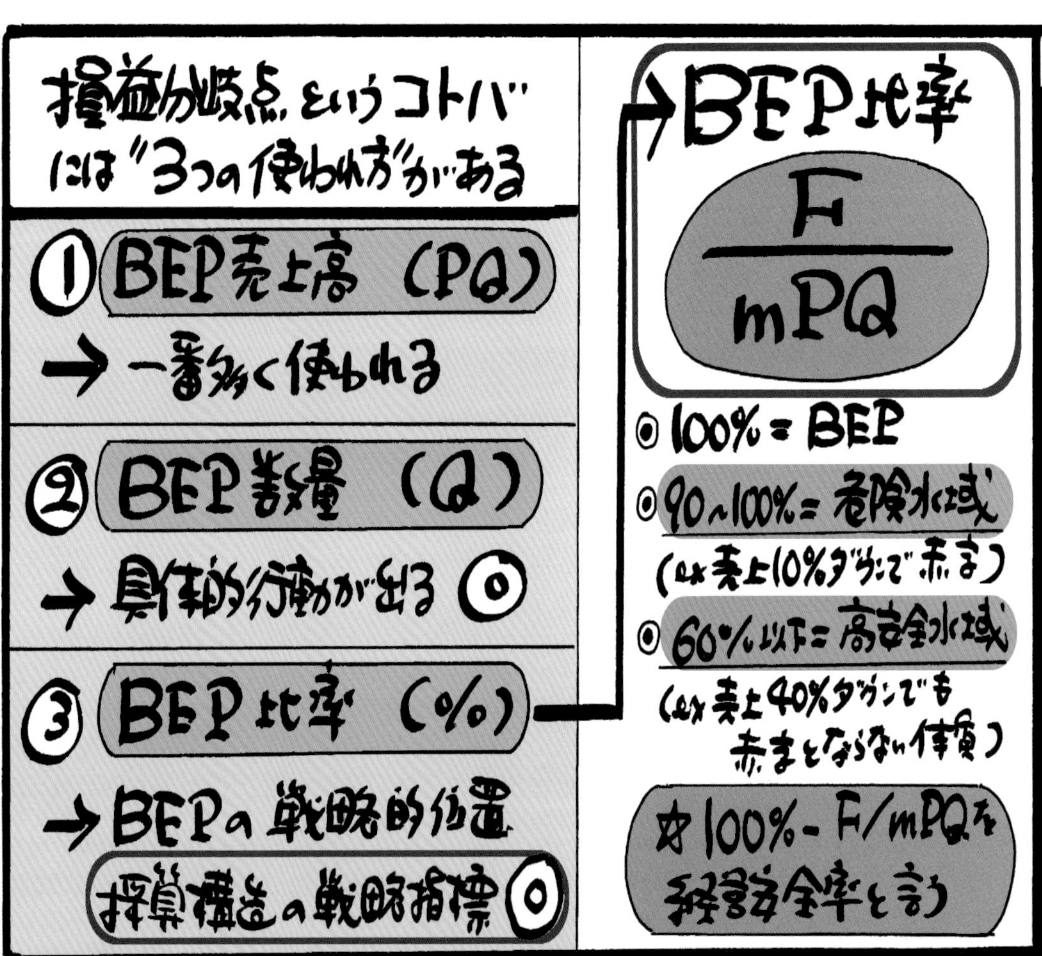

損益分岐点というコトバには“3つの使われ方”がある
① BEP売上高 (PQ)
→ 一番多く使われる
② BEP数量 (Q)
→ 具体的行動が出る ◎
③ BEP比率 (%)
→ BEPの戦略的位置
採算構造の戦略指標 ◎
BEP比率
F / mPQ
◎ 100% = BEP
◎ 90~100% = 危険水域
(ex 売上10%ダウンで赤字)
◎ 60%以下 = 高安全水域
(ex 売上40%ダウンでも赤字とならない体質)
☆ 100% - F/mPQを経営安全率と言う

1 **損益分岐点（Break Even Point、以後略して BEP と呼びます）**は、これを上回ると加速的に利益が出る**戦略的ターニングポイント**であり、この経営の死活点を**社内の共通語（ツーカー語）**にして、**急所をつかんで手を打つ**ことが重要です。

2 そこで、BEP という言葉の使われ方を整理すると、
① **BEP 売上高**：本や会話で一番よく使われます。
ただし、「売上」は F 回収力のない変動費を含む「どんぶり勘定」なので、あまり戦略的な指標ではありません。
② **BEP 数量**：具体的な行動に結びつきます。**戦略的にすぐれた行動指標**です。
③ **BEP 比率**：**BEP の戦略的位置・経営の安全度・採算構造のシンボル**を表す**経営改善の戦略指標**です。
の３つの使われ方があります。

3 ３つのうち「BEP 比率（損益分岐点比率）」は**採算構造のシンボル指標**で、その算式は

F/mPQ（BEP ＝ F/mPQ）

です。
ターゲットの“回収すべき固定費 F”が、現在の回収パワー貢献利益額 mPQ の何%の位置にあるか、すなわち **BEP 到達ポイントの位置**を表示します。
BEP 比率が 100%以下の場合、「売上があと何%ダウンしたら赤字なのか」、「安全水域までは売上をあと何 % アップさせる必要があるか」というように、100%以上の場合、「黒字転換まで売上をあと何 % アップさせる必要があるか」というように使います。

4 BEP 比率が高いことを“**腰高経営（不安定体質）**”と呼びます。
BEP 比率の引き下げは経営体質改善の戦略目標です。
また、**「100%－ F/mPQ」を「経営安全率」**と呼び、これが **10%以下の場合は危険水域**となります。

3-15 BEP（損益分岐点）自由自在！

「mPQ ＝ F」を変形して BEP 計算自在、「mPQ ＝ F ＋ G」を変形して経営改善計画自在。

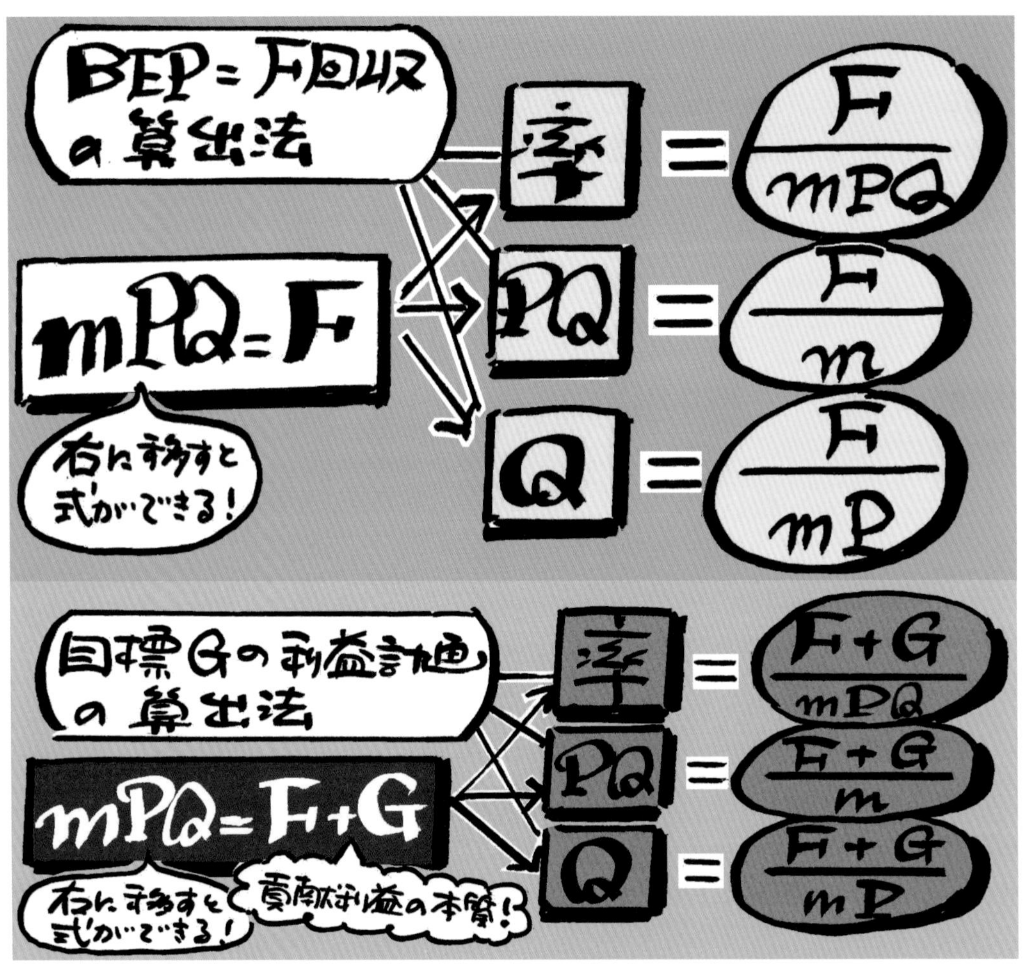

＊目標Gの算式の、「率＝（F＋G）/ｍＰＱ」は「売上必要倍率」を意味します。
(例) 130%であれば、現状より 30%売上アップが必要。

1 ３つの BEP の公式は簡単です。
BEP の基本等式「mPQ ＝ F」を自在に変形させるのです。
求めるもの（率、PQ、Q）を左辺に置き、それ以外を右辺に移すだけです。
つまり、求めるもの＝ F／（mPQ・m・mP）の形を作れば良いだけです。（**暗記は不要！**）

2 **"貢献利益 mPQ の本質"** は、「固定費（赤字費）F の回収に貢献するパワー」であると同時に、「**固定費 F と利益 G に貢献するパワー（mPQ ＝ F ＋ G）**」であり、**F 回収のあとは mPQ 全額が利益 G** となります。
BEP 公式の変形と同様に **mPQ ＝ F ＋ G の形を変えれば、目標利益 G を達成する利益計画や経営改善プロジェクトの公式を作ることができます。**

"採算構造の４タイプ"と自社の戦略的位置

【Q】同じ売上高 1,000 億円の４社がある。このうち不況時に一番先に音を上げるのはどこか？

タイプ	R 社	S 社	T 社	U 社
F	360 大	360 大	280 小	280 小
v 率 (m=1-v)	0.6 大 (0.4)	0.35 小 (0.65)	0.6 大 (0.4)	0.35 小 (0.65)
mPQ	400	650	400	650
F/mPQ	90%	55%	70%	43%

【A】R 社。売上 10%ダウンで赤字化する。**F が大ほど、v 率が大ほど、売上が落ちた時赤字になるリスクが高い採算構造となる。**同業他社に比して、また時系列で、**U 社型から次第に R 社型に移行していないか、F 増大行動をとる**時など、**"採算構造の変化を常に把握"**して対策を打たねばならない。**伝統的損益計算書では、この"採算構造（不況抵抗力＝ F/mPQ）の把握"が困難であり、D/C 思考が採算構造変革の武器**となる。（参考：中村輝夫著『実用経営分析入門』）

3-16 D社の採算構造をBEP比率（F/mPQ）で経営診断せよ

F/mPQが95%なら5％の売上ダウンで赤字転落、F/mPQが50%なら売上半減してもBEPキープ。F/mPQは強い体質づくりの戦略目標だ。

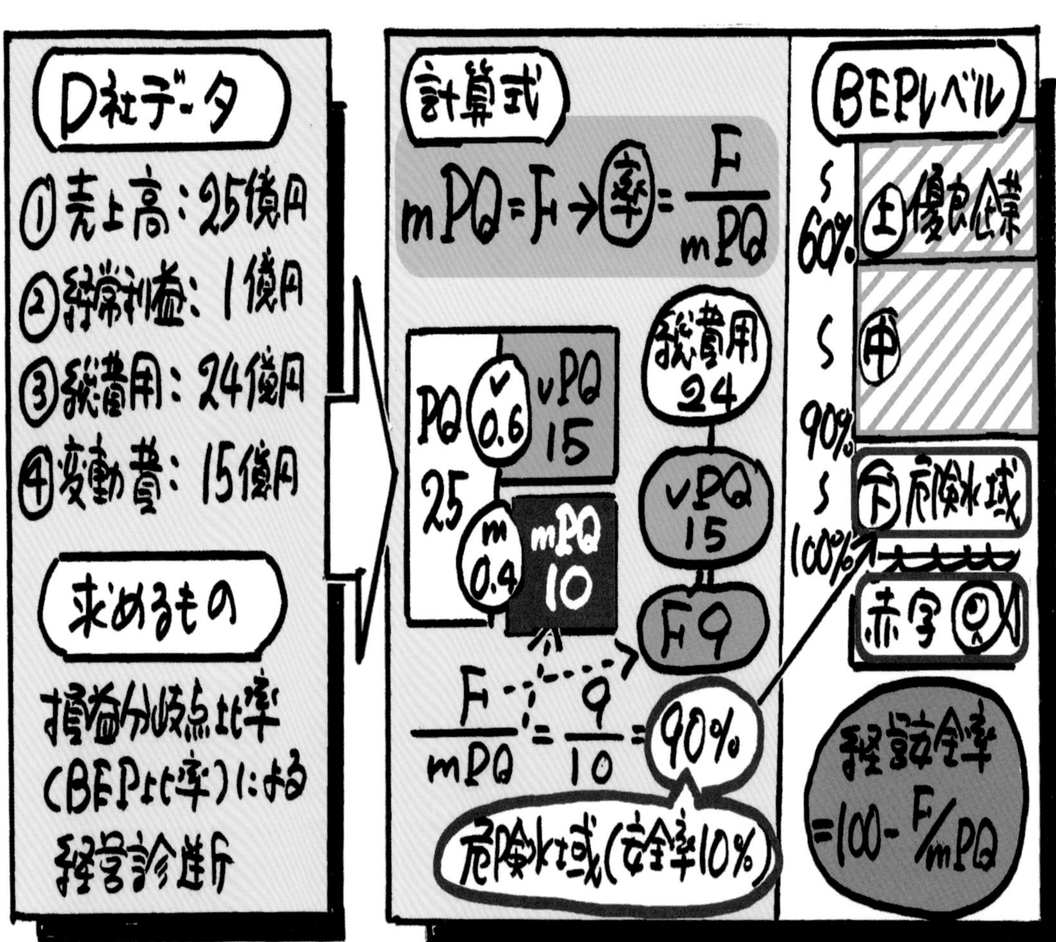

1 それでは次の問題を使って、実際に BEP を計算してみましょう。

【問題】

D 社の業績は売上 25 億円に対し経常利益 1 億円。

総費用は 24 億円（売上－総費用＝利益 ⇒ 総費用＝売上－利益＝ 25 億円－ 1 億円)、

変動費は 15 億円です。

この情報から D 社の採算構造の現状を、BEP 比率を使って経営診断しなさい。

2 一緒に解いてみましょう。

①まず、求めるものは BEP のうち BEP 比率です。

BEP 比率の計算式は、**mPQ ＝ F の基本等式を変形させて、率＝ F/mPQ** です。

②したがって、**mPQ（貢献利益）と F（固定費）が分かれば OK** です。

③ F（固定費）＝総費用－変動費 vPQ ＝ 24 億円－ 15 億円＝ 9 億円（F のつかみ方は 3-4 を参照)

④ mPQ ＝売上高 PQ －変動費 vPQ ＝ 25 億円－ 15 億円＝ 10 億円(mPQ のつかみ方は、3-9 を参照)

⑤ゆえに、BEP 比率＝ F/mPQ ＝ 9 億円 /10 億円＝ 90%。

⑥これは､売上が現状から 10%ダウンすると赤字転落（経営安全率 10%）の危険水域（＝ BEP 比率 90%以上）にいることを意味します。

BEP 比率の引き下げ、すなわち貢献利益（mPQ）アップと F（固定費）効率化が必要という診断結果になります。

3-17 E社のBEP売上高を計算し戦略P/Lを作成せよ

BEP売上高はBEPの代名詞でよく使われるのでマスターしよう。ただし、売上高はどんぶり勘定で戦略としては不十分だ。

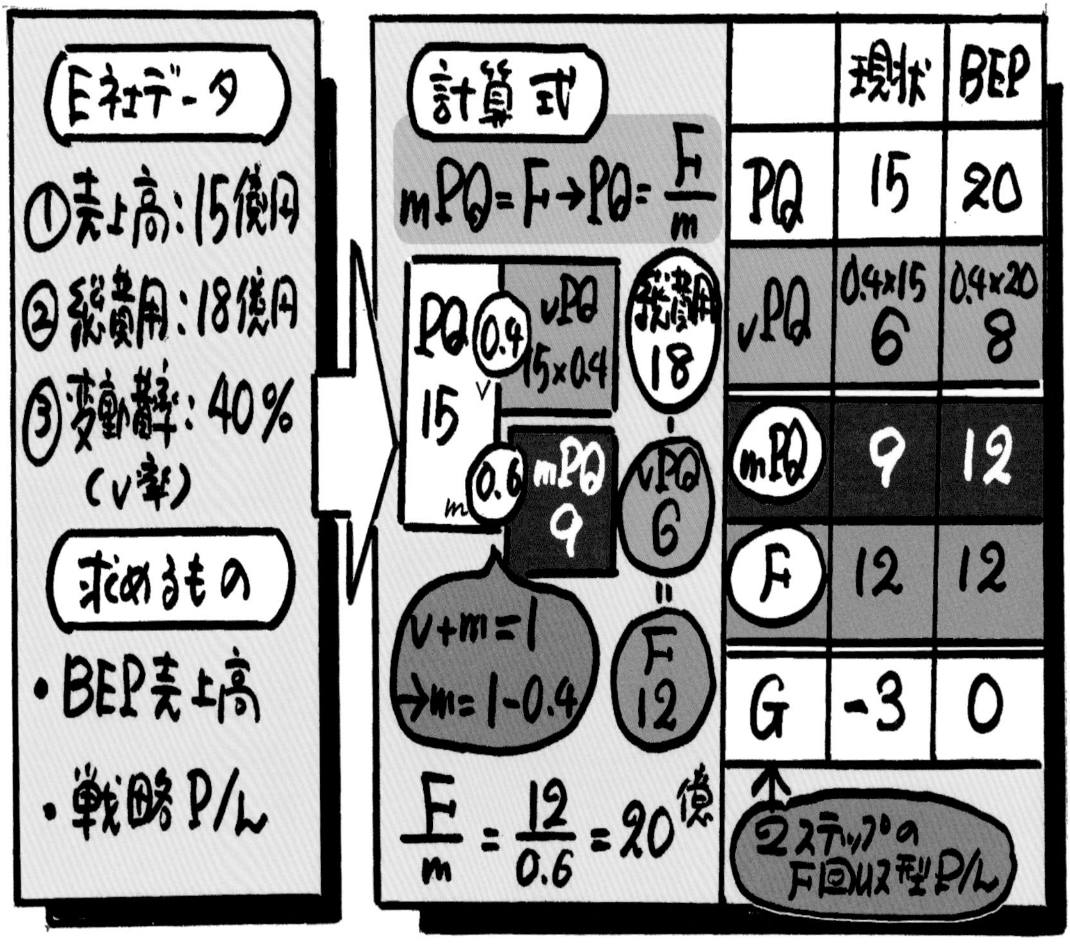

E社データ

①売上高：15億円

②総費用：18億円

③変動費率：40%（v率）

求めるもの

・BEP売上高

・戦略P/L

計算式

$mPQ = F \rightarrow PQ = \frac{F}{m}$

PQ 15

0.4 vPQ 15×0.4

0.6 mPQ 9

総費用 18 ＝ vPQ 6 ＋ F 12

v＋m＝1

→m＝1−0.4

$\frac{F}{m} = \frac{12}{0.6} = 20$ 億

	現状	BEP
PQ	15	20
vPQ	0.4×15 6	0.4×20 8
mPQ	9	12
F	12	12
G	−3	0

2ステップの下回収型P/L

1 続いて BEP 売上高に挑戦しましょう。

【問題】

E 社のデータは売上高 15 億円、総費用 18 億円、変動費率 40%です。

E 社の BEP 売上高はいくらか求めなさい。

また売上高 15 億円の時と BEP 売上高の時の戦略 P/L を完成させてください。

2 一緒に解いてみましょう。

①まずは、現状の P/L をつかむために、変動費と固定費を求めましょう。

変動費率 v ＝変動費 vPQ/ 売上高 PQ なので、

変動費 vPQ ＝ v × PQ ＝ 0.4 × 15 億円＝ 6 億円

です。（v については、3-9 を参照）

②したがって、固定費 F＝ 総費用－変動費＝ 18 億円－ 6 億円＝ 12 億円です。

③次は、BEP 売上高の時の P/L をつかみましょう。

まず BEP 売上高ですが、その算式は mPQ ＝ F の基本等式を変形させて、PQ ＝ F/ m です。

④変動費率 v ＋貢献利益率 m ＝ 1 なので、**m ＝ 1 － 0.4 ＝ 0.6** です。（v と m の関係は 3-6 の図または 3-9 を参照）

⑤したがって、BEP の PQ ＝ F/ m ＝ 12 億円 /0.6 ＝ 20 億円。

⑥ PQ が 20 億円の時の vPQ ＝ 20 億円× 0.4 ＝ 8 億円。

⑦ PQ が 20 億円の時の mPQ ＝ 20 億円× 0.6 ＝ 12 億円。

⑧固定費 F は現状と同じです。

⑨以上で材料が全部そろいましたから、3-13 の図解にならって

PQ － vPQ ⇒ mPQ － F ＝ G

の 2 ステップ式戦略 P/L を作成するだけです。

3 BEP 売上高はよく使われますが、**売上高はどんぶり収益です。貢献利益の少ない安売りの売上高では BEP は達成できません。**

3-18 ハーバード大学 BEP 卒業試験に挑戦！——BEP 売上量の暗算

BEP 数量の算式はパワフルだ！　F 回収作戦のプロセス・本質を明示する。だから本書の“第 3 の絵のシンボル”となっている。

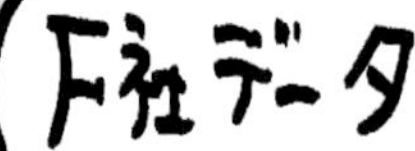

① 売価：5000円
② 変動単価：3000円
③ 固定費：20万円
④ 売上数量：95個

求めるもの

- BEP数量
- 目標利益 10万円の売上数量

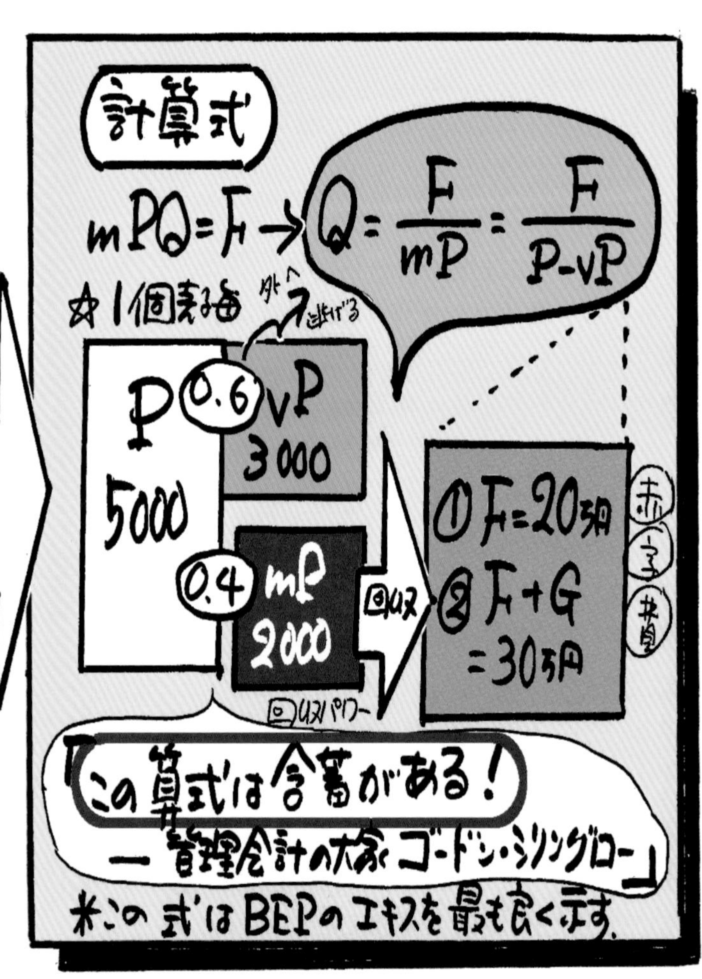

1 次は BEP の売上量です。今度は暗算で計算することに挑戦しましょう。この **“暗算感覚”は実戦に極めて有効**です。

【問題】

Ｆ社の製品は、今１個平均 5,000 円で売れています。そして変動単価（“逃げ費”）は１個 3,000 円かかっています。また“回収すべき赤字費（固定費）”は 20 万円です。

さて、BEP 数量は何個でしょうか？

なお、Ｆ社の製品は現在 95 個売れています。あと何個売れば BEP を達成できるでしょうか？また、目標利益は 10 万円です。BEP 達成後に何個売れば目標達成できるでしょうか？

2 一緒に解いてみましょう。

3-10 の BEP メカニズムの図解の一番上にある１個当たりの採算メーターの図解がパッと浮かばねばなりません。

①売価Ｐの 5,000 円のうち、外から買った変動単価 vP の 3,000 円（“逃げ費”）は出て行く。したがって、１個売る毎の固定費回収パワーの貢献利益単価 mP は、差引き 2,000 円。回収すべき固定費Ｆは 20 万円なので、BEP 数量＝ F/mP ＝ 100 個となります。

今 95 個売れているから、あと５個で BEP 達成です。

② BEP 達成後は１個売る毎に mP の 2,000 円全額が利益なので、10 万 /2,000 円＝ 50 個で目標利益達成です。（逆に BEP から１個減る毎に、mP 全額 2,000 円の赤字が増加していきます。）

BEP 数量の算式はパワフル！

ハーバード大学の管理会計の第一人者ロバート・N・アンソニー教授の『プログラム学習による管理会計入門』において、【BEP の本質を問う理解度テスト（卒業試験！）は、たった１行】。それは「**BEP 数量の算式**」である。同じく管理会計の大家ゴードン・シリングロー教授は名著『経営原価計算』の中で、**「この式は含蓄がある」**と述べている。専門書の中で感想つぶやきメモがついているのがおもしろい。BEP 数量の算式は大家お気に入りの算式だ。

3-19 BEPでF社の利益計画を検討せよ

貢献利益はF回収後まるまる利益Gに貢献する。Fに加えて目標利益Gを回収目標に設定すると利益計画や経営改善プロジェクトの目標達成の算式が生み出される。

F社データ
①売上高：6000万円
②経常利益：900万円
③変動費率：50%
④売上数量：1万個
⑤来期目標G：3000万円
求めるもの
目標Q・目標PQ

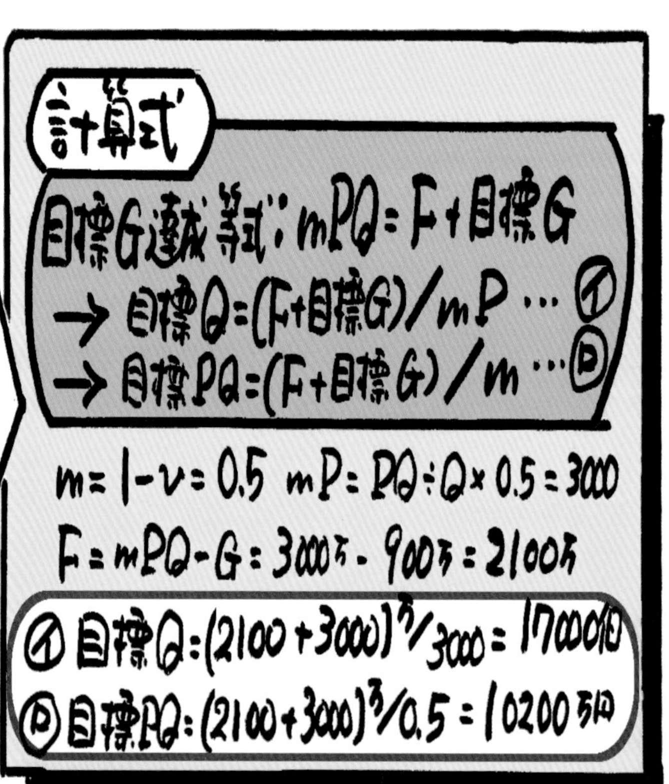

1 BEP 計算のラストは、目標利益Gを達成するための利益計画への挑戦です。

【問題】

F 社は売上高 6,000 万円、経常利益 900 万円、変動費率 50%で製品 1 万個を販売しています。幸い、製品はヒットし市場は絶好のチャンスを迎えており、F 社長は来期経常利益 G：3,000 万円のトップ方針を打ち出しました。

この目標利益 G を実現するには、F 社は売上量何個、売上高いくらを必達目標とする利益計画を立てれば良いかを検討してください。

なお、取引条件、1 個当たりのコスト構造、変動費率、固定費は変動しないものとします。

2 一緒に解いてみましょう。

①目標利益 G を達成するには、**「回収すべきＦ＋目標利益Ｇ」を回収**せねばならず、その回収パワーは貢献利益 mPQ です。すなわち **「mPQ ＝ F ＋目標 G」が目標利益達成の基本等式**で、**これを変形することで利益計画や経営改善プロジェクトの算式として大活躍します。**

3-15 で見たように、右辺の目標利益を達成する目標売上量 Q の算式は、基本等式を変形して、**目標 Q ＝（F ＋目標 G）/mP** です。

また、目標売上高 PQ の算式は、基本等式を変形して、**目標 PQ ＝（F ＋目標G）/m** です。

②算式を完成させるために材料を揃えましょう。

v 率＝ 0.5 から m 率＝ 1 － 0.5 ＝ 0.5。

また、P ＝ 6,000 万円 /1 万個＝ 6,000 円。

よって、mP ＝ 0.5 × 6,000 円＝ 3,000 円。

したがって、mPQ ＝ mP × Q ＝ 3,000 円× 1 万個＝ 3,000 万円。mPQ － F ＝ G なので、F ＝ mPQ － G ＝ 3,000 万円－ 900 万円＝ 2,100 万円です。

③以上から、**目標売上量 Q ＝（F ＋目標 G）/mP** ＝（2,100 万円＋ 3,000 万円）/3,000 円＝ 1.7 万個。

目標売上高 PQ ＝（F ＋目標 G）/m ＝（2,100 万円＋ 3,000 万円）/0.5 ＝ 10,200 万円となります。

販売・生産体制などからこの利益計画が可能かを、行きつ戻りつ検討することになります。

第 4 章では、この BEP のワザの基本知識をもとに、採算戦略の眼を更に磨いていくことにしましょう。

Q1. 床屋さんの損益分岐点は何人？

● 理髪店Pの経営データは下記の通りです。1日に何人のお客さんが来れば採算が合うか、1日当たり損益分岐点の人数を求めなさい。

経営データ

❶ 1カ月の営業日：25日間
❷ 毎月定額で発生する支払い：家賃15万円、従業員給料50万円、設備減価償却費（ローン返済）5万円、各種基本料金など定額支払い5万円
❸ 理髪料金：3,300円
❹ 1人分の原材料費・光熱水道料：300円

Q2. 社長の配当性向50%キープ指令

● L社は資本金2億円です。社長は15%配当と配当性向（税引後当期純利益に対する配当の割合）50%を維持したいと思っています。下記データを参考に、この配当・配当性向を維持するための税引後当期純利益をあげるための**（ア）**目標売上高とその時の**（イ）**経営安全率を求めなさい。なお、税引前利益に対する法人税などの税率は40%、特別損益は発生しないものとします。

L社経営データ

❶ 年間固定費：4億円　❷ 変動費率：80%

Q3、売上減経費増 目標利益は可能か？

- M 社は製品の伸びが低迷し、今期の売上高は前期より 15%ダウンが予想されます。また、変動費率は現状を維持するものの、固定費は経費を極力節減しても 2,000 万円の増加がやむをえない状況です。下記データを参考に、**(ア)** 経営安全率を求めなさい。また、**(イ)** 配当維持のために税引前利益 3,000 万円の確保が最低必要ですが、確保可能かどうかを診断しなさい。

M 社経営データ

❶ 前期売上高：10 億円　❷前期税引前利益：1 億 5,000 万円
❸変動費率：50%

3 章：急所プレイバック解答

Q1

答：10 人

まず、売上数量 Q に関係なく、毎日発生する回収すべき固定費 F をつかみます。
(1) 月の固定費 F ＝ 15 万円＋ 50 万円＋ 5 万円＋ 5 万円＝ 75 万円
(2) 1 日当たり固定費 F ＝ 75 万円 /25 日＝ 3 万円
次に 1 人売上げる毎に得られる固定費回収力（貢献利益単価）をつかみます。
(3) 1 人売上げる毎に比例して出て行く変動費単価 vP ＝ 300 円
(4) 1 人当たり貢献利益単価 mP ＝ P － vP ＝ 3,300 円－ 300 円＝ 3,000 円
　よって、1 日当たり BEP 売上量 Q ＝ F/mP ＝ 3 万円 /3,000 円＝ 10 人…解答

Q2

答：(ア) 25 億円　(イ) 20%

(1) まず、税引後純利益をつかみましょう。
　① 配当性向＝配当 / 税引後純利益なので、税引後純利益＝配当 / 配当性向です。
　② 配当＝資本金×配当率＝ 2 億円× 0.15 ＝ 3,000 万円
　③ したがって、税引後純利益＝ 3,000 万円 /0.5 ＝ 6,000 万円

(2) 次は、目標利益 G をつかみましょう。(特別損益＝ 0 なので、目標利益 G ＝税引前利益です。)
税引後純利益＝目標利益 G ×（1 －税率）なので、目標利益 G ＝税引後純利益 /（1 －税率）
＝ 6,000 万円 /（1 － 0.4）＝ 6,000 万円 /0.6 ＝ 1 億円

(3) 目標売上高 PQ は、mPQ ＝ F ＋ G を変形して、目標の PQ ＝（F ＋ G）/m で求められます。
① 貢献利益率 m ＝ 1 － v（逃げ率）＝ 1 － 0.8 ＝ 0.2
② したがって、目標売上高 PQ ＝（4 億円＋ 1 億円）/0.2 ＝ 5 億円 /0.2 ＝ 25 億円 …（ア）の解答

(4) 経営安全率＝ 1 － BEP 比率で求められます。
① 目標売上高時の BEP 比率＝ F/mPQ ＝ F/（F ＋ G）＝ 4 億円 /5 億円＝ 0.8
② したがって、経営安全率＝ 1 － 0.8 ＝ 0.2（＝ 20%）…（イ）の解答

Q3

答：(ア) 12.9%　(イ) 確保可能

(1) まず、前期の固定費 F をつかみましょう。
① 固定費 F ＝前期総費用－前期変動費 vPQ です。
② 前期総費用＝前期売上高 PQ －税引前前期利益 G ＝ 10 億円－ 1.5 億円＝ 8.5 億円
③ 前期変動費 vPQ=v × PQ ＝ 0.5 × 10 億円＝ 5 億円
④ したがって、固定費 F ＝ 8.5 億円－ 5 億円＝ 3.5 億円

(2) 次に、今期 BEP 比率をつかみましょう。
① 今期 BEP 比率＝今期固定費 F/ 今期貢献利益 mPQ ＝今期固定費 F/(貢献利益率 m ×今期売上高 PQ）です。
② 今期固定費 F ＝前期固定費 F ＋ 0.2 億円＝ 3.5 億円＋ 0.2 億円＝ 3.7 億円
③ 貢献利益率 m ＝ 1 － v（逃げ率）＝ 1 － 0.5 ＝ 0.5
④ 今期売上高 PQ ＝ 10 億円×（1 － 0.15）＝ 8.5 億円
⑤ したがって、今期 BEP 比率＝ 3.7 億円 /（0.5 × 8.5 億円）＝ 3.7 億円 /4.25 億円≒ 0.871

(3) 経営安全率＝ 1 －今期 BEP 比率＝ 1 － 0.871 ＝ 0.129（＝ 12.9%）…（ア）の解答
① 経営安全率は高いほど経営体質が良いことを表し、10%以下は危険水域です。
② 今期の M 社の経営安全率は 12.9%なので危険水域ではありませんが、危険水域に極めて近いため、経営改善が急務です。
③ 経営安全率は BEP までの余裕を意味し、売上高 PQ が経営安全率だけ減少すると BEP に達します。経営安全率がマイナスの場合は、反対にその分だけ売上高が増加すると BEP に達します。

(4) 税引前今期利益 G ＝今期貢献利益 mPQ －今期固定費 F ＝ 0.5 × 8.5 億円－ 3.7 億円
＝ 4.25 億円－ 3.7 億円＝ 0.55 億円（＝ 5,500 万円）

(5) 税引前今期利益 G5,500 万円＞必要税引前利益 3,000 万円なので、確保可能です。…（イ）の解答
ただし、金額差は小さく、ぎりぎりの確保です。

“第3の絵”から損益分岐点戦略へ
――どんぶり原価のマジックを見破り赤字経営を黒字化する

これが
できるように
なる!

第４章の目標設計図

❶【損益分岐点戦略】、すなわち、採算構造のシンボル比率改善のための２つの戦略と４つのネジを言える。(4-1 ～ 3, 6, 7)

❷【Ｐ戦略】の心構えと、【中小企業のＰ戦略の焦点】を言える。(4-2, 8)

❸【Ｆ戦略】のポイントを言える。(4-3)

❹【５Ｓがｆ戦略としてなぜ大事か】を言える。(4-3)

❺【利益Ｘ倍増の営業レバレッジ作用】を言える。(4-5)

❻【全部原価計算の落とし穴と脱出手順】を言える。(4-10 ～ 14)

❼【ダイレクトコスティング思考の２ステップ・特色・留意点】を言える。(4-10, 11)

❽【採算の意思決定をするときの戦略的思考法】のポイントを言える。(4-17, 20)

❾経営トップのビジョン力・経営改善力を倍加する【新幹線型組織づくりの３つの条件】を言える。(4-4, 21)

4-1 採算の２つの戦略

採算の本質をＦ対 mPQ の眼でつかみ経営改善の目標をＦ/mPQ 比率で捉えるや、mPQ とＦの２つの戦略が浮かび上がる。

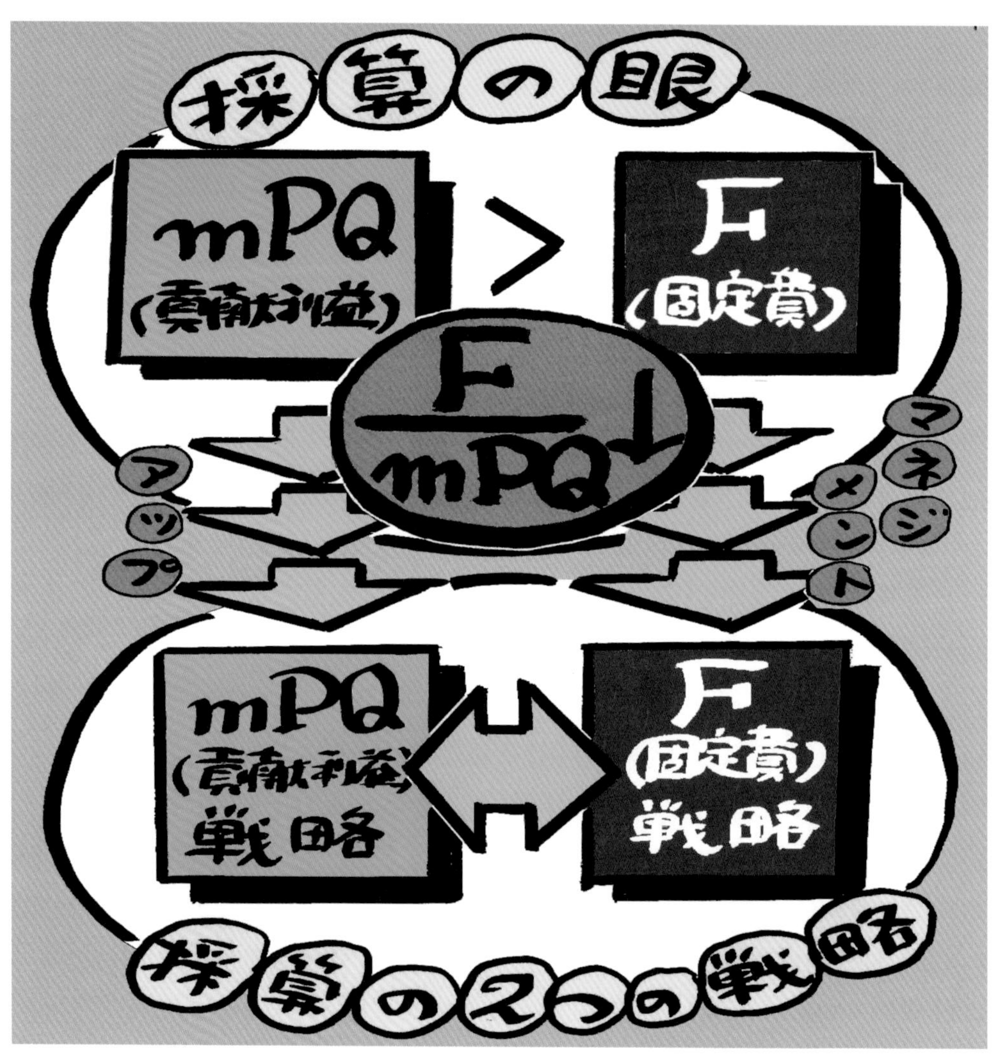

1 第４章の目的は､第３章でマスターした “採算の眼” が実際の採算戦略に役立つように、更にパワフルに磨くことです。

2 第３章で学んだ **“採算の眼” とは**、“回収すべき赤字費”、すなわち固定費Ｆと回収するパワーの貢献利益 mPQ の２つを見る眼であり、**固定費回収作戦の眼**でした。

3 **固定費回収作戦の要は、経営体質改善のシンボル比率 F/mPQ を引き下げること**にあります。
そのためには、この分子と分母の戦略、すなわち

① **Ｆ回収パワーの mPQ をできるだけ大きくする mPQ 戦略**

と、

② **戦略費のＦを効果的にマネジメントするＦ戦略**

という２つの戦略が重要になります。

コラム 35 危機におけるリーダーの使命

危機時のリーダーのありようを述べた次の言葉は心に沁みる。“ 平時 ” から “ 危機 ” を見据えた手が打てればどんなに強いチームが作れることか。経営改善の羅針盤を手に入れよう。

● 多くの企業の場合は、間違ったから倒れるのではない。**企業の死は、自らの方針を明らかにしないときに訪れる。**決定を下さなければと足踏みしている間に、勢いも大切な資源も無くなっていく。つまり、**最も危険なのはじっと立ち尽くすこと**なのだ。

● 会社が迷走している時は、経営陣は混乱しているものだ。こういう時こそ、**進路を決めてくれる力強いリーダーが必要**なのである。必ずしもベストの進路である必要はない。ただ**力強く、ハッキリしたもの**であれば良いのだ。

● もしリーダーが谷の向こう側の様子を明確に表現出来なかったり、口ごもったとしたら、大勢の社員が一丸となって慣れない新しい仕事を受け入れ、不透明な状況の中で将来の見通しもハッキリしないまま、必死に働くことなど出来ると思うか、ということである。

──ここぞという時に、的確な戦略転換を知らしめることが出来なければ、その失敗は修復不可能になるのである。

(「インテル戦略転換」Andrew S. Grove 著からの引用)

4-2 打ち手は無限！——mPQ 戦略

mPQ アップの戦略は、m 率すなわち v 率・P・Q の戦略に分解され、各社は現場知を結集して独自のベストプラクティスを作り上げている。

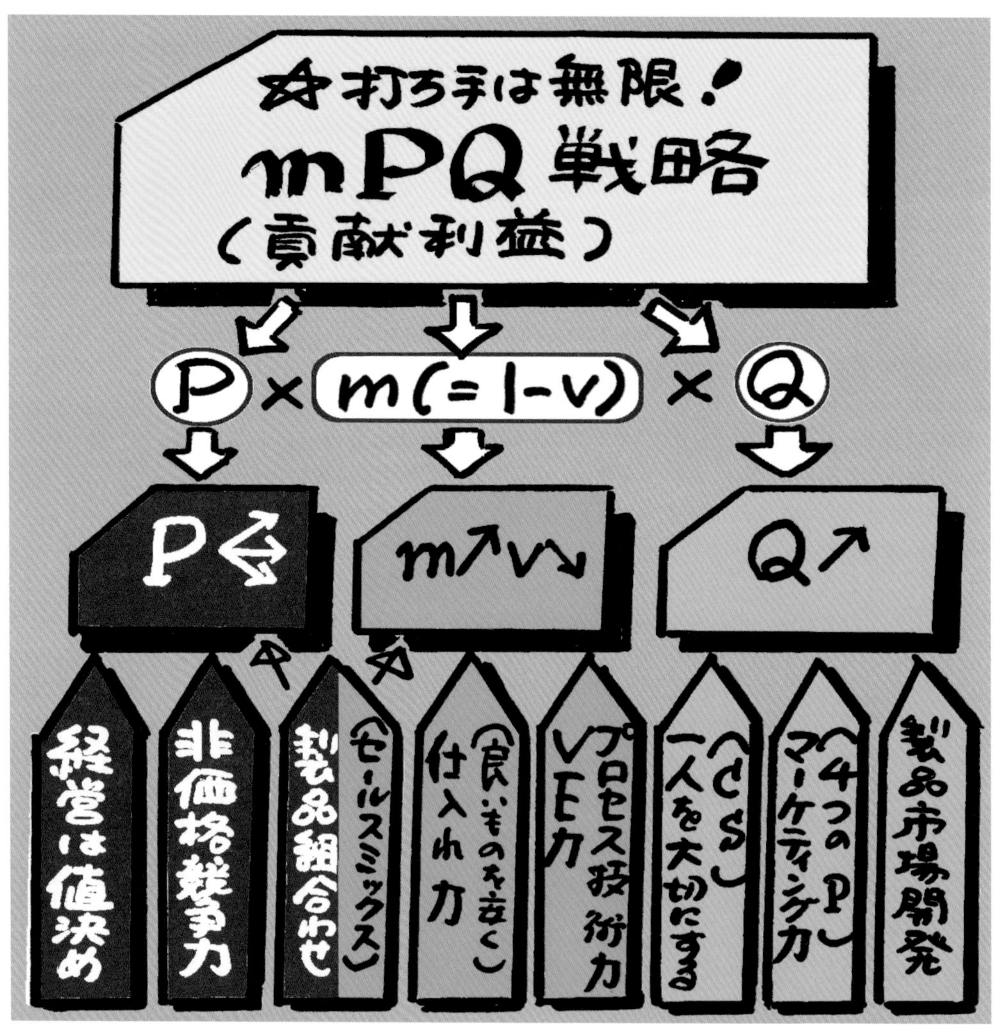

1 まず mPQ を↗（増やす・上げる）戦略は、

① mPQ ＝ mP × Q

② mP ＝ P － vP

という点から、**P・v・Q の３つの戦略**に更に分解されます。

なお、**v 戦略は、m ＝１－ v から v ↘（減らす・下げる）戦略＝ m ↗戦略**でもあります。

2 左図に挙げる戦略ツリー（目標・手段の体系）は一例に過ぎず、各社は工夫してベストプラクティス（成功事例）をつくりあげています。

したがって、**現場の知恵を駆使し、戦略ツリーの各枝の急所をブレイクするため、自社独自の工夫を具体化していく必要**があります。

3 **P 戦略は、経営の死活の鍵**です。**価格は市場が決める。**自社対市場の状況を見極め、安売りでない**絶妙の戦略的プライシング**が必須。

値下げ競争に巻き込まれない品質・機能の差別化・高付加価値品の製品ミックス（組み合わせ）の開発などが重要です。

4 **v ↘戦略**は、**高付加価値化**とともに、最大費用である変動費へ**現場の宝（暗黙知）を結集した VE 力**[※1]**・自社技術開発による改善**などがあります。

5 **Q ↗戦略**は、**お客様のニーズ**を大切にし、“**無料のセールスマン＝ファン**”になって頂く**CS（顧客満足）**戦略、**４つの P**[※2]のマーケティング戦略と**新製品新市場の創造戦略**などがあります。

※１ VE：バリュー・エンジニアリング略。製品・サービスの価値創造技術の体系的手法。
※２ 4P：Product（製品）、Price（価格）、Place（流通）、Promotion（広告・販促）の連動戦略。

4-3 打ち手は無限！――F 戦略

諸刃の剣の戦略費Ｆの戦略は、Ｆ↘戦略とＦ投資活性化戦略に分解され、独自の持続的な戦略が問われる。

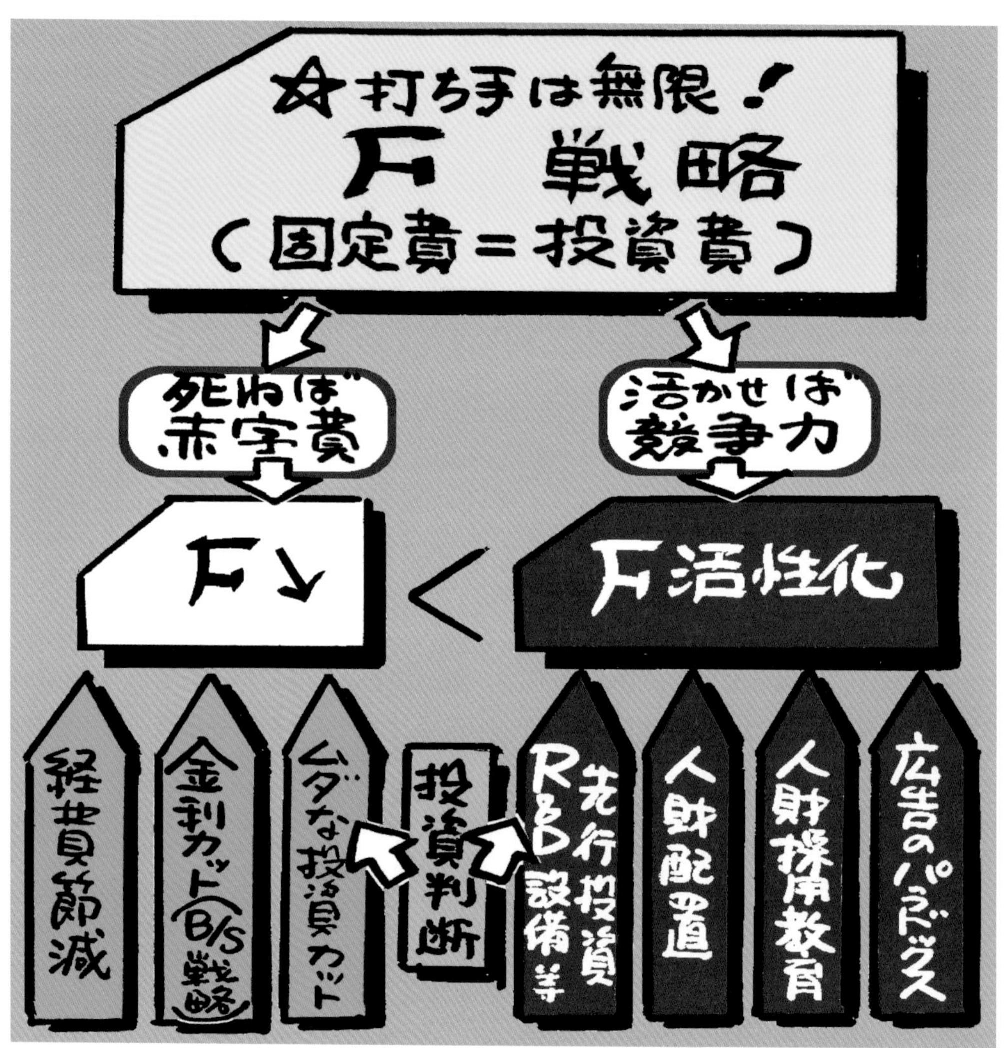

1 次に、Ｆの戦略です。Ｆは死ねば赤字費、活きれば競争力の**諸刃の剣**です。
したがって、**Ｆ↘戦略とＦ投資活性化戦略の２つの戦略に分解**されます。

2 Ｆ↘戦略は、まず5S[※1]の徹底です。
5Sのできていない体質の企業のＦは、大抵冗費（むだな費用）が多いです。
また、目標を設定し、**知恵を結集した戦略的コストダウン**が大事。
Ｆは常に上昇し易く削減はし難い性質があるので、**平時からＦ↘の意識が大事**です。
しかし、重箱の隅をつつくのはほどほどにしましょう。
Ｆの効果的活用こそが本命です。

3 Ｆは競争力。**mPQを生む鍵はＦの投資と活性化**にあります。
R&D[※2]や設備など、自社の生命基盤となる**独自技術への狙いをもった先行投資と蓄積が大事**。特に自社全部門のイノベーションの担い手は人財です。
人財を活かし、どう配置し、エネルギーをどこに結集するか。**人財の配置・採用・教育こそが最高最大の経営戦略**です。
また、**自社が知られるための広告戦略**も大事です（嫌われても覚えたものをお客様は買います！広告のパラドックス）。

4 なお、mPQ戦略とＦ戦略の問題解決は、**できるだけ多くのユニークな解決策を考え出すことが大切**です。そのためには、これらの**ｍ・Ｐ・Ｑ・Ｆのイノベーションを“全社員が響き合う共通語”**とし**現場の智恵を結集して取り組む**ことが非常に大事です。

※１ 5S：整理・整頓・清掃・清潔・しつけ（＝CS（お客様第一）と報告・連絡・相談のスピード習慣）。
※２ R&D：Research and developmentの略。研究開発のこと。

4-4 “新幹線型組織”と “持ち場のF/mPQマインド”

新幹線型組織は組織に相乗効果を引き起こす。採算の羅針盤の共有化は新幹線型組織の強力な武器となる。

1 世の中の組織には、リーダーが引っ張る“**蒸気機関車型組織**”と、メンバー全員が自分のモーターをつけた“**新幹線型組織**”の２タイプがあります。
後者は前者の**何倍ものパワー**を発揮し、経営改革を可能とします。

2 “新幹線型組織”の条件は、全員が“経営者センス”を持つことです。そのためには、
① **何のために何を大事に経営するのかという経営目的・哲学・ビジョンの共有**
② **経営の急所の舵取りの羅針盤の共有**、２つがパワーとなります。
経営の目的の共有がなく、手段が目的化してしまうと、**数字さえ良ければ何でもOKのような本末転倒の危ない組織**になる恐れがあります。
簡単な言葉でもよいので、**胸にズシンと落ちる共通の目的がしっかりと確立**され、メンバーに共有化されている必要があります。

3 経営活動の要である舵取りの羅針盤に、**採算の２つの戦略と体質強化のシンボルのF/mPQが、座標軸**を与えてくれます。
全社のF/mPQに対して、**各部門や各人が自分の持ち場（自分のコントロール可能な持ち場）のF/mPQの羅針盤**をもち、仕事のイノベーションを工夫することで、一人一人の経営者センスと現場の知恵が結集されます。
その結果、相乗効果を発揮し、ミラクルな成果を上げることが可能となります。

4 2010年に絶望的な経営破綻をしたJALは、京セラ創業者の稲盛氏のリードで２年８カ月で驚きのV字回復を遂げました。
その鍵は経営目的と部門別採算の羅針盤の共有化により、一人一人が現場の知恵を結集して動いたことにありました。
採算の羅針盤の共有化は“新幹線型組織”による経営改善の強力な武器となるでしょう。

5 なお、**現場のイノベーション力**を倍加させる［**現場知財産化のキーマン中間管理職のパワー**］が、強力な新幹線型組織の第３の条件と言えます。(4-18コラム参照)

4-5 売上10%UPで利益6倍！ ——“オペレーティング・レバレッジ”

BEP超過後の貢献利益は全額利益だ。このため利益何倍の“営業のテコ現象”が起きる。羅針盤の共有如何で営業の頑張りは大違いになる。

- 総費用＝PQ−G＝100−1＝99
- 変動費vPQ＝v×PQ＝0.5×100＝50
- 固定費F＝総費用−vPQ＝99−50＝49

材料がそろった！

	現在	PQ10%up	変化
PQ	100	100×1.1＝110	10%up +10
−) vPQ	0.5×100＝50	0.5×110＝55	10%up +5
mPQ	0.5×100＝50	0.5×110＝55	10%up +5
−) F	49	49	変化なし 0
G	G_1＝1	G_2＝6	500%up +5

BEP超過後 → mPQ増加分は F一定のため 丸々 Gとなる
→ 売上の増加率 << 利益の増加率

☆ 売上10%upで G_2/G_1＝6倍！（テコ現象）

1 “採算の眼” をつかんだので、ここで序章 0-2 の Q3 にチャレンジしましょう。

Q3 Z 社は今期売上高 100 億円、経常利益 1 億円（利益率 1%）の予算で事業活動を展開中です。第一線部隊がもう 10%売上を増やしたら Z 社の経常利益は何%増えるでしょうか。なお、Z 社の変動費率は 50%です。

2 採算問題を解くためには、**まず“回収すべき固定費 F”** をつかまねばなりません。そして F・vPQ をつかんだら、**“F 対 mPQ の眼” の D/C 型 P/L**[※1] **を整理**します。そうすると売上が 10%変動した時の利益の変化をつかむことができます。本ケースでは左図の通り利益が 6 倍（500% up）となります。

3 売上の増加に対し **mPQ は m 率比例で増加**します。**F を固定させていると BEP 超過後はこの mPQ 増加額とそっくり同額の利益 G が増加**することとなり、売上の増加率に対し利益の増加率は大きく変化します。この**テコ現象を営業レバレッジ**と呼びます。[※2]

4 また、F が大、m 率が大のハイリスクハイリターン型の固定費型企業ほど、更に、BEP の近辺ほど、売上の増減に対して損益が大きく変動します。BEP を超過すると mPQ 全額が利益に転化し加速的に利益 G が増加する（BEP を下回ると逆）ので、固定費型企業ほど **F の早期回収戦略が重要**になります。**社員に F/mPQ の羅針盤の共有があるか否か**は、**頑張りと工夫に大きな違い**をもたらすでしょう。

※１ 制度会計の P/L の売上原価は売上に比例しない F 込みのどんぶり原価のため、売上の変化に対応した費用・利益の変化の分析はできません。

※２ このテコ現象による利益の変化を営業レバレッジ（オペレーティング レバレッジ）と言い、貢献利益対利益倍率（＝貢献利益 mPQ/ 利益 G）で表します。また、売上変化率×営業レバレッジ＝利益変化率となります。上記ケースの場合、利益変化率＝ 10%×（50 億円 /1 億円）＝ 500%。

4-6 BEP 戦略の羅針盤（1）——“4つのネジ”

採算改善の戦略発想法は“4つのネジ”に尽きる！

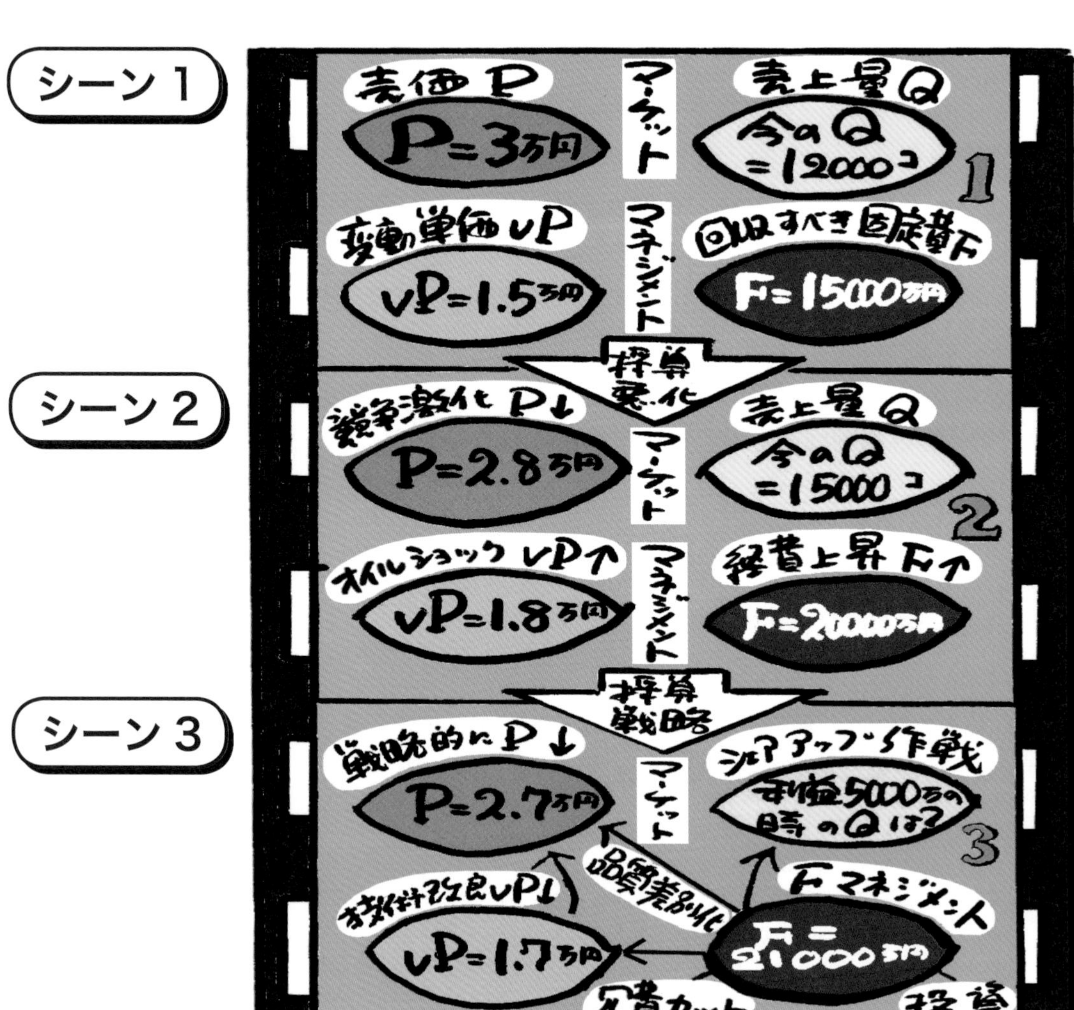

1 さて、BEP 戦略の座標軸はすべてそろいました。とてもシンプルな発想法です。
この戦略座標軸の発想法を復習しましょう。
左のイラストの各シーン（各期）の問題に答えながら、T 社の経営を見ていきましょう。（極力暗算でチャレンジ！）

シーン１

T 社の回収すべき F は 1.5 億円で、製品売価 P は 3 万円、うち変動単価 vP は 1.5 万円、Q は 1.2 万個です。

① **今期の利益は？**

② **経営安全率は？**

シーン２

ところが市場は競争激化で P がダウン、一方販売は健闘し Q は 1.5 万個に増えました。
しかし、オイルショックで材料費 vP が高騰、諸経費も上昇し F も 2 億円にアップ（F は常に上昇する！）で、採算悪化しました。

① **今期の利益は？**

② **BEP は何個？**

シーン３

そこで、T 社長は冗費合理化で F を 6,000 万円削減する（F ↘）と同時に、変動費 vP を切り下げ品質を差別化する最新設備に投資（償却・金利による F の増分は 7,000 万円）しました（F ↗）。
そして、戦略プライシングで P を僅かにダウンさせ、高品質と低価格を武器に目標利益 5,000 万円の Q アップ作戦を展開しました。
勝負です。
果たして顧客は答えてくれるでしょうか？

① **利益 5,000 万円を達成するための Q は何個？**

4-7 BEP 戦略の羅針盤（2）
——BEP とは“4 つのネジ”のミックス

BEP 戦略とは、損益分岐の“点”ではなく、“4 つのネジのミックス”の発想法だ。

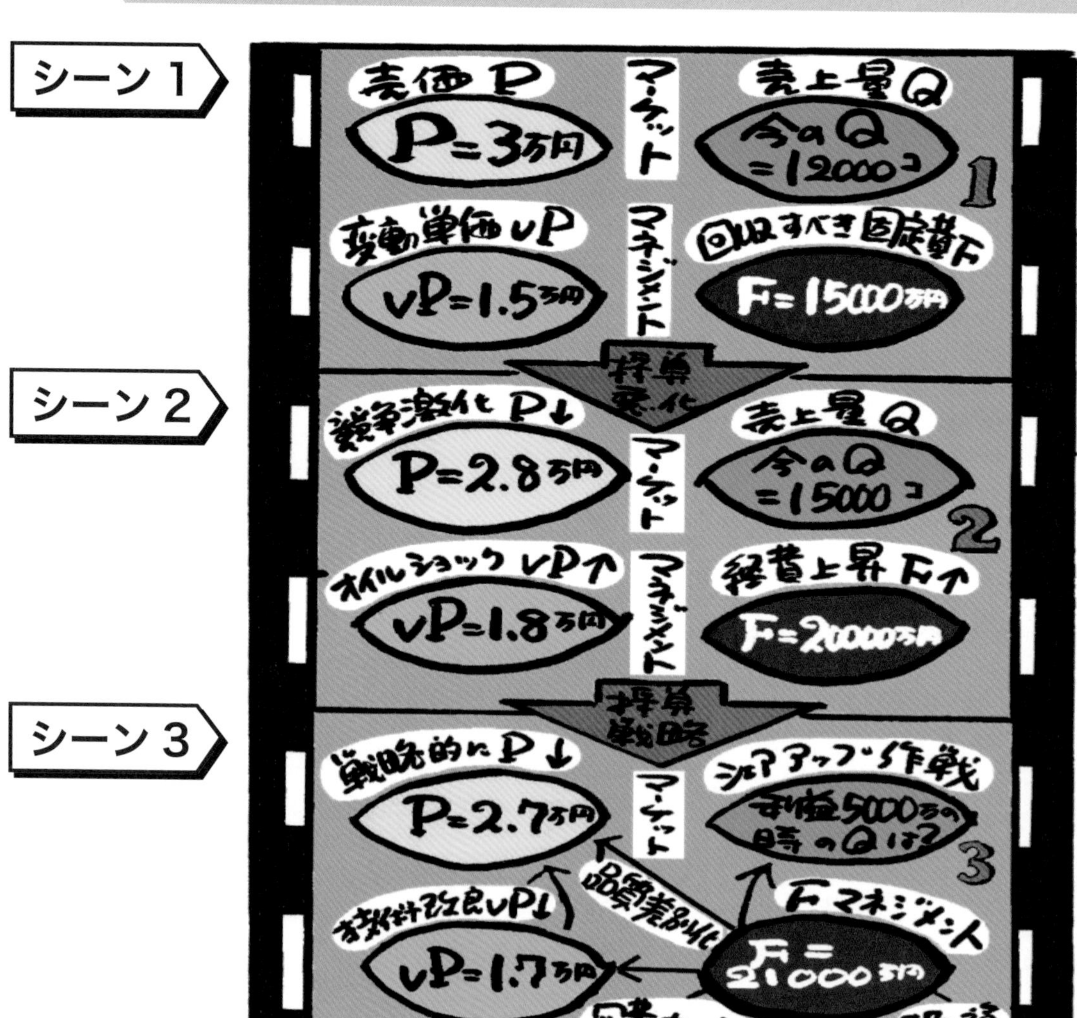

シーン１

mPQ＝1.5万円×1.2万個
　＝1.8億円。したがって、
① 今期利益G＝mPQ－F
　＝1.8億円－1.5億円＝0.3億円（＝3,000万円）
② 安全率＝1－F/mPQ
　≒1－0.833＝0.167（＝16.7%）

シーン２

mPQ＝1.0万円×1.5万個
　＝1.5億円。したがって、
① 今期利益G＝mPQ－F
　＝1.5億円－2.0億円＝－0.5億円
② BEPのQ＝F/mP
　＝2.0億円/1.0万円＝2万個

シーン３

① 目標G達成のQ
　＝（F＋G）/mP
　＝（2.1億円＋0.5億円）/1万円＝2.6万個

2 採算を改善する戦略座標軸は、市場サイド（売価Pと販売量Q）と社内技術力（変動費率vと固定費F）のこの“4つのネジ”以外にはありません。

経営体質を改善する**BEP戦略とは**、この**“4つのネジ”のミックス**（組み合わせ）を試行錯誤し改善することにより、**F対mPQの関係（第3のメカニズム）を改革する発想法**なのです。

4-8 安売り作戦は儲かるか？——“値決めは経営”

弱い企業は安売り競争で拡販しようとするが、プライシングは経営の死活を決める全力投球の戦略行為、経営そのものだ。

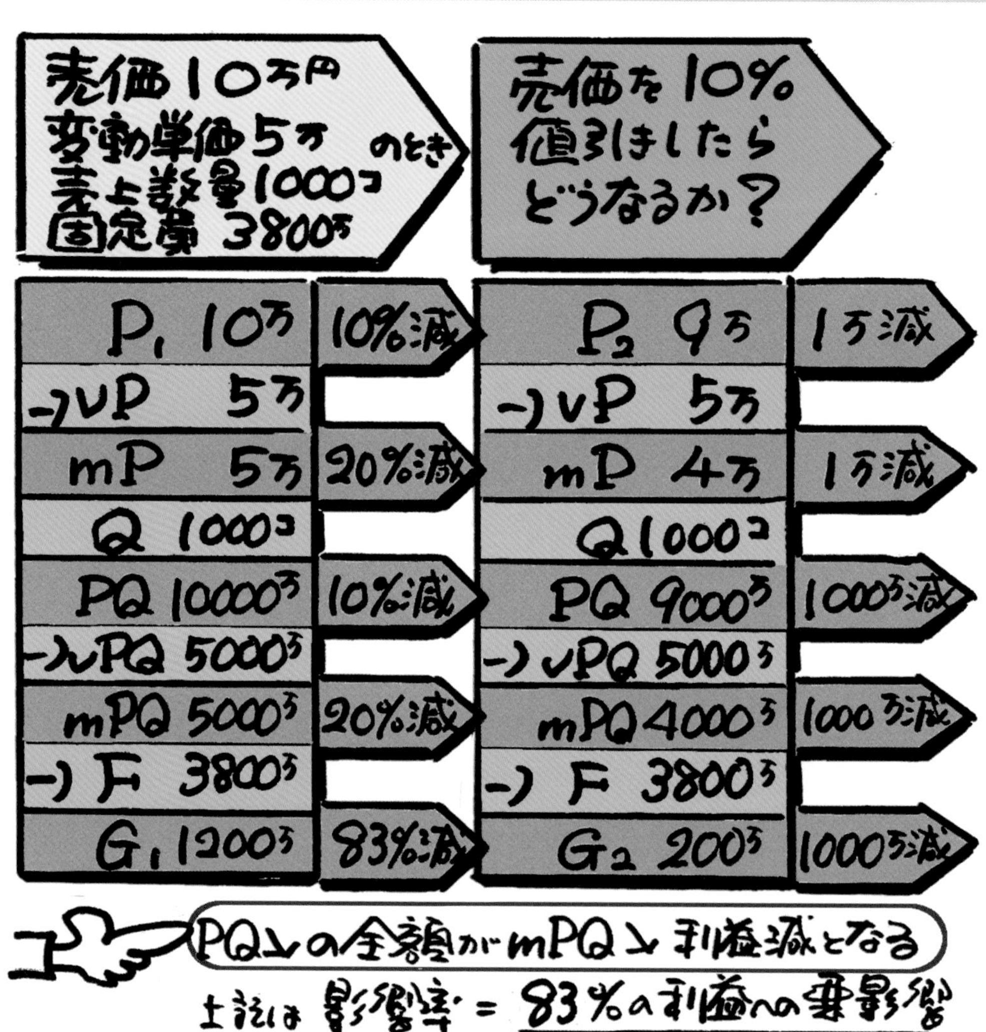

売価10万円
変動単価5万
売上数量1000コ
固定費3800万
のとき
売価を10%値引きしたらどうなるか？
P1 10万
10%減
P2 9万
1万減
-) vP 5万
-) vP 5万
mP 5万
20%減
mP 4万
1万減
Q 1000コ
Q 1000コ
PQ 10000万
10%減
PQ 9000万
1000万減
-) vPQ 5000万
-) vPQ 5000万
mPQ 5000万
20%減
mPQ 4000万
1000万減
-) F 3800万
-) F 3800万
G1 1200万
83%減
G2 200万
1000万減
PQ↘の全額がmPQ↘利益減となる
上記は影響率＝83%の利益への悪影響

1 「値決め」は、企業にとって死活の運命を決める経営力のシンボルと言える重要な行為です。

「値決めは経営である。それは経営の死命を決する問題である。」

「……どれほどの利幅を取った時に、どれだけの量が売れるのかを予測するのは非常に難しいことですが、**自分の製品の価値を正確に認識**したうえで、**量と利幅の積が極大値になる一点を求める**ことです。」

「個々の売値の決定を経営上の重大問題とする考え方は、京セラにおいて深く浸透している」

稲盛和夫氏の名言です。

2 今、Z社がPの値引きを検討しています。

P：10万円、vP：5万円、Q：1,000個、F：3,800万のとき、Pを10%値引きしたらどうなるか、F対mPQのD/C型P/Lで見てみましょう。

① 左図のように**10%の値引きしたことによるPQ↘の全額が、貢献利益mPQ↘と利益G↘にそのまま結びつきます。**

また、10%の値引きによる利益Gへの影響率は83%減と絶大です。

「売上高」で管理するのでなく「いくらでP」「どれだけQ」販売するかという全力の戦略が必須です。市場と自社と価格についての**深い見識が試されている**のです。

② 安売りによってでなく、経営戦略で決まった販売条件を守って売上を上げるのが強い営業マンのウデです。

3 **値引き競争という手段はシェアと体力のある大手企業が圧倒的に有利な手段**です。

顧客ニーズを捉え現場の知恵を結集した**他社のまねのできない特色ある製品・サービスづくり（非価格競争戦略の工夫）こそが中小企業の生き残り戦略の焦点**です。

4-9 設備投資の利益計画

設備投資によるＦの増分を回収目標に加えれば投資の利益計画ができる。設備投資の成否の鍵はこの売上・利益達成の BEP 戦略だ。

R社データ

① 設備投資前F：5000万

② 目標利益：1000万

③ 設備投資によるF増

1) 支払利息増 100万

2) 減価償却費増 400万

3) 修繕費増 100万

④ 設備投資後の変動費率

45%→40%

求めるもの

・設備投資回収売上高

計算式

$$mPQ = F + G + \text{投資による増分}F$$

$$\rightarrow PQ = \frac{F + G + \text{増分}F}{m}$$

$$m = 1 - \text{設備投資後の}v$$

$$= 1 - 0.4 = 0.6$$

$$PQ = \frac{5000+1000+400+100+100}{0.6}$$

$$= 1\text{億}1000\text{万円}$$

1 今度は設備投資の資金計画の前提である利益計画を検討しましょう。

2 現在Ｒ社は変動費率ｖは45%、固定費Ｆは5,000万円です。
新たに設備投資を意思決定したことで、固定費Ｆには、支払利息100万円、減価償却費N400万円、修繕費等経費100万円の増加が見込まれます。
一方、設備投資後の変動費率は40%に改善することが見込まれます。
目標利益が1,000万円の時、この目標を達成するための売上高はいくらになるか考えてみましょう。

3 設備投資による固定費増分を回収する利益計画の算式は、下図の計算式にあるように**mPQ＝F＋G＋設備投資による増分F**です。
そして、m＝1－設備投資後のｖなので、
目標達成売上高＝（F＋G＋投資増分F）/（1－投資後ｖ）
となり、1億1000万円が答えとなります。
（ちなみに投資前だと、目標売上高＝6,000万円/0.55＝1億909万円）

4 設備投資の採算計算法はたくさんありますが、**鍵は、投資した設備が予測通りの操業（生産量⇔売上量）と利益を実現できるか否か**にあります。
したがって、目標売上高と利益達成のための**mPQ戦略とＦ戦略が重要**になってくるのです。

利益を生む行動術“3S”！

利益の源泉は、カベを作らず響き合う行動力あふれる人財と組織の動きだ。そのカギは3S！

❶ **シンプル**：**問題解決は急所**だ。急所を鮮明につかみ**つかんだら放さず一点突破で継続集中**する。

❷ **スピード**：**急所は情報**だ。情報をつかんだらすかさず**超速で行動化**する。

❸ **ストレート**：**カギは人の気持ち**だ。**誠心誠意率直オープン**、人の懐に飛び込み**カベを作らず連携する。**営業のすぐれた上司Ｙ専務の動きから学んだ行動術だ。

4-10 どんぶり原価思考 vs 採算戦略思考

採算戦略思考（＝D/C思考）は「どんぶり原価思考（＝全部原価思考）の落とし穴を見破るトレーニング」によって“使える刀”になる。

	全部原価計算(F/C)	ダイレクトコスティング(D/C)
計算方法	●製造原価に変動費もFもコミで入れる ●1コ当りで発生しないFを製品に割り当てて1コ当りで採算を見る	●Qに比例しないFとQに比例する変動費を分ける ●トータルの眼で採算をFとmPQトータルにつかむ
期間損益	●在庫が増えると利益が増える(→黒字倒産) ●売上の変化に対するコスト・利益の変化・BEPがつかめない	●会社全体の採算が正しくつかめる(黒字倒産の発見) ●売上変化に対応 利益の変化・BEPの分析ができる
製品戦略	●疑似出血状態の製品を売るほど損を錯覚させる。全体採算への製品の貢献を錯覚させる	●全体採算への各製品の固定費回収・利益貢献パワーを正しくつかめる
その他	●制度会計で定められた手順である ●正常操業度の仮定での全部原価が分かる	●すべての費用は変化するのでFとmPQの動き・変化分をつかむ必要がある。

採算戦略思考の中核であるダイレクトコスト思考（“F 対 mPQ の眼”）は、1920 ～ 30 年代の世界的大不況下の米国で、**全部原価計算のどんぶり思考の欠陥を見破る技術として誕生**しました。
ですから、採算戦略思考の眼は、**どんぶり原価の落とし穴を見破る眼をトレーニング**することにより、一層パワフルな力になります。
そこで、まずは左図で２つの思考法のエキスの骨格をつかんでください。

『われわれの会社は先月いくら儲けたか？』

“What did we earn last month ? ”と題する小冊子が 1936 年に出された。直接原価計算に関する最初の論文である。この中で著者 J. N. ハリスは、彼自身ロウという経理部長となり、ストーン社長とのやりとりを通じて物語風に直接原価計算の威力を説明していく。先ずはその最初のシーンから。

社長：Suffering Catfish!（「いかれた鯰」罵倒の言葉）君は私に、わが社の今月の売上は先月と比べて 100,000 ドル以上も多くなっているのに、利益は 20,000 ドルも減少しているというつもりなのかね。
経理部長：はい、その通りです、社長さん。
社長：君の頭は少し狂ってはいないかね、ロウ君。君の作った混乱した会計制度は全く骨折り甲斐のないものだ。……（中略）……私は、このように売り上げがあがったときに利益を示す損益計算書が欲しいんだ。……（後略）……

それならというので、経理部長は**固定費を原価計算から外して販売量に反応した利益を計算する戦略的損益計算書を作成**して提出する。記念すべき直接原価計算誕生の論文だ。（原価に固定費を含める全部原価計算では在庫が増えるほど利益が増えるなど生産量と在庫の変動によって在庫に行く固定費が増減し利益に影響する）（山辺六郎著『原価計算論』から）

4-11 どんぶり原価のマジックを脱する手順

脱“全部原価の１個当たりマジック”の手順は、①どんぶりからトータルＦを取り出し、②“トータルのＦ対ｍＰＱ”で突き合わす。

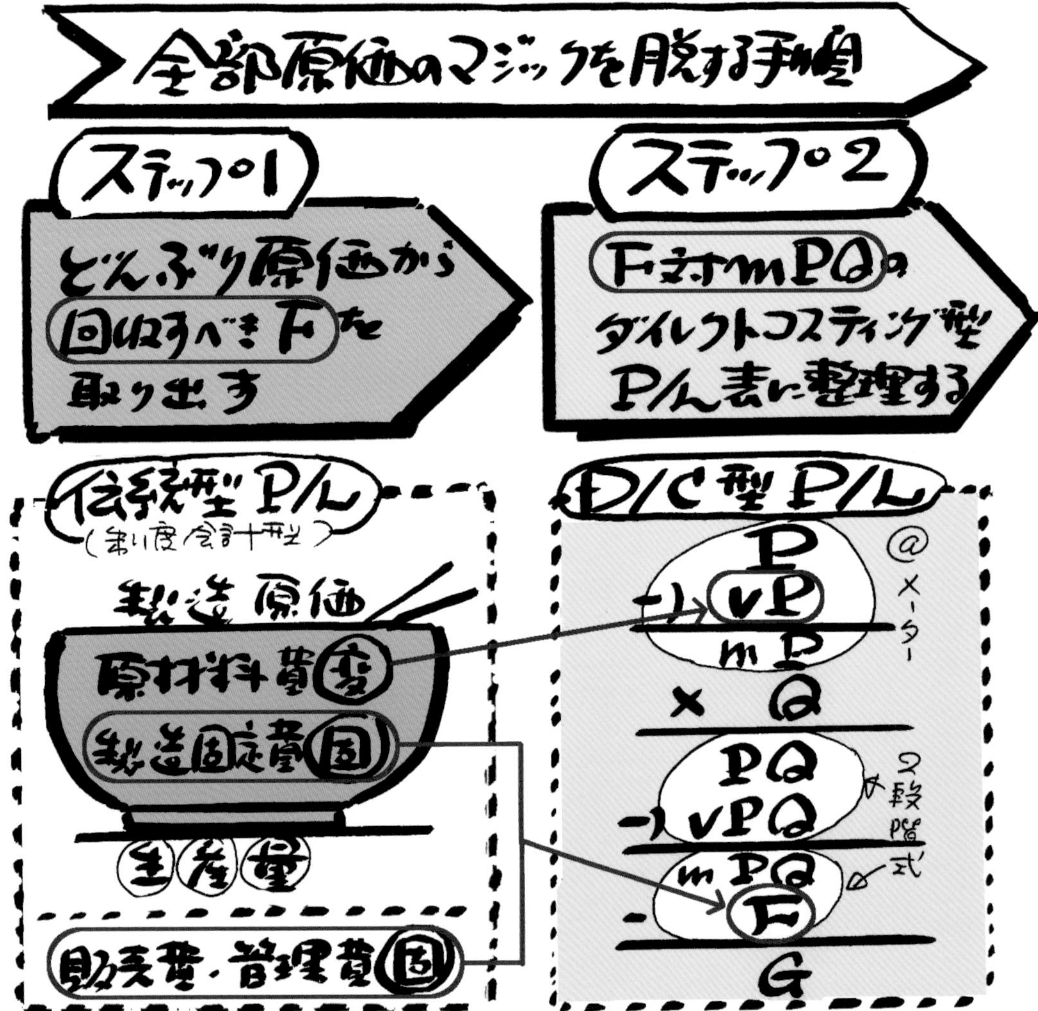

[1] 全部原価（どんぶり原価）思考の特徴は、**Q に比例しない固定費 F を込みにした製品全部原価を Q で割り、1 個当たりで採算を捉えます。**
そのため**期間損益や製品採算にマジック**が起こり、しばしば判断をミスリードします。
これに対し、ダイレクトコスト思考（採算戦略の眼）は、**回収すべき固定費 F と貢献利益 mPQ を区分し、突き合わせることで採算の本質をズバリとつかみ**ます。

[2] どんぶり原価の落とし穴を脱するための手順は、
第１ステップとして、**どんぶり原価の中から回収すべき固定費 F を区分して取り出し、**
第２ステップで、**F 対 mPQ の採算の本質を突き合わせるダイレクトコスト型の P/L に整理**します。
この２ステップの手順で、“どんぶり原価のマジック”を見破るケースに次節からチャレンジしてみましょう。

一般型企業とハイリスク型企業の営業レバレッジ問題

一般的な製造業 A 社と多額の設備投資で高付加価値の製品を造る固定費型の先端製造業 B 社があります。**(ア)** 両社の営業レバレッジと **(イ)** 売上が 10%増、10%減のときの両社の利益増減率を求めてください。

【A・B 社の損益計算書データ】　　(単位：億円)

	A 社	B 社
売　上	100	100
変動費	70	40
固定費	20	50
利　益	10	10

★解答は 171 頁

4-12 “棚卸資産のマジック”を見破る眼にチャレンジ

D/C は 1936 年米国で“棚卸資産のマジック”を見破る論文で産声を上げた。このマジックに切り込んでみよう。

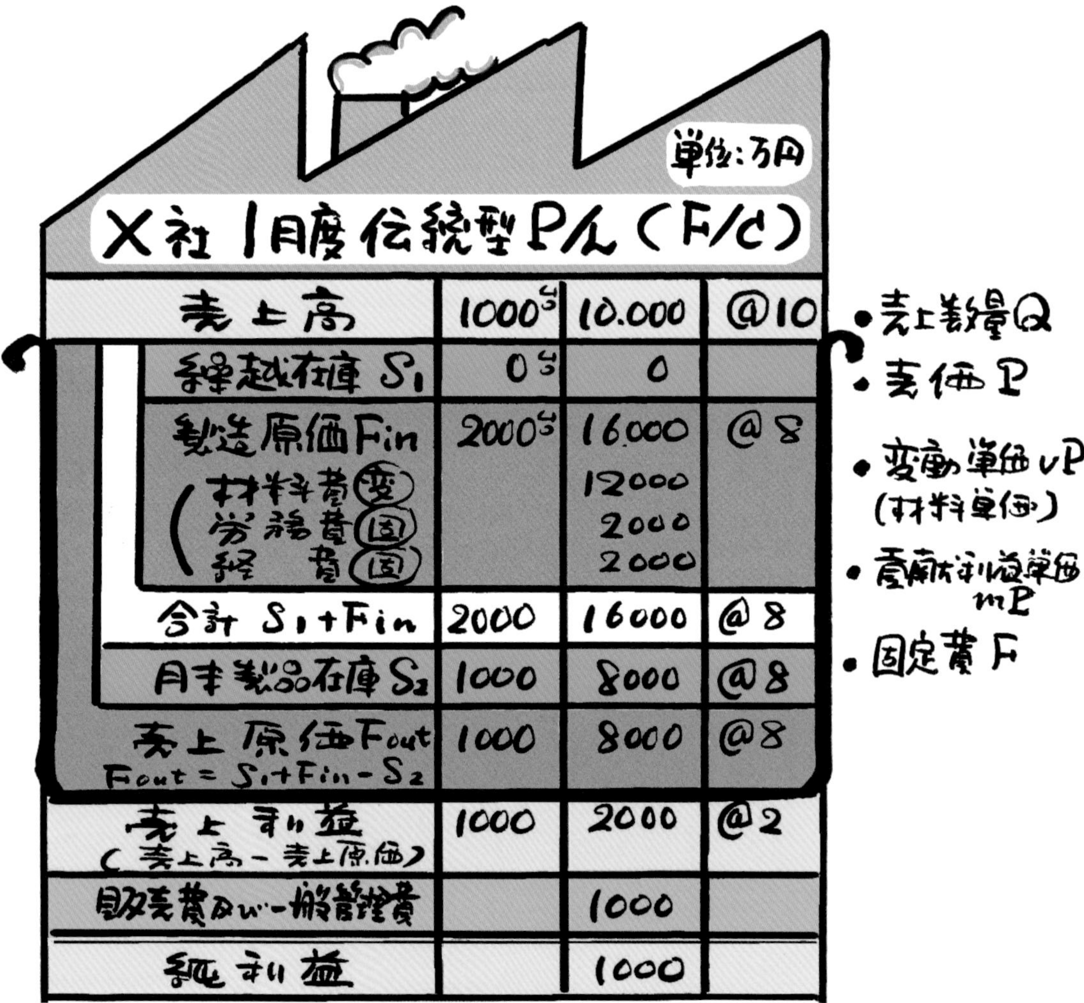

単位：万円

X社 1月度伝統型P/L (F/C)

売上高	1000個	10.000	@10
繰越在庫 S_1	0個	0	
製造原価Fin	2000個	16.000	@8
(材料費(変)		12000	
労務費(固)		2000	
経費(固)		2000	
合計 S_1+Fin	2000	16000	@8
月末製品在庫 S_2	1000	8000	@8
売上原価Fout Fout = S_1+Fin−S_2	1000	8000	@8
売上利益 (売上高−売上原価)	1000	2000	@2
販売費及び一般管理費		1000	
純利益		1000	

1 どんぶり原価の落とし穴を見破るケースの代表例が、黒字倒産の原因となる“**棚卸資産のマジック**”です。
ダイレクトコスティング誕生のシンボルとされる1936年のハリスの論文『われわれの会社は先月いくら儲けたか(What did we earn last month？)』も、この“棚卸資産のマジック”を見破る戦略的な損益計算書を作り出す、物語風に書かれたものでした。
そこで、このマジックに早速挑戦してみましょう。

2 今、X社の制度会計による１月度のP/Lを見ると、「純利益1,000万の黒字」でした。この正しい経営状態を見破りなさい、という問題です。

3 前節のマジックを脱するステップ１より、まず回収すべきトータルのFをどんぶりから取り出しつかみます。
トータルF＝製造原価中のF（労務費2,000万円＋経費2,000万円）＋販売管理費1,000万円＝5,000万円
です。
また、**変動単価vP＝12,000万円/2,000台＝6万円**です。（解説は次節に続きます。）

一般型企業とハイリスク型企業の営業レバレッジ問題の解答 (問題は169頁)

(ア)「営業レバレッジ＝貢献利益mPQ/利益Gです。したがって、

① A社の営業レバレッジ＝（100億円－70億円）/10億円＝3…（ア）の解答

② B社の営業レバレッジ＝（100億円－40億円）/10億円＝6…（ア）の解答

(イ) 利益増減率＝売上変化率×営業レバレッジで求めることができます。したがって、

① 売上高±10%のとき、A社の利益増減率＝±10%×3倍＝±30%…（イ）の解答

② 売上高±10%のとき、B社の利益増減率＝±10%×6倍＝±60%…（イ）の解答

この問題の解答から分かるように、固定費型の先端製造業B社の方が、売上量変化による利益の振れ幅が大きくハイリスク・ハイリターンです。したがって、**BEPの早期回収が、経営の死活に大きく影響する**ことが読み取れます。

4-13 マジックのメカニズムを“F対mPQの眼”で見抜く

“棚卸資産のマジックのメカニズム”は経理の達人だけの極意だったが、「冷蔵庫の卵原理」と“F対mPQの眼”で簡単に見破れる。

X社1月度伝統P/L (F/C)

売上高	1000台 10000万	@10
繰越在庫S_1	0	
製造原価Fin	16000万 2000台	@8
材料費(変)	12000万	
労務費(固)	2000万	
経費(固)	2000万	
合計 S_1+Fin	2000台 16000万	@8
月末製品在庫S_2	1000台 8000万	@8
売上原価 Fout Fout＝S_1+Fin−S_2	8000万 1000台	@8
売上利益 (売上高−売上原価)	2000万 1000台	@2
販売費・一般管理費	1000万	
純利益	1000万	

どんぶり原価：Fが@2入っている

赤字費2000万がB/Sの棚卸資産に配分

P/Lへ配分

1月度戦略P/L (D/C)

P 売価	10万
−vP 変動単価	6万
mP 貢献利益単価	4万
× Q 売上数量	1000台

PQ 売上高	10000万
−)vPQ 変動費	6000万
mPQ 貢献利益	4000万
−)F 固定費	5000万
G 利益	−1000万

製造原価@8のうち@6は変動費@2は固定費

固定費F＝労務費＋経費＋販売・管理費＝5000万

1 このどんぶり原価計算は、1-12、1-13 で学んだ冷蔵庫の卵の原理の眼で見ると、前節の当期の製造全部原価 F.in 16,000 万円（2,000 台）は、在庫 S_2 の 8,000 万円（1,000 台）と、売上原価 F.out 8,000 万円（1,000 台）に資産費用配分されていることが分かります。すなわち、**どんぶり原価の中の赤字費（固定費）4,000 万円の半分は在庫に残り、半分だけが売上原価になっている**ことが分かります。
つまり、この伝統型 P/L では純利益Ｇが 1,000 万円出ていますが、**本当は 2,000 万円の赤字費がＢ /Ｓの棚卸資産に隠れている**のです。

2 このマジックのメカニズムは、**“F 対 mPQ の眼”の D/C 型 P/L で整理**すると、簡単に見破ることができます。
全体の採算 mPQ は、１台当たりの採算 mP の４万円に数量 Q 1,000 台を掛けて、4,000 万円です。これに対し回収すべき F は、製造固定費 4,000 万円＋販売費･一般管理費 1,000 万円＝ 5,000 万円です。したがって、差引 1,000 万円の赤字であったと判明します。
3 従来、この“**棚卸資産のマジック**”は、**経理の達人だけが見破れる極意中の極意**であり、かつ、古来黒字倒産の強力な原因のひとつでした。
しかし、ダイレクトコスティング思考、すなわち**“F 対 mPQ”の眼で見ると、簡単に見破ることができる**のです。

なぜブレるのか？―エンロン事件と“北極星”

全米７位に急成長したエンロン社は 2000 年損失隠しの巧妙な会計不正が発覚。監査を担当した創設 89 年世界最高水準・全米５大会計事務所の名門アーサー・アンダーセンはその粉飾への加担により一瞬にして実質廃業となった。米政府は、投資家保護へディスクロージャーと会計基準等強化へ強力な SOX 法を公布した。なぜブレるのか？　法やコーポレート・ガバナンスの強化だけでは解決がつかない。**経営者に【北極星－人間として正しいことをする！経営哲学】がないことが問題**だ。

4-14 どんぶり原価メーターのクセをつかむ

販売減なのに操業度を上げると原価ダウン?? 疑似出血製品は売るほど損??

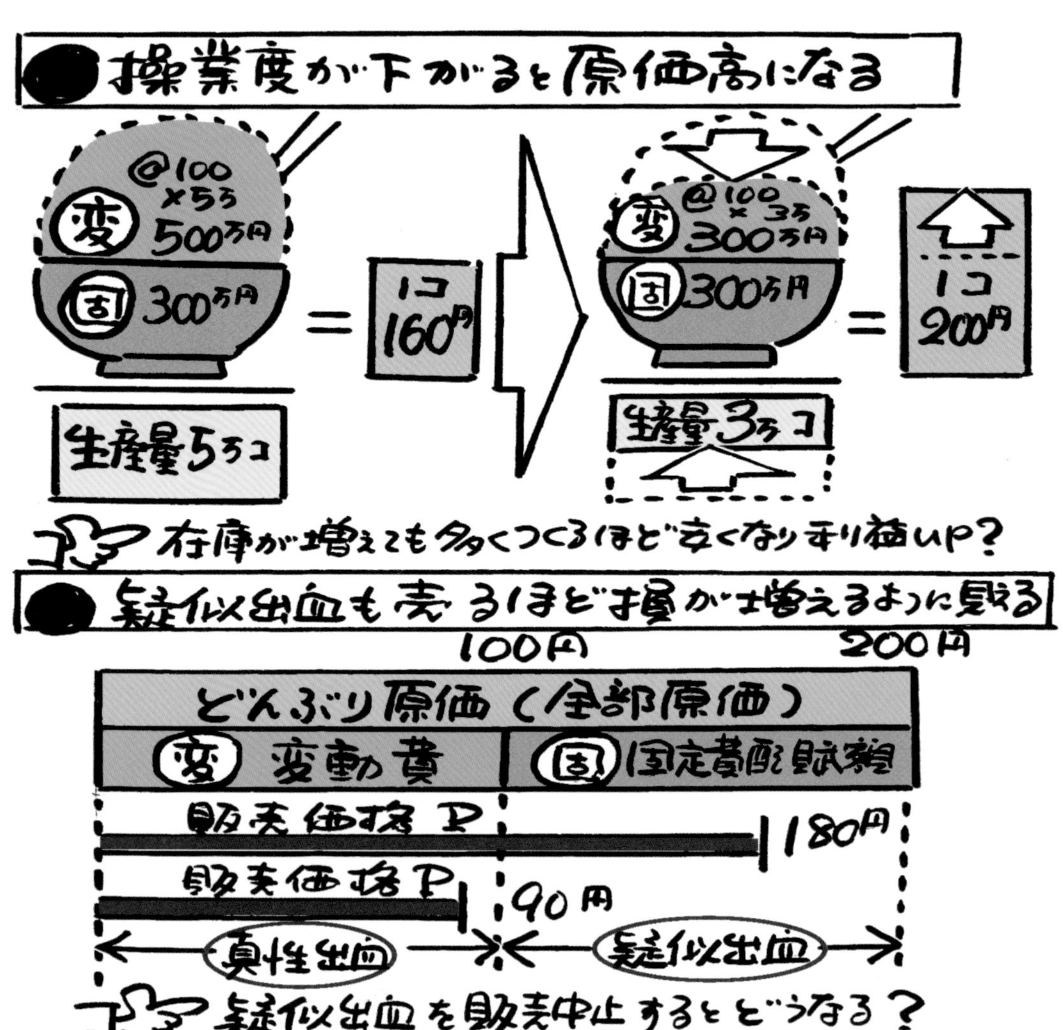

1 ここで、全部原価メーターのクセを見てみましょう。
まず、左図上段に示すように、「操業度（生産量）が上がると１個当たりの固定費安の原価安となり、操業度が下がると１個当たりの固定費高の原価高になる」性質があります。
販売量が同じでも生産量が増えれば原価安で利益が出るので、**善意で生産量を増やして１個当たりのコストダウン（見かけのコストダウン）を図ることがよくあります。**
しかし、**過剰在庫は見かけの利益を増加（＝固定費の在庫繰越）させますが、保管料・運転資金と金利の増加・不良在庫の増加に繋がり、黒字倒産の原因ともなるので財務的に危険**です。

2 また左図下段のように、全部原価 200 円（うち変動費単価 100 円）のとき、売価 90 円で売れば、外から買ってきた 100 円以下ですから「売るほど損」で、これを「**真正出血**」と言います。
これに対し、売価 180 円で売ると**「売れば売るほど 20 円の損に見える」がそうではありません**。今の販売量では固定費 F の全額回収はできないけれど、１個売る毎に mP の 80 円ずつ固定費 F の回収に貢献しています。したがって、他に有利な方策がないのに販売を中止すると、この製品の貢献利益全額の利益が減ります。
この売価 180 円の状態を「**疑似出血**」と言い、錯覚を招きやすいので注意が必要です。このケースを見破る練習を次にチャレンジしましょう。

経営数字の見方―額・比率・傾向をつかむ

会社は額で食べているのであり、率で食べている訳ではない。**【絶対額を見る】**こと、採算をトータル F とトータル mPQ の変化でつかむ眼が重要だ。しかし同時に、経営改善のためには、**【変化やレベルや構造が鋭く出る“比率”で見る習慣】**が重要だ。そしてこのとき**【最も重要なこと】**は、**【会社の数字はすべて必ず“傾向”で見る】**ことだ。傾向で見る態度によって事態を正しくとらえ正しく決定することができる。

4-15 赤字製品の戦略判断

赤字製品をどんぶり原価で判断し、ただ捨て去るだけの戦略をとると、大幅利益減になる。

Y社 4月度P/L(F/C)

		A製品	B製品
@どんぶりメーター	売価	20万	26万
	製造原価	15万	22万
	販売・管理費	3万	6万
	総原価	18万	28万
	利益	2万	-2万
生産・販売数量		100コ	100コ
総利益		200万	-200万

どんぶり原価内訳

	A製品 @	A製品 計算法	B製品 @	B製品 計算法
製造原価	15	1500万/100コ	22	2200万/100コ
変動費	10	1000万/100コ	12	1200万/100コ
製造固定費	5	500万/100コ	10	1000万/100コ

注①
製造固定費の割当て
500万→A製品に
1000万→B製品に

注②
販売・管理費の割当て
3万×100→A製品に
6万×100→B製品に

1 “棚卸資産のマジック”と並ぶ**“どんぶり原価のマジック”のもう一つの代表例は「赤字製品を中止すべきか？」**です。これを一緒に見てみましょう。

2 今、Y社のどんぶり原価（全部原価）メーターを見ると、A製品は売価20万円に対し総原価18万円で、1個売る毎に2万円利益が出ています。
対して、B製品は売価26万円に対し総原価28万円で、1個売る毎に2万円の赤字です。
A・Bとも100個売れているため、A製品は総利益200万円ですが、B製品は総利益−200万円の大赤字です。
そこで、「B製品の販売は中止すべきか？」（ただし、B製品の中止による固定費の変化はない）という戦略問題です。
なお、どんぶり原価1個の中には、左図下段の内訳に示すように固定費が入っています。

3 このような**どんぶり原価を見たときは、（第1ステップ）すかさず1個の原価の中に隠れている回収すべき固定費Fを取り出さねばなりません。**
製造固定費はA製品に500万円、B製品に1,000万円割り当てられています（注①）。
一方、販管費はA製品に3万円×100個、B製品に6万円×100個が割り当てられて（注②）原価計算されています。
したがって、500万円＋1,000万円＋300万円＋600万円＝2,400万が回収すべき固定費総額になります。（解説は次節に続きます。）

シリングローらの多段階貢献利益法の発展

米国のシリングローらはセグメント（事業部・製品・市場など）の個別固定費を管理可能費と管理不能費に分け**【管理可能費控除型のセグメント別管理可能貢献利益のコンセプト】**を明らかにし直接原価計算の活用を発展させた。従来の全部原価による純利益方式のように原価の中に共通費の配賦固定費を混在させることなく、**変動費と固定費を明確に区別管理しつつ、跡付け可能な固有固定費を固定費の特性に応じて段階的に控除することで、各階層・各セグメントの管理可能な全体への貢献利益を段階的に表示する方法**である。（高橋賢著『直接原価計算論発達史』から）

4-16 どんぶり原価のマジックを見破る

固定費割掛けによる“全部原価１個当たりの採算判断”は×。“トータルのF対 mPQ の眼”でマジックを脱出する。

固定費を割掛けたどんぶり原価は採算を錯覚させる。
"固定費対固定費回収力"
F対mPQ
の眼で採算を見抜こう

	単位 万円	現状 A製品	現状 B製品	現状 全社	B製品中止 A製品全社
@採算メーター	P 売価	20	26	23	20
	-VP 変動単価	10	12	11	10
	mP 貢献利益単価	10	14	12	10
	Q 売上数量	100コ	100コ	200コ	100コ
トータル採算構造	PQ 売上高	2000	2600	4600	2000
	-VPQ 変動費	1000	1200	2200	1000
	mPQ 貢献利益	1000	1400	2400	1000
	-F 固定費	B製品の方がF回収力があり F回収に貢献している		2400	2400
	G 利益			0	-1400
	F/mPQ BEP比率			100%	240%

1 前節のデータをもとに、（第２ステップ）“F 対 mPQ の眼”の D/C 型 P/L を整理します。

2 1 個売る毎の mP は A 製品 10 万円、B 製品 14 万円。ともに売上数量 100 個なのでトータル mPQ は A 製品 1,000 万円、B 製品 1,400 万円。
1 個当たり mP・総額 mPQ ともに B 製品が高付加価値品で F 回収力もあり、全社の F 回収に貢献していることが分かります。

3 この結果、B 製品を中止すると mPQ1,400 万円が減少。
対して F は変化がないので、採算は毎月 1,400 万円の損失で大幅赤字に悪化します。

4 売上量 Q と関係なく発生する固定費を割り掛けたどんぶり原価思考（1 個当たり全部原価による採算思考）のマジックを見破り、B 製品は「売れば売るほど損」の中止すべき不採算品ではなく、逆に営業マンが頑張って 1 個売る毎に 14 万円の貢献利益全額が利益を増加させる高付加価値品であることを見抜かねばなりません。
一般に低収益製品を戦略的に整理する際は、**それに代わるより高付加価値の製品がなければ、ただ捨て去るだけではその製品が稼いでいた貢献利益分だけ会社の利益は悪化する。**
“**トータル F 対 mPQ の眼**”で意思決定に当たらねばならない。

自社にとっての最適財務レバレッジ戦略

営業レバレッジに対し**【総資産 / 自己資本＝財務レバレッジ（ファイナンシャル・レバレッジ）】**と呼ぶ。借入金など他人資本の資金力を活用した積極経営度である。自社にとって好況局面で**【利子率＜総資産利益率】なら借入金を活用するほど低利子がテコになって同じ自己資本当たりで稼げる利益（自己資本利益率）が高くなり、逆に【利子率＞総資産利益率】の局面では金利負担が重圧になって逆のテコが働く。**過度であれば倒産リスクもあり、財務レバレッジ自体は体質の良否を意味しない。自社の業況と外部環境動向を十分考慮し、安全性を踏まえつつチャンスを果敢に捉える**【自社にとっての最適財務レバレッジ戦略】**が大切だ。

4-17 B製品集中戦略、ただし労務費増加のケース

採算判断の鍵は【1 個当たりどんぶり原価】ではない。D/C 思考（トータル F 対 mPQ の眼）で意思決定によって変わる部分（増分）のみを比較し判断する。

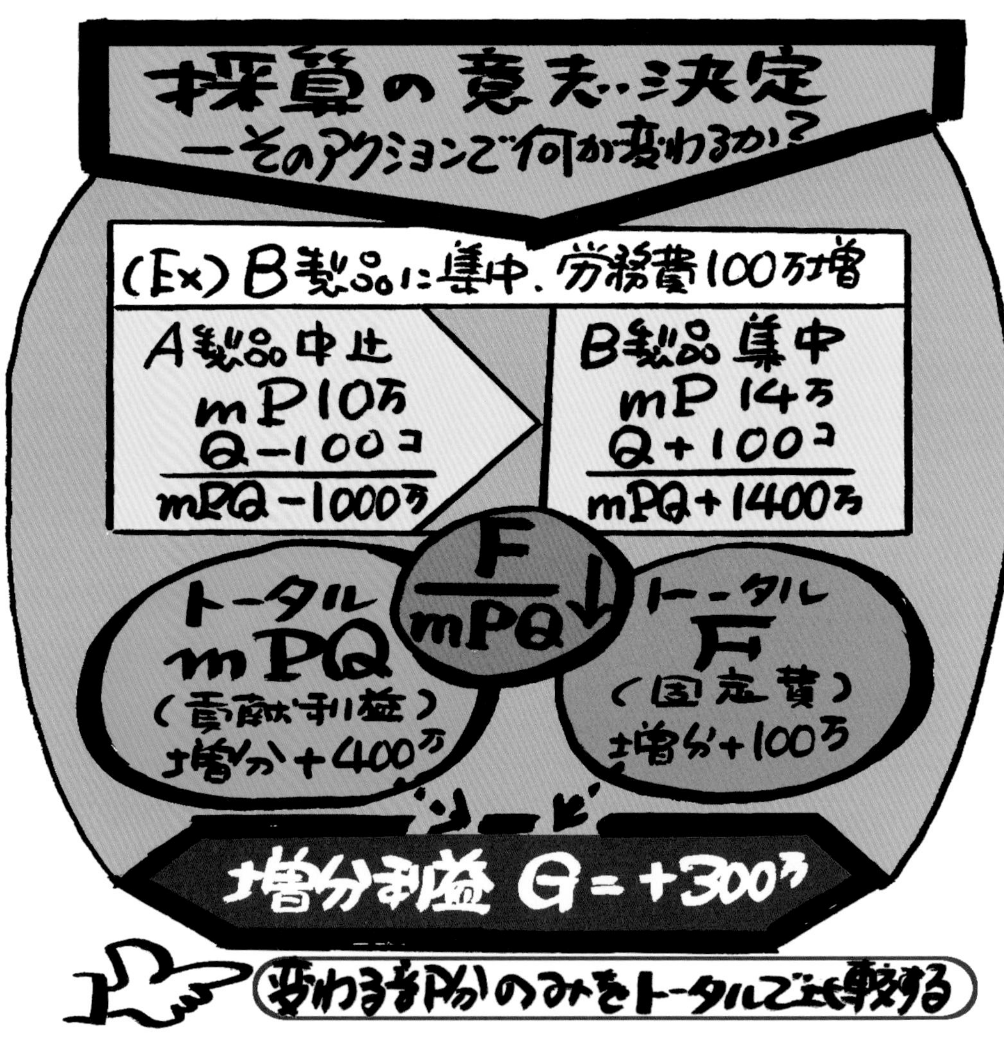

1 これまで見たように、**意思決定は、「その決定が、採算の本質であるトータルのＦ対 mPQ の関係にどう影響するか」で判断せねばなりません。**“採算思考のエキス”です。

2 4-15 のＹ社のＡ製品・Ｂ製品のケースで、今度は「Ａ製品 100 個の生産販売をシフトしＢ製品を 100 個上乗せする集中戦略をとったとし、その場合労務費が 100 万円増加する」というケースを考えた場合、採算はどう変わるかを、この考え方で見てみましょう。

3 Ａ製品の中止により mP × Q ＝ 10 万円× 100 個＝ 1,000 万のマイナス。
Ｂ製品上乗せにより mP × Q ＝ 14 万円× 100 個＝ 1,400 万のプラス。
差引 mPQ 増加分は、1,400 万円－ 1,000 万円＝ 400 万円のプラス。
対してトータルＦの増加分は、100 万円のプラス。
よって、利益Ｇの増加分は、400 万円－ 100 万円＝ 300 万円のプラスです。

4 この**「変化する部分のみをトータルで比較する採算判断の思考法」を「増分原価法」「増分利益法」「増分計算」などと呼びます。**
採算判断の中心的な考え方です。

5 但し、これは極端にシンプル化したケースです。集中は一つの戦略だが、単に現在の製品の収益性ばかりに目を奪われていると危ない。（下記コラム参照）

市場における危険分散を図れ！

どんな製品にも必ず起こることがある。それは斜陽化である。変化に対して最も弱いのは**【かたより】**である。**唯一の製品、唯一の市場、唯一のお得意先は危険**である。製品と得意先の長寿命化を図ることは勿論、企業はあらゆる変化に耐えて存続しなければならぬ。**いつ起こるか分からない外部環境変化に耐えうる強い企業体質をつくる**ことが経営者に課せられた義務である。（一倉定著『社長学』から）

4-18 ピザ屋の出前の損失はいくら？

この問題は簡単なようでなかなか難しい。チャレンジしてみよう。

1 もうひとつ採算判断のケースにチャレンジしてみましょう。
ここにピザ屋さんがあります。
午後２時頃のお店が大変暇な時、ピザ２枚の電話注文がありました。
早速２世の息子さんが配達に出かけましたが、道の大きな石に乗り上げスクーターが転倒。幸い怪我はありませんでしたが、ピザ２枚が道に落ちてダメになったため、急いでお店に戻り、新しいピザ２枚をお客さんに届けました。

2 さて、このときダメにしたピザ２枚の損失はいくらかという問題です。
簿記が得意の息子さんが作ったピザの原価データは左図の通りです。

日本発の“現場知”によるイノベーション創造理論

1990年代に一橋大学の野中郁次郎教授が発表した“現場知”から生み出される“日本発のイノベーション理論”は世界に大きな影響を与えている。

●この野中理論は、“イノベーションの第一のカギ”は、個人が**“直接現場体験”の中で創造している“コトバにしにくい体験したものでないと分からない現場知（カン・コツ・直感など。暗黙知と呼ぶ。）”の中にある**とする。

●そして第二のカギは、埋もれている「**暗黙知**」をオープンにコトバに出し合い見える化し、つなげ伝承できる**チームの財産としてワイワイ「共有化する（ノウハウのマニュアル化など。形式知と呼ぶ。)」こと**だと。

●この**「現場の個人の宝の知恵」を「チームの財産」に転換するサイクル**を、暗黙知（個人）⇒共有化⇒形式知（チーム）⇒実践⇒暗黙知（個人）⇒共有化⇒形式知（チーム）⇒実践……と、**絶えず相互作用させ発展させることで日本的経営の独創的なイノベーションが続々と誕生**していったのだと。

●野中理論は、イノベーションのカギを自身のサラリーマン体験に基づいて「机上の理論」から「“現場体験”の共有化」に取り戻した画期的方法だ。そのカギは、**行動的な個人とカベを作らない風土と共有化のキーマン中間管理職のリード**にある。

(野中郁次郎他著『知識創造企業』から。)

4-19 閉店まぎわのピザ 3枚のもうけはいくら？

管理職研修でこの問題をテストすると千差万別の答えが返って来る。

1 前節の問題は、簡単なようでなかなか難しいのです。
管理者研修などで同種の質問をしても千差万別の答えとなるのが常です。
さて、引き続き第２問です。

2 同じピザ屋さん。夜８時、今日はよくお客が入ったし、もう来る気配がないので閉店にすることにしました。
２世君がのれんを片付けていると、３人家族が飛びこんで来ました。
遠路駆けつけて来たので何とかピザ３枚をぜひ作って欲しいとの注文に、パパシェフの判断で注文に応じることにしました。
さて、このピザ３枚の注文で、お客さんが来る前にお店を閉めていた時と比べて、お店はいくら儲かったことになるでしょうか？

人生会計の無限利益創造方程式！

筆者は定年後郷里の大学でキャリアプランニングの講義をした。その一番人気の授業が切り貼り絵カットによる“**らくがき自分史**”づくり。まだ19歳そこそこの大学１年生達が出来上がったMY自分史を見て“**ご縁によって人生に不思議が起きた！　これからもきっとご縁を大事にすると面白いことが起きる！**”と大感動した風景が忘れられない。その時リレーした人生創造方程式が**【自分×ご縁＝∞】**。定年前職場が隣同士だったご縁で在家仏教協会の機関誌編集長内藤喜八郎さん（協和発酵創業者加藤辨三郎博士の仏教の愛弟子で珠玉の名著『ほとけの大地』の著者）と友達となり、お昼休み皇居のまわりを仏教の授業を受けながら散歩するのが楽しみだった。ある日の授業で「仏教で言う“**因縁果**”とは、“**自分はご縁によって無限になる**”という意味です。」と言われたのが忘れられない。**勇気を出して門を叩くとご縁が拓け、ご縁は行動する前には考えもつかなかった不思議に人生を誘う。ご縁こそ歓びであり人生創造の秘訣だ。**

4-20 “F対mPQの眼”で“変わる項目”を比較する

採算戦略判断の鍵は、【1個当たりどんぶり原価思考のマジック】を脱し、トータルF対mPQの眼で両者の変化分に着目すること（D/C思考＋増分計算）だ。

“F対mPQの眼”で、変わらない項目は除外し“変化する項目のみを比較”する

	採算の眼 D/C	A 出前2枚落とさなかった時の採算	B 出前2枚落とした時の採算	ABの差額 落とした時の変化分
落としたケース	PQ 売上高	700×2=1400	1400	変わらず
	→vPQ 変動費	200×2=400	400+200×2	+400
	mPQ 貢献利益	500×2=1000	600	−400
	→F 固定費	F変わらず	F変わらず	F変わらず
	G 利益	+1000	+600	−400

	採算の眼 D/C	A お店を閉めた時の採算	B 閉めずに3枚売った時の採算	ABの差額 売った時の変化分
閉店時のケース	PQ 売上高	+0	700×3=2100	+2100
	→vPQ 変動費	+0	200×3=600	+600
	mPQ 貢献利益	+0	500×3=1500	+1500
	→F 固定費	F変わらず	F変わらず	F変わらず
	G 利益	+0	+1500	+1500

☞ これは暇な時（手余り状態）だった。お店が満員（手不足状態）の時など機会損失があれば別。

1 4-18、4-19 の２つの問題を解く上でも、4-17 で述べた「F 対 mPQ への影響は何か？」「増分の考え方」が威力を発揮します。
“F 対 mPQ の眼” で変化（差額）分のみを比較します。

2 「落としたケース」では、落とさない時よりピザ２枚の材料代（変動費）だけが変わりますから、mPQ も G も２枚分の変動費だけ損失となります。

3 「閉店時のケース」では、ピザ３枚の売上が追加されます。
すなわち、売上が増加するときの利益の増加＝貢献利益の増加（売上－変動費分が増加、F は変化なし）です。

4 **採算の戦略判断をする時の急所**は、「**１個当たり全部原価による判断のマジック**」にはまらないようにし、「**トータル F 対 mPQ の眼（D/C 思考）で両者の変化分・増分に着眼すること（増分計算）**」です。
「D/C 思考＋増分計算の採算戦略思考」をぜひ駆使しましょう。

採算意思決定のワナと鍵（DC 思考＋増分計算）

採算とは要したすべての原価を回収することだと、固定費を綿密に配賦した全部原価を数量で割って**【単位当たりの全部原価で採算判断する】**という考え方をすると、**【全部原価のワナ】**にはまりすべての場合に間違う。会社全体で変わらない原価を１個当たりに割掛けるため、単位当たりの割掛け原価が数量によって違ってくるからだ。**【固定費を配賦した単位当たりの全部原価で採算判断する】**という考え方はきれいサッパリ捨て去らなければならない。急所は**【会社全体の原価】**であり、**トータル採算の眼＝【トータル固定費 F 対トータル貢献利益 mPQ】**（ダイレクト・コスティング思考）である。一方、このとき**【固定費を変化しないと思い込む】**と逆に**【ダイレクト・コスティングのワナ】**にはまる。**【その意思決定によってトータル F とトータル mPQ の戦略要素の何がどれだけ変化するかを増分計算でつかむ】**こと。採算判断の鍵は**【トータル固定費 F 対 mPQ（ダイレクト・コスティング思考）による増分計算】**である。（一倉定著『一倉定の経営心得』から）

4-21 F/mPQ!!——絶対倒産しない会社づくりの座標軸

今のアクションが持ち場の座標軸 F/mPQ の各要素にどう影響するか？　全員が【共通語】で響き合い相乗効果を発揮するとき強い企業が生まれる。

1 **企業経営は絶対に倒産を防ぐ必要があります。**
倒産は多くの人々を不幸にし、企業の目的とする使命が達成できなくなるからです。
では、そのような**強い経営体質はどうしたら作れるのでしょうか？**

2 "**新幹線型組織**"で全員が羅針盤をもって経営に参加し、"**持ち場のF（自分がコントロール可能なF）"を効果的にマネージ**し、"**持ち場のmPQ（全体への貢献利益）**"をMAXにしていくことで、ミラクルなF/mPQ改善の相乗効果が実現します。

3 **BEPのシンボル比率F/mPQ**、すなわち回収すべき固定費F対Fを回収し利益を創造する貢献利益mPQのシンプルな"**採算のメカニズムの眼**"は、その**強い経営体質づくりの座標軸**を与えてくれます。
合言葉は"そのアクションがF/mPQにどう影響するか"。
このシンプルな思考は経営の神髄を表しています。

0-3で述べた3つの絵の「第3のメカニズム」の意味をつかめたでしょうか。
"会計の3つの眼の絵"をマスターしたところで、次章では企業倒産を防ぐ、B/S強化のための資金戦略の眼について学習していきましょう。

野村の結論―無限利益と最高資産

「人気では長島と勝負にならなかったし、記録でも王に抜かれた。でも、人を残したということでは、二人に勝てたかな。……だからこそ、言いたい。その人のもとからどれだけの人材が羽ばたくことができたか。リーダーとしての価値は、最後はそこで決まると言ってもいいのではないだろうか。」（野村克也『野村の結論』）**人材の成長こそ連綿とリレーする企業の無限利益**である。**人を育てる管理者・リーダーこそB/Sには出ないが企業の無限利益を生み出す最高資産**と言えよう。

4章 急所プレイバック♫

Q1. これが見破れない会社は危い！

- L社の6月度売上台数は、前月10,000台/月から7,000台/月の30%ダウンし、回復の見通しが立っていません。そこで役員会議で、

A案 従来通り100%操業を続ける
B案 操業を70%に落とす

のいずれに舵を切るべきか検討中です。なお、多くのメンバーが、操業70%に落とすB案では原価割れになり、売れば売る程赤字が出ることを危惧しています。下記データを参考に、A・Bのどちらのほうが良い案か判断してください。

J社6月度損益計算書によるデータ ※@：1台当たり

	(A案)	(B案)
@売　価	84,000円	84,000円
@変動費	50,000円	50,000円
@固定費	28,000円	40,000円
@総原価	78,000円	90,000円
@損　益	6,000円	−6,000円
売上台数	7,000台	7,000台
損益トータル	4,200万円	−4,200万円

Q2. ウナ丼屋とトンカツ屋の損はどれ？

● 今、お客がドンドン入って注文に追いつかないくらい流行っているウナ丼屋（作ったらすぐ売れ毎日必ず売り切れになる状態…手不足状態）とヒマで仕方がないトンカツ屋（人手も設備も遊んでおりお客の入りの多少が売上を左右している…手余り状態）があります。ウナ丼屋、トンカツ屋ともに来客の注文したウナ丼、トンカツを店員が地面に落としてしまったので、新しいものに作り直しお客へ出し代金を受領しました。ウナ丼、トンカツともに原価は次のようであった。この時ウナ丼屋とトンカツ屋の損はいくらか、下の解答例からそれぞれ選びなさい。

ウナ丼、トンカツの１個当たり費用

売価	……	2,000円	A
材料費	……	800円	B
人件費	……	400円	C
償却経費	……	200円	D
利益	……	600円	E

解答例

❶ 1,400 円 ····１個当たりの費用合計　B＋C＋D

❷ 1,200 円 ····材料費と人件費　B＋C

❸ 800 円 ·······材料費　B

❹ 600 円 ·······利益のあげそこない　E

❺ 800 円 ·······償却経費控除前利益のあげそこない A - B - C

❻ 1,200 円 ····貢献利益のあげそこない　A - B

❼ 2,000 円 ····売上のあげそこない　A

Q3. 夏場ホテルの冬場新戦略

- Kホテルは、夏期（4月～10月）は黒字ですが、冬期（11月～3月）は赤字です。そこで、専門家に依頼したところ データA のような分析レポートが届き、現行冬期利益のマイナス削減のために値上げを提案されました。しかし、社長は、値上げしてはとても客は来ないと考え、データB のような【冬期ネット利用特別料金プラン】（夏期宿泊料金は据え置き）を企画しました。しかしながら、専門家の データA の全部原価情報が気になり判断に迷っています。そこで、

（ア）データB で見込み客数が実現した場合の年間利益増加額

（イ）現行料金の年間利益より損をしないための データB の1カ月当たり採算人数を求めなさい。

基本（現行料金）データ

❶ 1人当たり宿泊料（通年）：18,000円　❷ 1人当たり材料費（変動単価）：2,000円
❸ 1月当たり固定費：100万円　❹ 夏期利用客：250人/月　❺ 冬期利用客：25人/月

データA：専門家の1人当たり全部原価分析と現行利益

❶ 夏期固定原価/人＝100万円÷250人＝4,000円
❷ 冬期固定原価/人＝100万円÷25人＝40,000円
❸ 夏期全部原価/人＝変動単価2,000円＋固定費4,000円＝6,000円
❹ 冬期全部原価/人＝変動単価2,000円＋固定費40,000円＝42,000円
❺ 現行夏期利益/人＝18,000円－6,000円＝＋12,000円
❻ 現行冬期利益/人＝18,000円－42,000円＝－24,000円

データB：冬期ネット利用特別料金プラン

❶ 1人当たり宿泊料：9,000円
❷ ホームページのリニューアル投資：固定費60万円/年の増加
❸ 見込み客人数：150人/月

Q1

答：B案（どちらも赤字だが、A案は財務的に不健全）

(1) まず、全部原価の中からまず回収すべきトータルのFをつかみましょう。
F＝@固定費×生産台数＝28,000円×10,000台（＝40,000円×7,000台）＝2.8億円

(2) 次は、A案・B案をD/C型P/Lに整理し直しましょう。

（単位：万円）	A案	B案	
P	8.4	8.4	
－vP	5.0	5.0	
mP	3.4	3.4	※Fの回収パワー
Q	7,000	7,000	※売れる台数はどちらも7,000台
PQ	58,800	58,800	
－v PQ	35,000	35,000	
mPQ	23,800	23,800	
－F	28,000	28,000	※操業率に関係なく2.8億円のFが発生
G	－4,200	－4,200	
F/mPQ	117.6%	117.6%	
BEPのQ	8,235台	8,235台	

(3) 生産量に対応して利益が変動する全部原価によるP/Lでは、A案が黒字、B案が赤字に見えますが、(2)のD/C型P/Lから分かるように、正しい損益は両案とも4,200万の赤字です。また、B案は売れば売るほど赤字が膨らむように見えますが、それは錯覚であり、1台売るごとに3.4万円ずつFが回収され、8,235台を売るとBEPに達します。

(4) しかしながら、資金繰り面では違ってきます。両案とも収入は同じですが、A案は毎月3千台ずつ在庫が増加するため、運転資金・金利・倉庫料の増加に繋がります。そのため、不良在庫・黒字倒産の原因を抱えるA案は財務的に不健全ということになり、B案のほうが正しい案であることが分かります。…解答

(5) どんぶり原価の採算感覚が共通語の経営会議を行っている会社の経営は危ない！

Q2

答：ウナ丼屋…⑦、トンカツ屋…③

(1) ウナ丼屋（手不足状態）では、落とした時、当然売れていたはずの1個分の売上2,000円が入らなくなる（手不足で追加で売れない。）。費用は全部売り切った時と変動費も固定費も不変なので、その差額分の1個の売上分がまるまる損失になる。…解答

(2) トンカツ屋（手余り状態）では、落としても、また売れば1個の売上2,000円は入って来るので不変。変動費は落とした分の800円が余計にかかる。固定費は不変であるので、変動費分800円の損失となる。…解答

(3) 1個当たりのどんぶり原価で考えると間違う。採算の戦略判断は、費用の動きを1個当たりに比例する変動費（材料費）と比例しない固定費（人件費・償却費など）に区分する。（ダイレクト・コスティング思考）そして比較する2つのケースの採算要素の 差額分・変化分 に注目する。（差額原価または増分原価の考え方と言う）なお、このケースのように、手余り状態 と 手不足状態 では違うことに注意を要する。

Q3

答：（ア）265万円　（イ）75人/月

(1) 利益の増減は、回収すべきトータルの赤字費（＝固定費F）の動きとトータルのF回収力（＝貢献利益mPQ）の動きの関係で決まります。この“採算の眼”でmPQとFの変化分（増分）に着眼し、D/C型のP/Lに整理して比較します。

（単位：万円）		現行の冬期 mPQ	データBの冬期 mPQ	データBの冬期 mPQ	
月間	P	1.8	0.9	＋0.9	
	－vP	0.2	0.2	±0.0	
	mP	1.6	0.7	＋0.9	
	Q	25人	150人	＋125人	
	PQ	45	135	＋90	
	－vPQ	5	30	＋25	
	mPQ	40	105	＋65	
トータル※	mPQ	200	525	＋325	※月間mPQの5ヵ月分
	F			＋60	
	G			＋265	…（ア）の解答

(2) データB のプランが現行料金より損をしないための必要回収固定費F
＝現行料金の冬期合計mPQ＋固定費Fの年間増分
＝40万円×5カ月＋60万円＝200万円＋60万円＝260万円
したがって、1カ月当たりの採算人数＝（必要回収固定費F/一人当たりmPQ）÷5カ月
＝（260万円/0.7万円）/5カ月≒75人…（イ）の解答

(3) 利益の増加額265万円＋150人のお客様（無料のセールスマン＝リピート固定客づくり⇒夏シーズンのお客様・他のお客様への波及効果期待）のネットワークが期待でき、Bプランは前提条件が実現すれば採算改善に貢献すると考えられます。

(4) なお、データB 採用時の冬期利益G＝（新料金9,000円－冬期全部原価/人）×150人
＝－33,000円×150人、という具合にどんぶり原価を人数に掛けて採算を判断すると間違います。全部原価はお客様の人数が25人のときのどんぶり原価であって、異なる人数には対応していません。

(5) この社長の“直感”はとても大切!! 加えて“採算戦略の眼”の武装が力となります。特に（イ）の問題のように、新企画のBEP人数を抑えることは、経営者として不可欠です。

(6) データB のように市場を限定して価格差をつける戦略を「差別価格政策」と呼びます。

“第2の絵”から資金戦略へ

——黒字倒産とキャッシュフローの原因を制御する

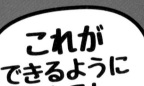

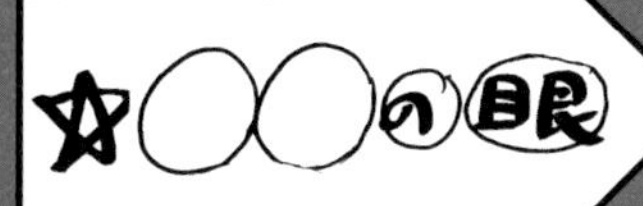

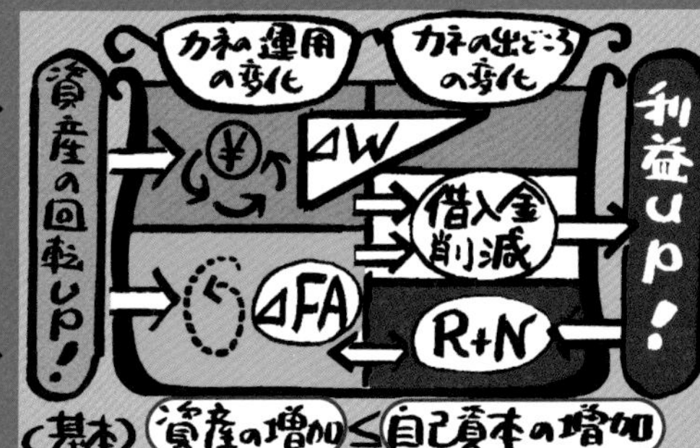

これができるようになる!

第５章の目標設計図

❶【勘定合って銭足らずの犯人】を言える。(5-3, 4)

❷【B/Sの“カネが寝る”制御の鍵指標】を言える。(5-5, 6)

❸【増加運転資金⊿Wの三角形】の計算式・意味・制御の鍵を言える。(5-8, 9)

❹B/Sの自己資金のシビアな源泉は【留保利益R＋減価償却費N】である理由を言える。(5-10)

❺資金繰りの現金流入の最大動力【営業活動キャッシュフロー】の骨太の計算式を標語で言える。(5-11 ～ 13)

❻第3の財務諸表【キャッシュフロー計算書の3ステップ】から現金の流れと財務戦略を読める。(5-14, 16)

❼【資金計画としてのフリーキャッシュフロー(FCF)】のおおまかな算式と戦略的意義を言える。(5-15)

❽設備投資の借入金・返済期間の予想純利益・減価償却費N・増加運転資金から【投資可否判断】を言える (5-18)

❾黒字倒産を防ぎ、財務体質を改善する【資金戦略の2つの打ち手】を言える。(5-21)

5-1 若き女性専務の見事な動き

“一人のお客さん”と“資金の回転”を大事にするそのセンスに感動!!

1 **黒字倒産。利益は黒字なのに資金が赤字で倒産する！**このようなことがなぜ起きるのでしょうか？
第５章では、黒字倒産を防ぎ、B/S を強化する資金戦略の眼に挑戦します。

2 私事で恐縮ですが、数年前に台所の排水トラブルに見舞われました。しかし、その日は休日だったため、どの工務店も電話が通じず困り果てました。
なんとか隣町にある小さいが繁盛している工務店を見つけだし門を叩いたところ、対応してくれた 40 歳前後の若奥さんは私の状況をしっかりと受け止め、休日にも拘わらず緊急の小工事を快諾してくれました。
その後すぐに職人さんを回してもらい大変助かりました。

3 その若奥さんは女性専務だったのですが、**一人のお客さんを大事にするセンス**に感動！
しかし、その翌日にまた驚かされました。
朝一番に代金回収に来宅されたのです。
「**お客さんをファンにする鍵**」と「**資金の回転**」を知っているこの女性は、最早立派な経営者だと感心しました。

4 資金繰りと営業を一人でやっているこの専務と違って、機能を分担している多くの企業では、「資金が寝る恐さ」が実感として分からないという弱点があります。
「資金の回転」の意識が弱いと、利益は黒字でも B/S は知らぬ間にメタボな体質に一変し、資金繰りが窮迫します。
最適在庫や売掛債権の早期回収など資金の回転を上げる仕事の仕組みをつくり、普通のこととしてやり抜いている企業というのは、**非常に実力のある営業体質の企業**なのです。

5-2 当期の現金収入はいくら？

売上を伸ばすと同時に、代金回収のマネジメントが経営のキーポイント。

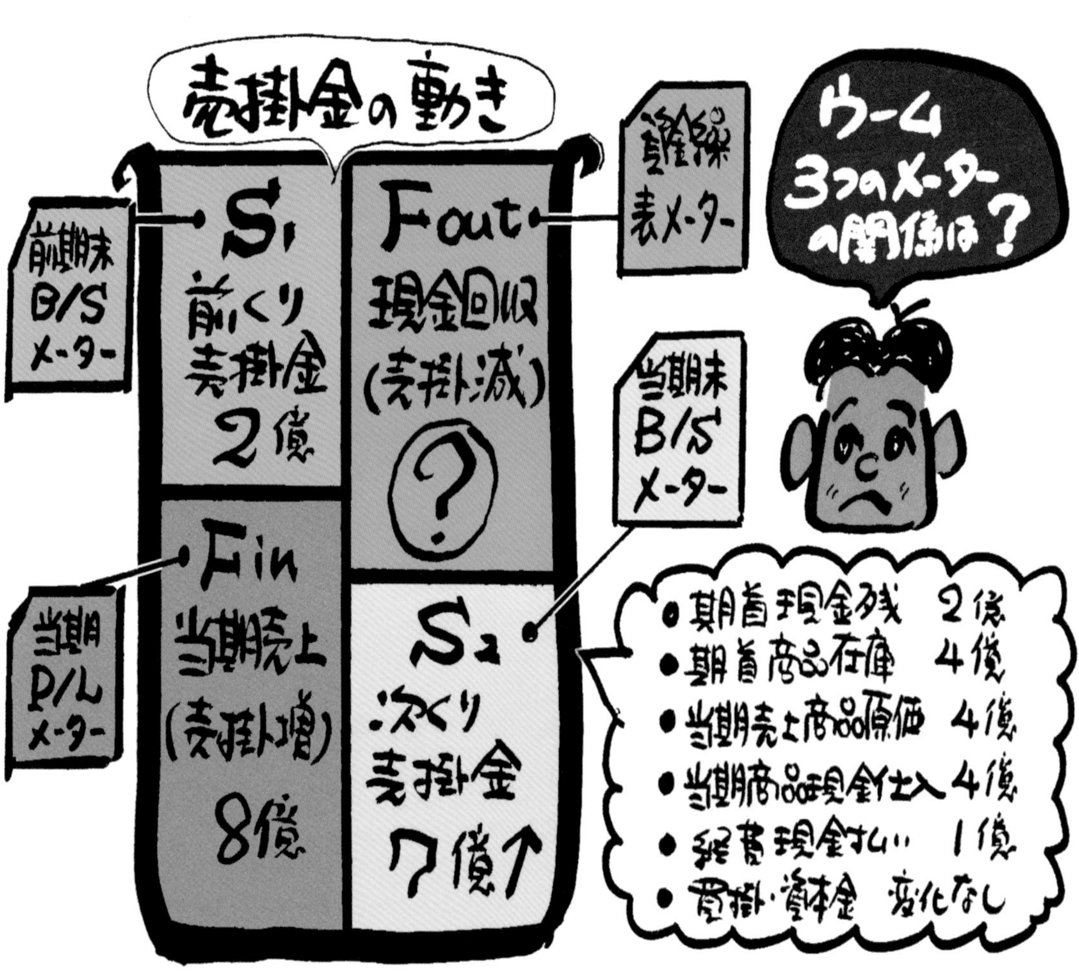

[1] 前節の女性専務の機敏な代金回収の動きとは逆の動き方をすると、売掛金はみるみるうちに溜まっていきます。
今Ａ社の売掛金は図のような動きをしました。
さて、Ａ社の資金繰り表※の当期の売上現金収入はいくらになるでしょうか？

[2] この“**風呂桶チャート**”の計算の仕方は、1-3でマスターした通り
「S_1 + F.in − F.out = S_2」
の“**風呂桶方程式**”です。
すなわち、前期繰越売掛金２億円（S_1）に、当期売上による売掛金増８億円（F.in）を加え、次期繰越売掛金７億円（S_2）――B/Sでカネが寝た！――を差し引くと、当期の売上現金収入（売掛金減）は３億円（F.out）だったことが分かります。

[3] **売掛金のマネジメントが悪いとみるみる不良債権が溜まります。**中小企業の３分の１はこの売掛過剰タイプの倒産、**代金の回収管理は経営のキーポイント**です。

[4] Ａ社のその他の勘定の動きが下記の通りであったとしたら、この会社の**【P/L】【B/S】【資金繰り表】の３つのメーターの動き**はどうなるでしょうか？（この３つのメーターを財務３表と言います。この動きを読むことは、**経理の達人の専売特許**でした。そこでこれに挑戦してみましょう。）

① 期首の現金残高は２億円だった。
② 期首の商品在庫は４億円だった。
③ 当期売上げた商品原価は４億円だった。
④ 期中に商品４億円を現金で仕入れた。
⑤ 期中に経費１億円を現金で支払った。
⑥ 買掛金・資本金の変化なし。

※ 一定期間の現金収入と現金支出を分類・集計した表で、実際のカネの動きを見ることができます。

5-3 B/S でカネが寝た分 資金繰り表の現金が減った！

「P/L メーター」の利益と「資金繰り表メーター」の現金のギャップの原因は、「B/S 風呂」の“カネが寝る”—— 財務 3 表の連結ピンは B/S のカネ

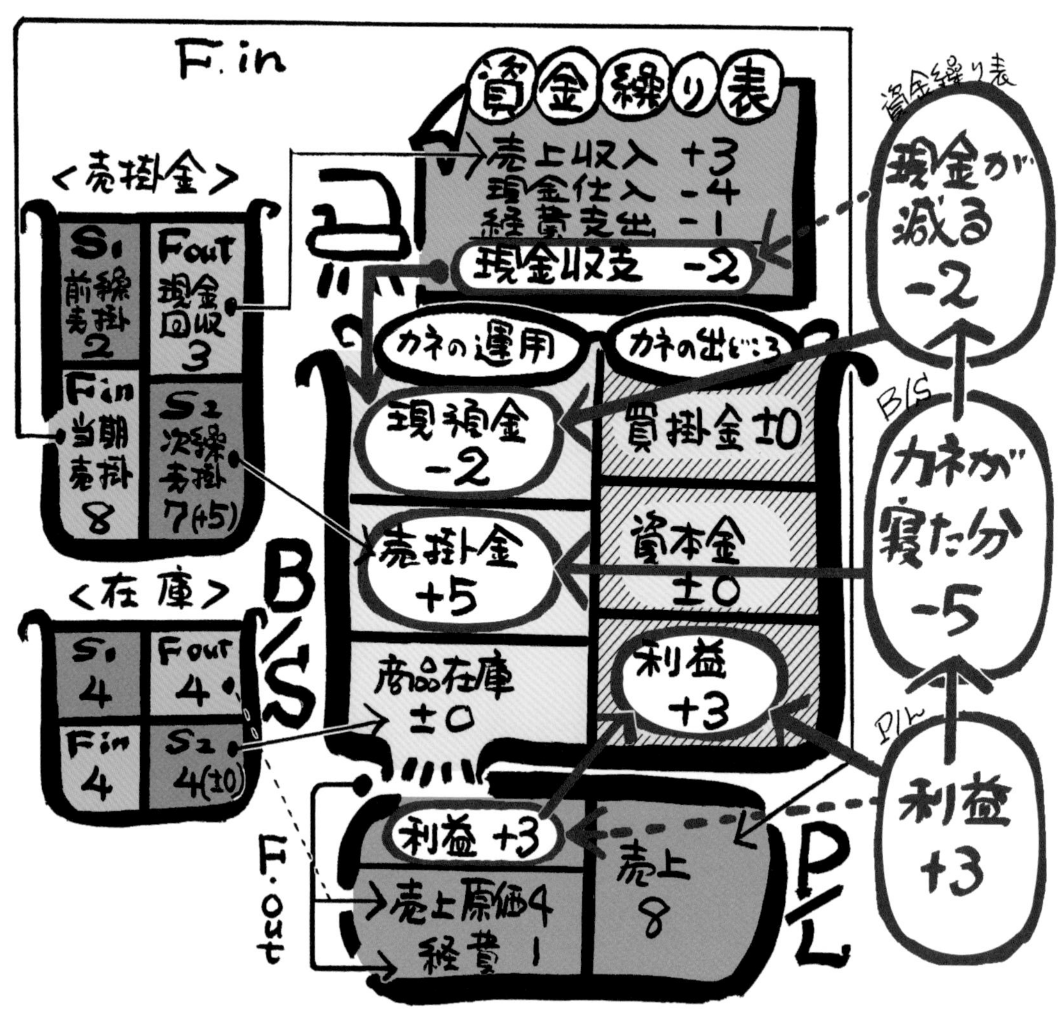

1 まず P/L メーター（左図右下）の動きを見ます。
掛け売りして売上げた F.in が８億円、出て行った商品原価（4 億円）と経費の支払い（1 億円）で F.out が計５億円なので、差引き P/L の利益は３億円出ました。

2 次に資金繰り表（左図右上）の収入と支出の動きを見ます。
売上現金収入は前節から３億円だけです。
これから商品の現金仕入れ（4 億円）と経費の支払い（1 億円）の計５億円を差引くと、資金繰り表の現金収支はマイナス２億円となります。
利益は３億円出たのに現金は２億円の赤字。
この原因は何でしょう？

3 そこで B/S（左図右中）のカネの残高の変化を見ると、カネの出どころ側は、資本金と買掛金は変化なく、P/L から利益３億円が流入しました。
一方、カネの運用側は、在庫に変化はなく※1、売掛金は５億円増※2と大きなカネが寝ました。
流入３億円－寝たカネ５億円＝－２億円の現金マイナスです。
つまり、**B/S でカネが寝た分、現金が減った**のです！
結果、期末時点の現金は、期首現金残高２億円－２億円＝０円となります。
危ない！

4 **「P/L メーター」の利益と「資金繰り表メーター」の現金のギャップの原因は、「B/S 風呂」の“カネが寝る”**だったのです。B/S は財務３表のカネの動きの連結ピンになっており、その**カギは“B/S のカネが寝る”**にあることが分かります。

※１ 左図左下参照。$S_1 = S_2 = 4$, $S_2 = S_1 + F.in - F.out = 4 + 4 - 4 = 4$
※２ 左図左上参照。$S_2 - S_1 = 5$, $S_2 = S_1 + F.in - F.out = 2 + 8 - 3 = 7$

5-4 「勘定合って銭足らず」のメカニズム ——犯人は“カネが寝る”！

黒字倒産の原因は“B/S のカネの動き”にあった！

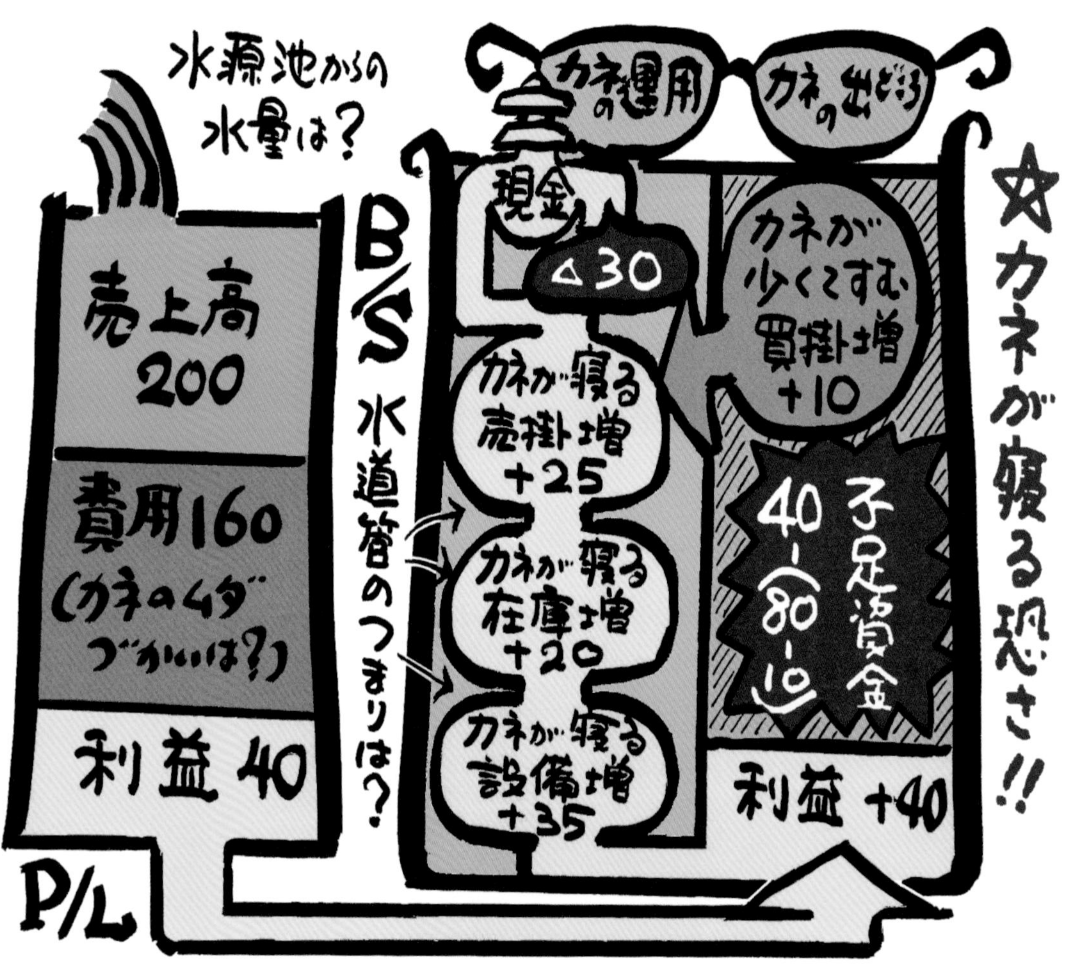

1 違う図を使って、もう一度カネの動きを見てみましょう。
今、左図のように、P/L の水源池から B/S のカネの出どころの下に、当期の水量（利益＝自分のカネ）が 40 入ってきたとします。
もし利益と現金の動きが全く同じだとすると、B/S のカネの運用の一番上の水道の蛇口から 40 の水（現金）が出て来るはずです。
ところが蛇口から出たのは－ 30 の水（現金）不足でした。これはなぜでしょう？

2 その答えは“**カネが寝る**”からです。
すなわち、“**B/S の複眼**”で見ると、“**目に見えるもの（＝カネの運用）**”では、合計 80（＝25 ＋ 20 ＋ 35）のカネが資産の形で寝ました。
一方、“**目に見えないもの（＝カネの出どころ）**”では、利益以外のカネの出どころとして、買掛（信用による他人のカネ）の増加が 10 でした。
この分のカネは少なくて済むので、自分のカネ（利益）40 からカネの運用 70（＝ 80 － 10）を差し引いた 30 の現金が不足したわけです。

3 問題はこの**カネの運用の中身**です。
寝たカネが**ドンドン回転**して利益を生み出せば、水源池の水量が増え資金繰りは楽になります。
しかし、油断して膨大な資金がぜい肉として水道管の中で**固定化**すれば、身動きがとれなくなります。
「勘定合って銭足らず⇒黒字倒産」のメカニズムの制御――そのカギは B/S 上の“カネが寝る”の制御なのです！

5-5 メタボ体質はどちら？ ——“カネが寝る”制御の鍵“回転”

1 枚の B/S で読めないメタボ度を、“P/L との合わせ技”で読む技術。

B/Sの筋肉の“回転”を調べる方法は？

A社 売上高120億円/年

資産		負債・資本	
流動資産	100	流動負債	65
現預金	20	買掛金	25
売掛金	50	短期借入	40
在庫	30	固定負債	50
固定資産	50	資本	35
総資産	150	総資本	150

B社 売上高120億円/年

資産		負債・資本	
流動資産	55	流動負債	40
現預金	20	買掛金	15
売掛金	20	短期借入	25
在庫	15	固定負債	20
固定資産	40	資本	35
総資産	95	総資本	95

1 今、A 社と B 社の B/S があります。ともに売上高 120 億円、自己資本 35 億円のライバルです。自己資本比率は B 社が良く、流動比率、当座比率は A 社が良いように見えます。果たして、財務体質・資金繰りは、どちらのほうが良いでしょうか。（業種他条件は同じとします。）

2 1 枚の B/S だけではつかめない財務体質が、P/L と関連させて読むことによってつかめます。すなわち、B/S の“**目に見えるもの**”側で寝ているカネが、P/L の売上獲得のためにどのくらい使われているか、あるいは使われずに寝ているか（ぜい肉か）を見るのです。このような見方を「回転」と呼びます。**“カネが寝る”の制御の鍵は“資産の回転”**。
この眼で A 社と B 社の B/S のカネの動きを見てみましょう。

予告編！第５章 CF 戦略の“ヘンテコ語”主役紹介

本書では**倒産しない B/S をつくる源泉＝留保利益 R** をベースとして CF 戦略を展開する。

【留保利益 R】……**税引後純利益－支払配当金**。B/S の利益剰余金を積み増す原動力。

【減価償却費 N】……**減価償却費**を代表とするすべての**非現金費用 N**。引当金増減や資産評価損益・資産売却損益など。※この分は現金増減しないので（資産売却損益は投資 CF 項目なので）“戻し計算*”する。

【R＋N】の発見……**償却前留保利益**。（減価償却費を代表とする非現金費用 N を留保利益に戻し計算した社内に残っている使える自分の現金）＊非現金費用の戻し計算は米国フィネーらが発見した。

【⊿W の三角形】……**売掛増（減）＋在庫増（減）－買掛増（減）の三角関係＝増加運転資金（減少運転資金）**。稼いだ利益のうちこの⊿W が増えた場合（増加運転資金）はカネが寝て使える現金が減る、⊿W が減った場合（減少運転資金）は使える現金が増える。

【R＋N－⊿W】……**営業活動から生まれる正味手の平に残る現金。**→**【営業 CF（キャッシュフロー）－支払配当金】**。利益が上がっていても**この分しか現金は社内に残らない！**本書では“営業 CF より厳しい営業 CF”という意味で**【骨太の営業 CF】のニックネームで呼ぶ。**

★★外部報告書の CF 計算書では、配当は営業 CF から引かず財務 CF で引くのに、**“本書では厳しい骨太の営業 CF を主力に使う”。これは本書が管理会計を主眼としており、**京セラ会計を始めとする各社の **B/S 改善の R の戦略**と筆者の会計の師経営分析の大家後藤弘氏の**“キャッシュはこれしか社内に残らない！”の着眼重視**に基づく。

5-6 “回転期間 B/S”でメタボを断層撮影する

“資産の回転期間”が延びるほど、“目に見えないもの”側で借入金が増加する。

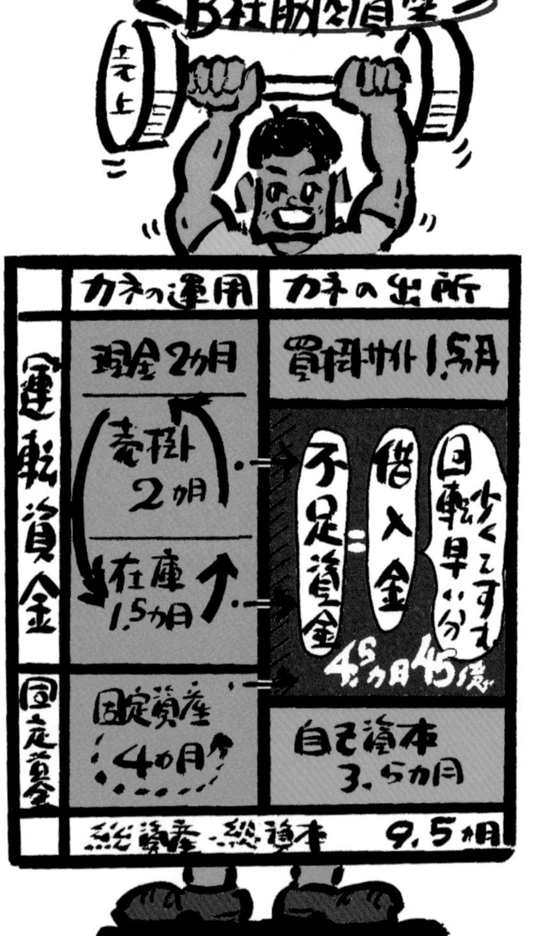

[1] １カ月分の売上高10億円で各資産を割ると“**資産の回転期間**”が出ます。
この“**回転期間B/S**”を展開してみると、B社の運転資金は現金になるのに3.5カ月寝ている（売掛２カ月＋在庫1.5カ月）のに対して、A社は8.0カ月（売掛５カ月＋在庫３カ月）寝ています。
総資産で見ると、同じ年商120億円を上げるのにB社が9.5カ月なのに対し、A社は15.0カ月もカネが寝ていることが分かります。

[2] “**目に見えるもの**”側でカネが寝ている分だけ“**目に見えないもの**”側で資金不足となり、A社はB社に比べて45億円（短期借入金15億円＋固定負債30億円）も多い借入金を抱える体質になっていることが分かります。
この**活躍しない体重の多い分**だけ、負担（金利）の大きい息切れしやすい（資金繰りが苦しい）メタボな財務体質になっており、**知らぬ間に黒字倒産に陥る危険**があります。

[3] 製造でも販売でも「**回転を上げる**」こと、**回転期間の短縮＝分母（売上）アップと分子ダウン（ムダな資産を抱えない）の工夫**が、**資金効率を上げ自己資本比率を高める重要な戦略**なのです。
なお、**総資本回転率**（売上高／総資本）が**１回転を割る**のは、会社の規模にもよりますが**要注意**です。

“在庫恐怖症”—在庫の考え方がないのが問題

在庫恐怖症にかかるとただやみくもに在庫節減してしまう。在庫の正しい認識をしようとしない。ここに問題がある。特に経理担当と社長が重症になる。如何に有効な販売促進も経理の「それは金利が高くなります」の一言でつぶれてしまう。これは経理が悪いのではなく**在庫の正しい考え方を勉強しようとしない社長に全責任がある。**在庫の削減システムが開発されたと聞くと無批判にとびついて売上不振のおおやけどをする。（一倉定著『一倉定の経営心得』から。）—**同時に起きているチャンスに玉切れと不良在庫の山。適正在庫のしくみと戦略、企画・生産・販売のコミュニケーションに実力が要る。**

5-7 B/S のカネの動きを読む技術 ——カネはどこからどこへ？

資金の解読技術は、“比較 B/S のワザ” ➡ “資金運用表のワザ” ➡ “キャッシュフロー計算書のワザ” のホップ・ステップ・ジャンプで進化した。まず “比較 B/S のワザ” から。

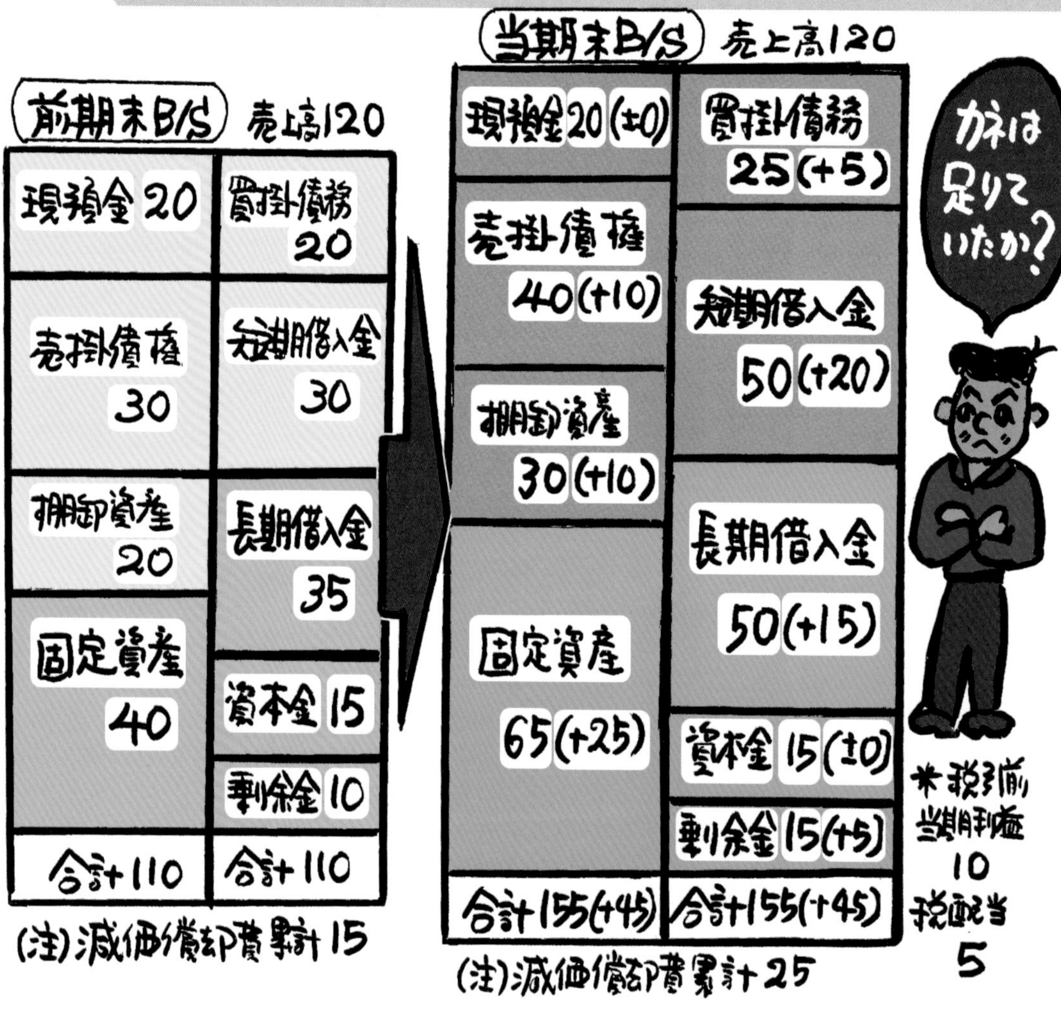

前期末B/S 売上高120

資産		負債・純資産	
現預金	20	買掛債務	20
売掛債権	30	短期借入金	30
棚卸資産	20	長期借入金	35
固定資産	40	資本金	15
		剰余金	10
合計	110	合計	110

(注)減価償却費累計15

当期末B/S 売上高120

資産		負債・純資産	
現預金	20(±0)	買掛債務	25(+5)
売掛債権	40(+10)	短期借入金	50(+20)
棚卸資産	30(+10)	長期借入金	50(+15)
固定資産	65(+25)	資本金	15(±0)
		剰余金	15(+5)
合計	155(+45)	合計	155(+45)

(注)減価償却費累計25

カネは足りていたか？

＊税引前当期利益 10
税配当 5

1 20 世紀初めから半ばにかけて、不況下の支払能力解読と資金の舵取りに対応するため、米国の会計士達を先頭に、**B/S のカネの動きのストーリーを解読する技術**を開発していきます。その核心は、2 期分の B/S を読む“**比較 B/S のワザ**”と、これに減価償却費 N などを戻し計算する“**資金運用表のワザ**”です。
次はこれらのワザの進化を見ていきましょう。※1

2 ここで【問題】です。
左図のように 2 期分の B/S があります（売上高は横ばいです）。
当期はカネが足りていたと言って良いでしょうか。
一目でつかんでください。※2

3 当期はカネが足りなかったことはすぐ分かりますね。
右側のカネの出どころのうち、**カネの不足を表す借入金**が 35 億円（短期借入金 20 億円＋長期借入金 15 億円）増加しているのだから。
それでは、**当期カネは「どこから入って来て、どこにどういう使い方をしたのか？」**
B/S の財政状態の変化をもたらした、この**カネのストーリー**を解読しましょう。

※1 B/S の流動資産・流動負債には、現預金・売掛債権・棚卸資産・買掛債務・短期借入金以外にも科目がありますが、本書では分かり易いように簡略したもので説明しています。
※2 左図 B/S の (注) から、当期減価償却費 10 億円（＝当期末減価償却累計額 25 億円ー前期末減価償却累計額 15 億円）がつかめます。

ドラッカーの“起業家のワナ”

「利益を第一と考えるのは起業家のワナだ。利益は第二である。キャッシュフローが第一である。」
ドラッカーは言う。財務志向とお金の意識の欠如がベンチャーにとっての命取りとなるのだと。
（『ネクスト・ソサエティー』）

5-8 下半身⇒固定資産投資と「留保利益R」の動きを見る

“比較 B/S の眼（当期末ー前期末の差）”で下半身の２つのカギのバランスを見る。

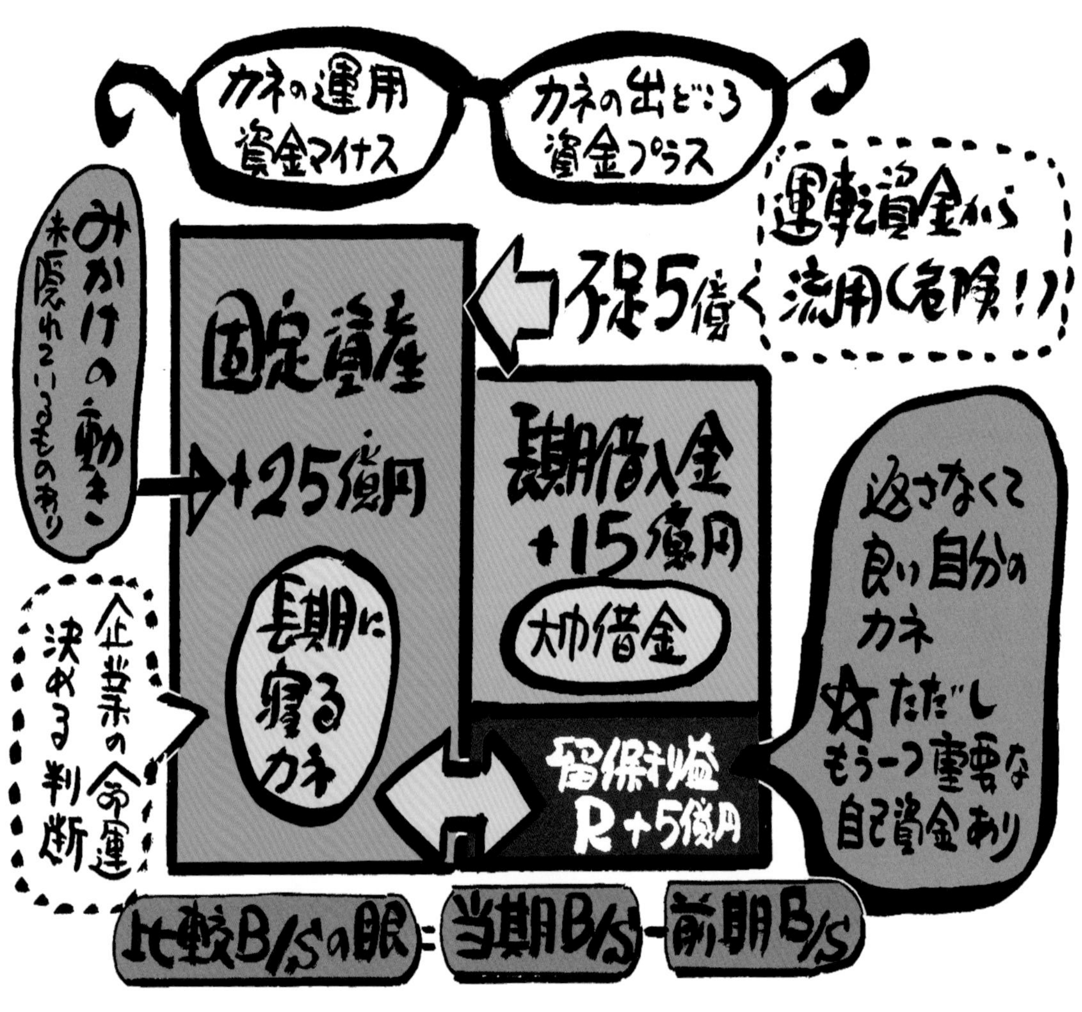

1 1908 年、米国のコール氏が、1 枚の B/S ではつかめないカネの動きを 2 枚の B/S でつかむ表を工夫し、“Where got, where gone statement”（ずばり“**カネの出どころ行く先表**”）と名付けました。
「カネの出どころ」と「カネの運用」の眼で、**前期と当期のカネの差額の動き**を追った単純な“**比較 B/S の複眼**”で、資金運用表の原型とされます。
そこで、この“比較 B/S の複眼”で、前節の 2 枚の B/S の差額が表すカネの動きを追いましょう。

2 まず下半身からです。
第 2 章で見たように、B/S の下半身の固定資金の運用を見るコツは、「**長期に寝る固定資産増加分（設備投資など）対返さなくて良い自己資本増加分 (留保利益 R の増加分)**」の 2 つの鍵のバランスに着眼します。

3 両者を見ると、固定資産の増加が 25 億円なのに対し、自分のカネの増加が 5 億円（＝留保利益 R）となっており、20 億円の大幅資金不足なのが分かります。
その不足分を長期借入金の 15 億円と、運転資金からの 5 億円の流用（流動資産－流動負債＝余裕資金が 5 億円減少し危険！）の借金投資でまかないました。
その結果、自己資本比率・固定比率・固定長期適合率が悪化します。この巨額の投資は経営者の投資判断のゾーンであり、その成否は企業の財務体質・資金繰り・命運に長期的な影響を及ぼすでしょう。

4 なお、**自己資金の流入源の主力**として注目すべきは、税引前利益から税・配当の社外流出を差し引いた「**留保利益 R**（10 － 5 ＝ 5 億円)」ですが、“単純比較 B/S の複眼”には見えない、“**もう一つ重要な自己資金の流入源**”があります。
また、設備投資額（固定資産増加額の 25 億円）には、“単純比較 B/S の複眼”には見えない現金の動きがあります。(5-10 で解説)

5-9 上半身⇒“増加運転資金⊿W（デルタ）の三角形”の発見！

上半身の焦点は“売掛増＋在庫増－買掛増”の“三角形の動き”。この“増加運転資金⊿Wの三角形”のコントロールが資金繰りの超重要キーの一つ。

1 次に、**上半身の運転資金を見るコツ**は、「**売掛債権の増加＋棚卸資産の増加－買掛債務の増加**」（ツケで買った買掛分はカネが少なくてすむので引く＝“カネが助かる”）**の三角形に着眼**します。この分だけ運転資金が前期より余分に必要になるので「**増加運転資金＝⊿W**（デルタ）」と呼びます。**利益が増えても⊿Wだけカネが寝るので現金は入りません。**
なお、**「売掛債権＋棚卸資産－買掛債務」**（“カネが寝る”売掛・在庫と“カネが助かる”買掛の差）**は、「営業活動に必要な運転資金の総額＝W」**です。

2 売上が増えると多くの運転資金が要ります。
景気が悪くなると、途端に在庫が増え、受取手形の期間が長くなり、多くの運転資金が要ります。つまり運転資金は常に増加する（コレステロールが溜まる）傾向があります。
したがって、この⊿Wの三角形の動きに着眼し、**⊿Wをコントロールすることが資金繰りの重要な鍵**なのです（なお、⊿Wの三角形は連動して動く左側・カネの運用側項目の１種と見ることもできます）。

3 5-7のケースの場合、⊿W＝10＋10－5＝15億円が必要になりました。
そこで余裕を見て20億円の短期借入れをして、余裕資金は固定資金に流用することにしたのです。（危険！）
この⊿Wの中身の回転期間（1カ月の平均売上＝120億円/12カ月＝10億円で割る）を調べると、売掛・在庫とも1カ月回転が悪化しており、水膨れのためにカネが不足したことが分かります。

4 なお、逆に回転をアップすると⊿Wを減少させることができます。
これを「**減少運転資金**」といい、その分だけカネが増えます。資金繰りを楽にする有力な方策です。

5 **「増加運転資金⊿Wの原因」は①回転期間の変化と②月商（売上）の変化の２つ**です。
それは、「**必要運転資金W＝回転期間の差×月商**」――例えば、W＝（売掛3カ月＋棚卸2カ月－買掛2カ月＝3カ月＝回転期間の差）×月商10億円＝30億円――である点から読み解くことができます。
つまり、**「⊿Wの制御の鍵は各項目の回転期間の制御」にある**のです。

5-10 「減価償却費 N」を足し戻す⇒償却前留保利益「R＋N」の発見！

「R＋N」の発見が、資金運用表の代表的技術だ。

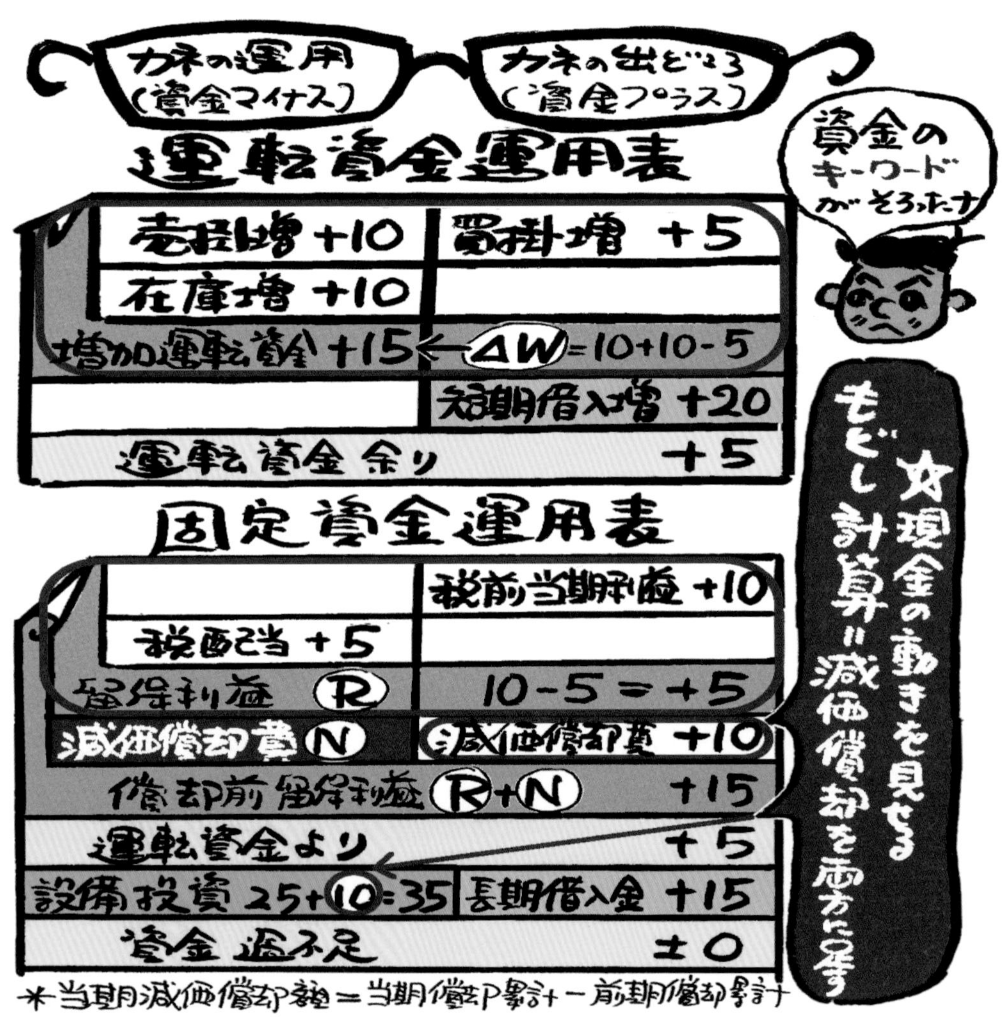

1 これまで見てきた比較 B/S の動きを、簡単な「資金運用表」の形に整理してみました。ちょっとだけ違うのが、「左と右の両側にプラスされた減価償却費 N」です。

2 第1章で見たように「**減価償却費などの非現金費用（N と略称）**」は、決算時に“**期間配分ハサミ**”により、当期使った分として資産を減らして**追加した費用**です。
この分は利益が減っていますが、現金は出ていません。
つまり、利益と現金は違う動きになった訳です。
そこで、**資金運用表では、追加で差し引いた減価償却費 N を、「足し戻してやる」ことで、「現金の動き」を見えるようにする**のです。（これを“**戻し計算**”と呼ぶことにしましょう。）

3 資金運用表は、N を“戻し計算”し、**償却前留保利益「R ＋ N」を“使える自己資金”**として示すのです。
減価償却費 N は“戻し計算”の代表※であり、N を戻した **R ＋ N が分かれば、資金運用表の基本は十分**です。

4 なお、5-8 の期末固定資産は当期分の償却費を“期間配分ハサミ”で費用に落としており、その分投資額より少なくなっています。
そこで償却費を足し戻して、本来の設備投資額が見えるようにします。

5 **「比較 B/S ＋ N の戻し計算」の“資金運用表のワザ”**は、「黒字倒産」の原因である**“カネが寝る”を制御する武器**として、戦後内外の経理の専門家の間で様々なタイプの様式が工夫され、**現金の増減を追うキャッシュフロー会計の国際基準化へと進化**していきます。

※ 減価償却費以外にも引当金や資産除却損なども N（非現金費用）として戻し計算する。（なお、引当金の戻入れなどの場合は N を引き戻す。詳細説明は省略。）

★ R＝ 税引後純利益－支払配当金
★ N＝ 減価償却費を代表とするすべての非現金費用
★ R+N＝ 償却前留保利益（コラム 49 参照）

5-11 達人経理マンの財務の眼の焦点 ——“R＋N－⊿W”

営業活動が生み出す現金流入“R ＋ N―⊿W”が資金繰りの焦点だ。

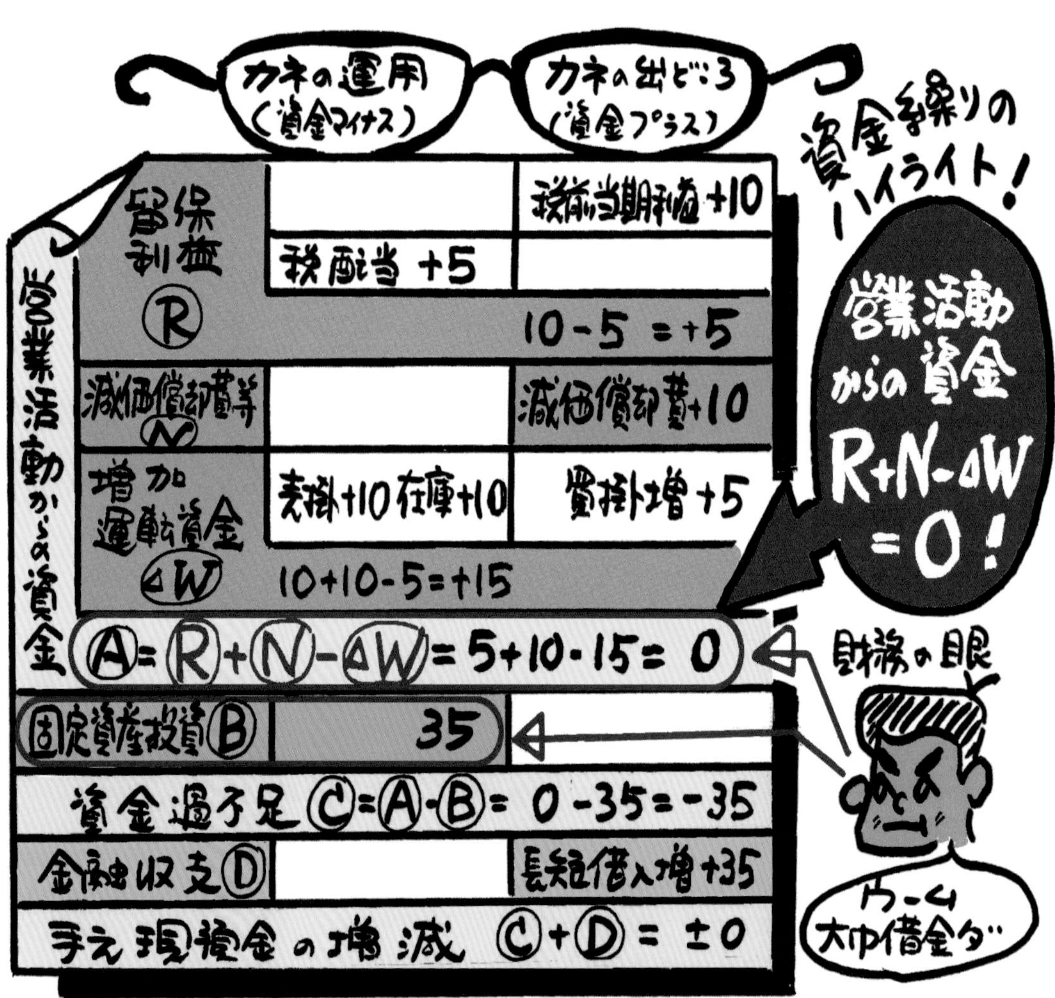

1 資金運用表のカネの流れを「カネの運用（資金の減少要因)」と「カネの出どころ（資金の増加要因)」の眼で俯瞰してみると、**営業活動が生み出す“現金のメインストリーム（自己資金の流れ)”**を読む経理マンの財務の眼が浮かび上がります。

2 左図は「営業活動が生み出す現金の流れ」を中心に整理した資金運用表です。

3 まず営業活動の資金を見ると、自分のカネがP/Lの税引前利益（税引前当期利益）として生み出されます（10億円)。
これから税･配当など社外流出（5億円）を差引き、**留保利益R**（5億円）だけが残ります。
これに“**期間配分ハサミ**”で追加した**非現金費用N**（10億円）――実際には現金が出ていかなかった減価償却費など――を“**戻し計算**”した**償却前留保利益R＋N**（15億円）が使えるカネ…。
おっとその前に、このR＋Nを稼ぐために**営業活動で寝てしまった増加運転資金⊿W（売掛増＋在庫増－買掛増**＝15億円増←急膨張！）を支えねばならず、**R＋N－⊿W**＝0円となります。
したがって、K社の営業活動から生み出された使える自己資金の現金流入はゼロ!!　対策が急務です。

4 営業活動からの現金流入（キャッシュフロー）**“R＋N－⊿W”こそ、資金繰りの焦点**です。（このRを使ったシビアな自己資金源泉の算式を、本書では、**“骨太の営業キャッシュフロー”のニックネームで呼び**、資金の主力算式として使用します。）この“**骨太の営業キャッシュフロー”を原動力に固定資産投資をまかない、その資金の過不足を借入れの増減で調整し、資金繰表の手元現金が決まります**。
この**“R＋N－⊿W”VS「固定資産投資」の関係**が資金運用表、すなわち達人経理マンの財務舵取りのハイライトシーンなのです。

5-12 手の平に残る正味の現金はいくら？

経営者は“P/L から B/S に流入してくる現金のしくみ”をつかんでいなければならない。

Q2

Y 社の経常利益見込みは 20 億円です。そこで 20 億円の設備投資をしたら、Y 社のバランスシートはどうなるでしょうか。(Y 社の借入金はいくら増えますか？)

1 資金繰りの焦点の眼を手に入れましたので、0-2の【Q2】の問題（左図下）に挑戦しましょう。
この疑問は、企業の経理の分からないトップと経理責任者の間で、過去に幾度も繰り返されてきたやりとりです。
果たして、Y社の資金計画はどうなるのでしょうか？

2 問題を具体的に考えるために、いくつかの前提条件を次に挙げます。

① 経常利益見込み20億円	② 特別損益0円
③ 法人税等の税率30％	④ 資本金20億円で1割5分配当

⑤ 減価償却費など非現金費用4億円
⑥ 当期の売掛債権増6億円、在庫増3億円、買掛債務増2億円
⑦ 借入金の返済は借り次ぐものとし、手元現預金[※1]は取り崩さず現状キープとする。
⑧ 設備投資計画は20億円で、本年度中に支払い完了とする。

この条件で資金計画を立てた結果、借入金はいくら増えるでしょうか？

3 まず、**経理の分からない社長は「経常利益＝現金がある」と思っています。**
しかし、月次の損益計算書（P/L）[※2]の推移から20億円の経常利益が見込まれる時、営業活動から手の平に残る正味のキャッシュは20億円ではありません。
前節でつかんだように、**手に入るキャッシュは、【留保利益の増加分＋減価償却費など非現金費用−増加運転資金（R＋N−⊿W）】**です。
本来であれば、前提条件から即座に“**R＋N−⊿W**”を計算できなければなりません。

※1 手元現預金は、不時の支出に備え、月商（ひと月の売上）の1.5カ月分程度（手元現預金月商倍率）が必要。
※2 毎期作成する損益計算書（年次損益計算書）ではなく、毎月作成する損益計算書を月次損益計算書という。

5-13 手の平に残る正味の現金 ＝“R＋N－⊿W”

営業活動からの“骨太の営業キャッシュフロー”（R＋N－⊿W）が資金繰りの鍵を握る。

1 順を追って見ていきましょう。

① **税引前当期利益＝経常利益 20 億円＋特別損益 0 億円＝ 20 億円**

② **税引後当期純利益＝① 20 億円－① 20 億円× 0.3（税率）＝ 14 億円**

③ **支払配当金＝資本金 20 億円× 0.15(配当率)＝ 3 億円(＊本来は支払時期は総会後だが、ここでは決算支出として織り込む。)**

④ **留保利益 R ＝② 14 億円－③ 3 億円＝ 11 億円**

⑤ **減価償却費など非現金費用 N ＝ 4 億円**

⑥ **増加運転資金⊿ W ＝売掛債権増 6 億円＋在庫増 3 億円－買掛債務増 2 億円＝ 7 億円**

2 よって、営業活動からのキャッシュフロー
＝ R ＋ N －⊿ W ＝④ 11 億円＋⑤ 4 億円－⑥ 7 億円＝ 8 億円

3 設備投資計画は 20 億円なので、**資金過不足額＝ 2 8 億円－ 20 億円＝－ 12 億円**
となります。したがって、本ケースでは、Y 社の借入金は 12 億円増となります。

4 このようなストーリーが起こりうるのです。
したがって、経営のリーダーは、次の点をしっかりと押さえておく必要があります。

① B/S に流入する自己資金は、**留保利益 R ＋非現金費用 N（減価償却費など）しかない。**

② ①の資金のうち営業活動で必要となる**増加運転資金⊿ W 分カネが寝るので現金は入らない。**

③ したがって、**営業活動から得られる手の平に残るシビアなキャッシュ**は**“R ＋ N －⊿ W”**（**“骨太の営業キャッシュフロー”**）である。

④ この“R ＋ N －⊿ W”を原資に、未来に備える固定資産投資を意思決定する。

⑤ その結果資金過不足があれば、借入金などの資金調達（また余剰資金による借入返済等）をする。

この成否が B/S の財務体質を決定するというメカニズムと、各原因を制御する方策をふまえなくてはなりません。

実は、**この現金増減を 3 ステップのやさしい報告書にしたものが、キャッシュフロー計算書** (次節で解説) に他なりません。

(注) 上記4の①～③のキャッシュフローの眼は、序章 0-3 の**“第 2 の絵の B/S の複眼”を進化させたもの**です。(5-21 を参照)

5-14 キャッシュフロー（CF）計算書はもう読める！

CF 計算書の技は、資金運用表の技そのもの。資金繰りの焦点R＋N−⊿W（≒G＋N−⊿W）が分かれば簡単に読める。

① 営業活動によるキャッシュフロー（RでなくG）	
＋G 税引後当期純利益	＋600
＋N 減価償却費等非現金費用	＋400
−⊿W 増加運転資金（売掛増＋在庫増−買掛増）	−200
営業活動キャッシュフロー合計 G＋N−⊿W	＋800
② 投資活動によるキャッシュフロー	
−固定資産投資による支出	−500
＋固定資産売却による収入	＋100
投資活動キャッシュフロー合計	−400
③ 財務活動によるキャッシュフロー（配当はココ）	
＋借入金や増資による収入	＋100
−借入金返済・配当支払による支出	−400
財務活動キャッシュフロー合計	−300
☆ 現金及び現金同等物増加額	＋100
B/S 現金等期首残高 1000　現金等期末残高	1100

※純利益GのキャッシュフローJ（配当は下に登場）

現金の原動力。多いほど良い。!!
優良企業は極めて大

活発な企業は償却が大

CFのハイライトはこの2つの関係！

通常マイナス。成長企業は投資が活発！
先行投資が命運決める。売却が連続は危ない。

カネが足りていたか、借入金の動きは一発で分かる！

※「キャッシュフロー」とは現金の増減

※「現金同等物」とはリスクのない3カ月以内定期など

1 2000 年から我が国でも新会計基準がスタートし、上場企業は第３の財務諸表として連結キャッシュフロー計算書の作成が義務付けられました。
これは「黒字倒産」制御のために積み重ねられてきた**“資金運用表のワザ”そのもの**、そのエキスはとてもシンプルなものです。皆さんはもはや簡単に読めることでしょう。

2 キャッシュフロー計算書（以下 CF 計算書と省略）は、**年間の現金増減の原因結果表**であり、その構造は、**次の“3step 分類法”です**。
① 営業活動キャッシュフロー：G＋N－⊿W　（G：税引後当期純利益）
② 投資活動キャッシュフロー：固定資産投資・売却
③ 財務活動キャッシュフロー：①＋②の過不足に対する借入金などの増減・支払配当金。
この３区分の現金増減を合計し、手元現金の増減と期首･期末現金残高を下欄に表示します。
これは 5-11 の達人経理マンの財務の眼そのものを表しています。

「一般的な営業 CF」と「骨太の営業 CF」、その違いは支払配当金

●**「一般的な営業 CF 」**（外部報告の CF 計算書の営業 CF）
＝ 税引後純利益 G ＋ 減価償却費等非現金費用 N － 増加運転資金Δ W
この一般的な営業 CF から**支払配当金を差し引いたもの**が**「骨太の営業 CF」**です。

●**「骨太の営業 CF」**
＝ 税引後純利益 G ＋ 減価償却等非現金費用 N － 増加運転資金⊿ W **－ 支払配当金**
＝ 留保利益 R（税引後純利益 G －支払配当金）＋ 減価償却等非現金費用 N － 増加運転資金⊿ W

●投資家への開示を大きな目的とする一般的な CF 計算書では、配当可能財源を見るため、配当金支払い前のキャッシュを主眼とします。一方、利害関係者共通の願いである“**絶対倒産しない B/S 改善の視点**”では、支払配当金が外部に流出後に残るシビアなキャッシュを捉える必要があります。設備投資や自己資本比率向上などの体質強化のために**「自力のキャッシュとして使えるキャッシュ」は 「骨太の営業 CF」（＝ R ＋ N －⊿ W）以外にはない**ので、本書ではこれを**経営改善のための主力概念**として資金戦略を検討します。

5-15 CF計算書の“3step資金計画発想法”と焦点FCF

CF計算書は年間現金増減の原因結果表だ。その分類整理法は“3step資金計画発想法”として役立つ。その戦略の焦点「資金計画としてのFCF」をつかもう。

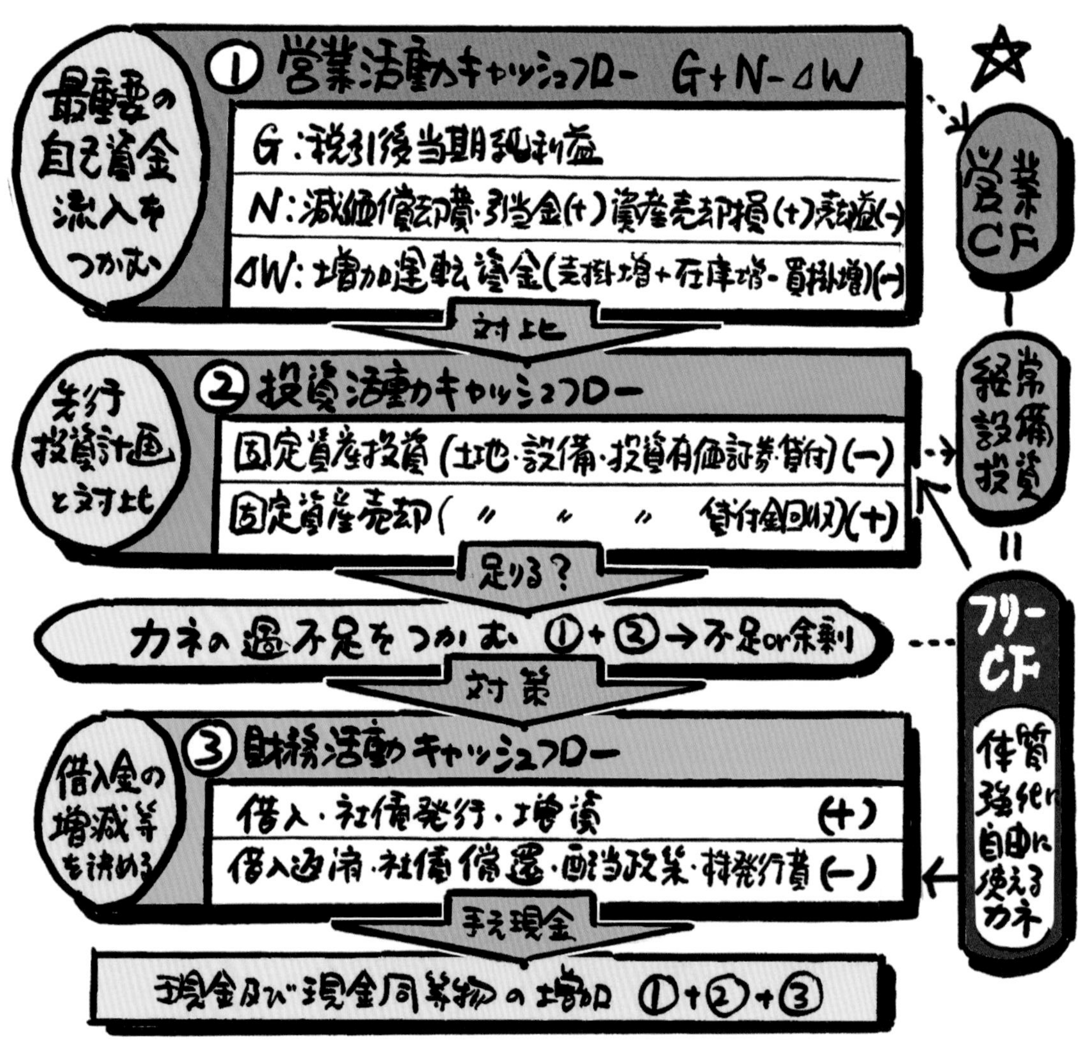

1 CF 計算書の発想手順を太いタッチで描けば、
① **最重要の営業キャッシュフロー（G ＋ N －⊿ W）をつかむ。**
② **企業の未来を決める先行投資計画と対比して資金過不足をつかむ。**
③ **借入金の増減計画を決める。**
です。

2 資金計画とは、“成行きの資金繰り”ではなく、**営業からの自己資金流入⇒未来への投資額⇒資金の過不足⇒外部資金増減、という「資金構造」をつかみ、「効果的な資金の舵取り」をする**ことにより、**資金収支のマッチング**と**財務体質の改善**を図ることです。
CF 計算書は外部報告目的の年間現金増減の原因結果報告書ですが、その現金流出入を中心に据えた **3 step の分類整理法は、「資金計画・資金戦略の発想法そのもの」** と言えましょう。

3 なお、一般に①営業キャッシュフロー（CFO：Cash flows from operating activities）と②投資キャッシュフロー（CFI：Cash flows from investing activities）を合計したものを**フリーキャッシュフロー（FCF：Free cash flow）**と呼びます。
営業活動で稼いだキャッシュが設備投資などの CFI を賄っているならば、**その残りは企業の自由裁量資金**であり、有利子負債の返済、株主への配当などに充てることができ、**FCF が多い会社ほど経営状態良好**とされます。

4 FCF の考え方には複数あって、この「**決算書分析としての FCF**」以外に**「資金計画としての FCF」の活用がより重要**です。
すなわち**資金計画上「CFO －現事業維持に必須の設備投資」の余裕がいくらあるか**を**「自社の戦略的な FCF」**ととらえて、現状を改革する大型投資や借入金返済など経営体質強化のキャッシュフローの検討を行います。
CFO を増やしていかに戦略的な FCF を作り出すか、その FCF を何に使うかは、経営戦略の焦点と言えます。

5-16 2社のCF計算書からカネの動きと財務戦略を読む

"3step資金計画発想法" でCF計算書を読むと、財務戦略のドラマが活き活きと浮かび上がる。

		P社	Q社
① 営業CF	+G 税引後純利益	+50	+250
	+N 減価償却費	+50	+200
	-ΔW　－売掛増	-150	-50
	-ΔW　－在庫増	-150	-30
	-ΔW　＋買掛増	+50	+30
	（営業CF計 G+N-ΔW）	-150	+400
② 投資CF	－固定資産投資支出	0	-300
	＋固定資産売却収入	+100	0
	（投資CF計）	+100	-300
	資金過不足 ①+②	-50	+100
③ 財務CF	＋借入金増加	+100	0
	－借入金返済	0	-100
	（財務CF計）	+100	-100
	トータルCF計 ①+②+③	+50	0

（単位：億円）

CF計算書のプロセスからP社の経営基盤の悪化とQ社の経営基盤の充実が浮かび上がる

1 【問題】です。
左頁２社の CF 計算書からカネの動きと財務戦略を読み取ってください。

2 Q 社は、P 社に比べて償却費が多く（過去の投資が活発）、利益も好調で償却前利益（G ＋ N）が 4.5 倍、増加運転資金も効率的で**営業 CF は大幅黒字**です。
この**豊富な自己資金**を使って償却費以上の**果敢な設備投資を行い、更に余裕資金で 100 億円の借入金を返済。**
未来の経営基盤と財務体質の両面で体質強化を図っており、充実した経営活動です。

3 これに対しＰ社は、償却前利益が小さいうえに運転資金が急膨張したため、**営業 CF は赤字で資金繰りがピンチ。**
設備投資をゼロに抑えた上に固定資産売却で資金を補填するも、なお資金不足で借入金を増加して対応。
CF 計算書から苦しい経営実態が浮かびます。
経営体質が悪化しており、**利益・資金両面の効率化による体質改善が急務**です。

「外部報告の FCF」と「資金計画としての FCF」

一般に「CFO（営業 CF）+CFI（投資 CF）= FCF（フリーキャッシュフロー）」とされる。「外部報告・過去実績の FCF」（投資家視点の配当可能財源など）としてはこれで良いが、経営改善のための資金計画上の戦略的余裕資金としてはこれでは見れない。例えば「CFO（小）＋ CFI（小）＝ FCF（プラス）」と「CFO（大）＋ CFI（大）＝ FCF（ゼロ）」では FCF の意味が違う。そこで、各社は**「CFO －現状維持的設備投資＝資金計画の FCF」として工夫をし「現状改革の積極戦略投資・体質改善の余裕資金」をつかむことで資金計画を検討**している。過去会計でなく**未来意思決定会計として「資金計画としての戦略 FCF」をつかむことがより重要**である。

5-17 K社の設備投資の資金計画を立案せよ

設備投資の利益計画を、“R＋N－⊿W”を使って借入金返済資金計画に転換する。

ウーム!!
資本金と同額の大型投資ダ
多額の借入金が完済できるか.
資金計画のバックボーンが欲しいナ

K社大型投資資金プランの基礎データ

① K社は2000万円 耐用年数10年の新型機械を. 自己資金500万 長期借入金1500万で購入することにした。

② 長期借入金の返済期間5年、毎年元金均等返済

③ 減価償却費の計算方法は定額法を採用。

④ 予想税込み当期利益は(第1年)500万 (第2年)600万 (第3年)600万 (第4年)700万 (第5年)700万を見込む。

⑤ 法人税等の税率は30%。

⑥ K社の資本金は2000万円 年10%の配当を継続する。

⑦ K社の運転資金は第1～6年毎年下記の残高増加を見込む。

⑧ 売掛債権増加 80万 棚卸資産増加 50万
買掛債務増加 50万
増資は行わない方針とする。

【問題】です。

Ｋ社は会社の命運を賭けて多額の設備投資を決断しました。

利益計画は安全を見て固めの予測をしていますが、この長期借入金を果たして完済できるでしょうか。

“Ｒ＋Ｎ－⊿Ｗ”を使って借入金返済計画表を作成し､Ｋ社の資金計画を立案検証しなさい。

なお、Ｋ社の基礎データは左表の通りです。※

※ 元金均等返済…返済額（利息＋元金）の元金を毎回一定額返済していく返済方法。⇔元利均等返済

“CF８パターンの経営ストーリー”を読む

【Q】財務諸表を読むときは、C/F でキャッシュの動きを見ると、経営ストーリーが面白いように見えてくる。下記の CF ８パターンの経営ストーリーのザックリ型＊を下欄から選びなさい。

（＊なお、**＋－の内訳によって例外も多い**ので注意。**様々なケースを考えてみよう。**）

パターン	1	2	3	4	5	6	7	8
営業CF	+	+	+	－	+	－	－	－
投資CF	－	+	－	+	－	+	－	－
財務CF	+	－	+	+	－	－	+	－

経営ストーリーのザックリ型

Ａ：勝負型　Ｂ：積極型　Ｃ：健全型　Ｄ：安定型　Ｅ：改善型

Ｆ：リストラ型　Ｇ：大幅見直し型　Ｈ：救済型

【A】１：D、２：E、３：B、４：H、５：C、６：F、７：A、８：G

（朝倉智也著『一生モノのファイナンス入門――あなたの市場価値を高める必須知識』から）

5-18 K社の長期借入金返済計画表 ——完済可能 OK、しかし…

借入金の返済可否はふつう純利益Gを使った“自己資金（償却前利益G＋N）の範囲”かで見るが、留保利益Rを使った“骨太の営業キャッシュフローの範囲”かでも押さえておこう。

K社の長期借入金返済計画表

単位 万円

	算式	1年目	2年目	3年目	4年目	5年目
税引前利益	①	500	600	600	700	700
税金	②=①×0.3	150	180	180	210	210
配当金	③=2000×0.1	200	200	200	200	200
社外流出	④=②+③	350	380	380	410	410
留保利益	Ⓡ=①−④	150	220	220	290	290
減価償却費	Ⓝ=2000×0.1 (1÷10)	200	200	200	200	200
増加運転資金	ΔW=80+50−50	80	80	80	80	80
返済原資	Ⓕ=Ⓡ+Ⓝ−ΔW	270	340	340	410	410
長期借入金返済	Ⓛ=1500÷5	300	300	300	300	300
収支過不足	Ⓕ−Ⓛ	−30	40	40	110	110
過不足累計		−30	10	50	160	270

ギリギリ…!

1 Ｋ社の長期借入金返済計画表を表のように作成しました。
（なお、設備投資の返済計画は**ふつう純利益ＧによるＧ＋Ｎの償却前利益を自己資金として計算する**ことが多い。従って、Ｇ＋Ｎで作成しても勿論ＯＫですが、配当支出を必ず賄わねばならないので、ここではシンプルかつシビアに**“Ｒ＋Ｎ－⊿Ｗ”で“骨太の営業キャッシュフロー”**を捉えることにします。）

2 左表の通り、長期借入金の返済額は自己資金（償却前留保利益Ｒ＋Ｎ）の範囲内であり、トータルの収支過不足※を見ても完済可能でありＯＫと言えます。
しかし、**よりシビアなキャッシュフロー“Ｒ＋Ｎ－⊿Ｗ”を返済原資として見ると、収支過不足（Ｆ－Ｌ）はギリギリ。**
資金繰りの余裕は非常に少なく、安全経営のためには、利益ＵＰ・運転資金効率化に一層の努力が必要です。

※償却前留保利益Ｒ＋Ｎから長期借入金返済Ｌを差し引いた収支過不足は、５カ年間トータルで670万円（＝50万円＋120万円＋120万円＋190万円＋190万円）。

【営業CF赤字】の意味

営業CFは営業活動の結果手元（B/S）に残る唯一の自己資金の現金である。**【営業CFが赤字】**ということは、設備投資の支払いも借入金の返済も配当の支払いも、手元現金を取り崩す以外には、借入れ増資などの外部資金調達をするか資産売却しか方法はない。ベンチャー企業などの草創期・不況期には営業CFが赤字になることがあるが、**【営業CF赤字が連続状態になる】**ことは、**資金繰りが借入と返済に追われ借入金が累積していく火の車・アラーム状態を意味する。**また純利益が黒字だけでは安心できない。**【純利益が黒字で営業CFが赤字】の時**は、Ｇ＋Ｎ－⊿Ｗ＜０➡Ｇ＋Ｎ＜⊿Ｗであり、**売掛・在庫に大きなカネが寝て利益が現金にならないことを意味し**➡回収できない過剰な売掛・在庫による**黒字倒産の懸念**、あるいは売掛・在庫操作による**赤字粉飾の懸念**がある。

5-19 T社長の借入金返済戦略ロードマップを完成せよ

債務超過寸前の商社の危機を脱出する利益改革、キャッシュフロー改革、行動改革の考え方。

(目標) 積極健全経営のため、過大な90億の借入金を5年間で45億返済し、正常な運転資金(売掛＋適正在庫－買掛)45億に半減、経常利益10億を実現する。

(方針)
① 売上増によらずとも 売上総利益率の業界平均6%化(現在4.5%)と経費10%効率化のみでも5年後目標達成可
② 本社ビル等の全不動産と意義薄い株式を売却する
③ ぬるま湯的社風を活動的社風に切換えるため、年功序列人事評価をプロセス・成果両面評価に改革する

(単位:億円)

計画P/L

	1年目	2年目	3年目	4年目	5年目
経常利益	2	4	6	8	10
特別損失(固定資産売却損)※	-1	-1	-6	-7	0
税引前利益	1	3	0	1	10
法人税等	0.3	0.9	0	0.3	3
税引後純利益	0.7	2.1	0	0.7	7
(減価償却費)	0.5	0.5	0.4	0.4	0.4
(増加運転資金)	0	0	0	0	0
(固定資産売却収入)	2	3	6	7	0

※固定資産簿価より売却額が小

1 定年直前の大手商社マンＴ氏は債務超過寸前の中堅商社Ｊ社に出向となりました。
左表は、着任後全力で立案した企業再生プランの骨子を超シンプル化したものです。

2 Ｔ社長は、この借入金返済戦略のロードマップを社内の誰もが納得できるような形に整理し、チャレンジ目標として明示することにしました。
そこで、皆さんは左記骨子をCF計算書の形で完成させてください。
なお、増えた現金は、全て借入金の返済に充てることとします。

3「Ｊ社は社員の質が良く、必ず再生できる。**第１の鍵は社員の力にフタをしている親方日の丸の企業文化を変えること**だ」
これがＴ社長の直感でした。「さらばぬるま湯、目指せ10億！」のスローガンを打ち出し、全社組織の全面改組、年功序列人事制の全廃、支店長・部課長任用の10歳若返り、これら抜本的な改革を就任初年度に矢継ぎ早に実行したことで、Ｔ社長の危機感は伝わりました。

4 また、左表で、巨額借入金返済のために会社のシンボルであった由緒ある本社ビルをはじめとする全不動産の売却方針を掲げたのは、**Ｊ社再生に賭けるトップの強い決意と危機感を全社員に伝える強烈なメッセージ**となりました。
しかし、**果たして社員の心からの信頼は得られたのでしょうか？**
さらに第２の鍵として、Ｔ社長は30年間も常態化している巨額の貸倒れ損のゼロ化に取り組みました。

5-20 社員の行動の変化が巨大キャッシュフローを創造した

社員の不可能意識を打破し、キャッシュフローの創造を可能にした“経営危機突破の２つのカギ”

固定資産売却損

固定資産の簿価 売却額 の差を特別損失として計上。利益は減るが、現金は減っていない。

非現金費用

現金は減っていないので“戻し計算”する

		1期	2期	3期	4期	5期	計
(計画)	経常利益	2	4	6	8	10	
	特別損失	-1	-1	-6	-7	0	
P/L	税前利益	1	3	0	1	10	
	法人税等 30%	0.3	0.9	0	0.3	3	
	税後純利益 Ⓖ	0.7	2.1	0	0.7	7	10.5
	減価償却費 Ⓝ	0.5	0.5	0.4	0.4	0.4	2.2
	固定資産売却損 Ⓝ	+1	+1	+6	+7	0	15
	増加運転資金 ΔW	0	0	0	0	0	0
①	営業CF G+N-W	2.2	3.6	6.4	8.1	7.4	27.7
	固定資産売却収入	2	3	6	7	0	18
②	投資CF	2	3	6	7	0	18
	(過不足 ①+②)	4.2	6.6	12.4	15.1	7.4	45.7
	借入金返済	-4.2	-6.6	-12.4	-15.1	-6.7	-45
③	財務CF	-4.2	-6.6	-12.4	-15.1	-6.7	-45
	現金増減	0	0	0	0	0.7	0.7

[1] 左表はＴ社長が描いたCF計算書型の５年間ロードマップです。
営業努力の結晶である計画経常利益を起点にＧ＋Ｎ－⊿Ｗにより営業CFが生み出され（簿価※以下の売却として特別損失を計上した**固定資産売却損は現金の出ていかない非現金費用Ｎなので戻し計算**されます）、投資CF欄で固定資産売却収入が現金を増やし、**営業CF＋投資CFで得られた現金を財務CF欄で全額借入金返済に投入**することにより借入金半減を達成するシナリオです。

[2]「この新規の売り先を逃していいのですか？」
「20年続いた得意先を失って責任をとってもらえるのですか？」
当初営業マンとその上司達は、Ｔ社長が経営改善の第２の鍵とした**“慢性的に30年続く年２億円近い巨額貸倒れ損のゼロ化”の取り組みに激しい抵抗**を示しました。

[3] しかし、**「売上でなく利益が大事」「危ない取引先の売上を追ってはならない」「旧来の取引先でも与信リスクが限度超過なら、担保が取れない場合は取引を丁重に辞退せよ」**というＴ社長の明確な方針と自ら責任をとる決断・陣頭指揮によるお得意先への訪問・折衝、この誠実で不退転の行動の結果、**営業マンは売上欲しさの危ない取引を止め、本当に大事な取引先の営業開拓へと行動を集中**していきます。
当初極めて根強かった**「貸倒れは当たり前」意識は変化し、「貸倒れゼロは当たり前」となって貸倒れは連続ゼロとなり、営業部隊は健全な戦略的気風に変化**しました。
様々な取り組みが相乗して全社の人材・社風も波及的に活性化し、着任１年で黒字転換、このロードマップ通り45億円のキャッシュフローを創出していき、借入金半減と経常利益10億円を計画１年前倒しで見事達成し経営再生は着地しました。

[4] 困難の厚い壁打破へ、**リーダーの確信のロードマップを描く力（経営は逆算！）、急所を決断し社員とともにやり抜く誠実な行動力の大切さ**を痛感します。

※ 簿価（ぼか）とは、適正な会計処理（減価償却や減耗（げんもう）処理など）を行い、帳簿に計上された資産・負債・資本の価額のことです。

5-21 資金戦略の２つの打ち手 ——利益UPと回転UP＝借入金返済

“（カネの運用）⊿W＋⊿FA ≦（カネの出どころ）R＋N”が強いB/Sをつくる資金戦略の２つのターゲット。

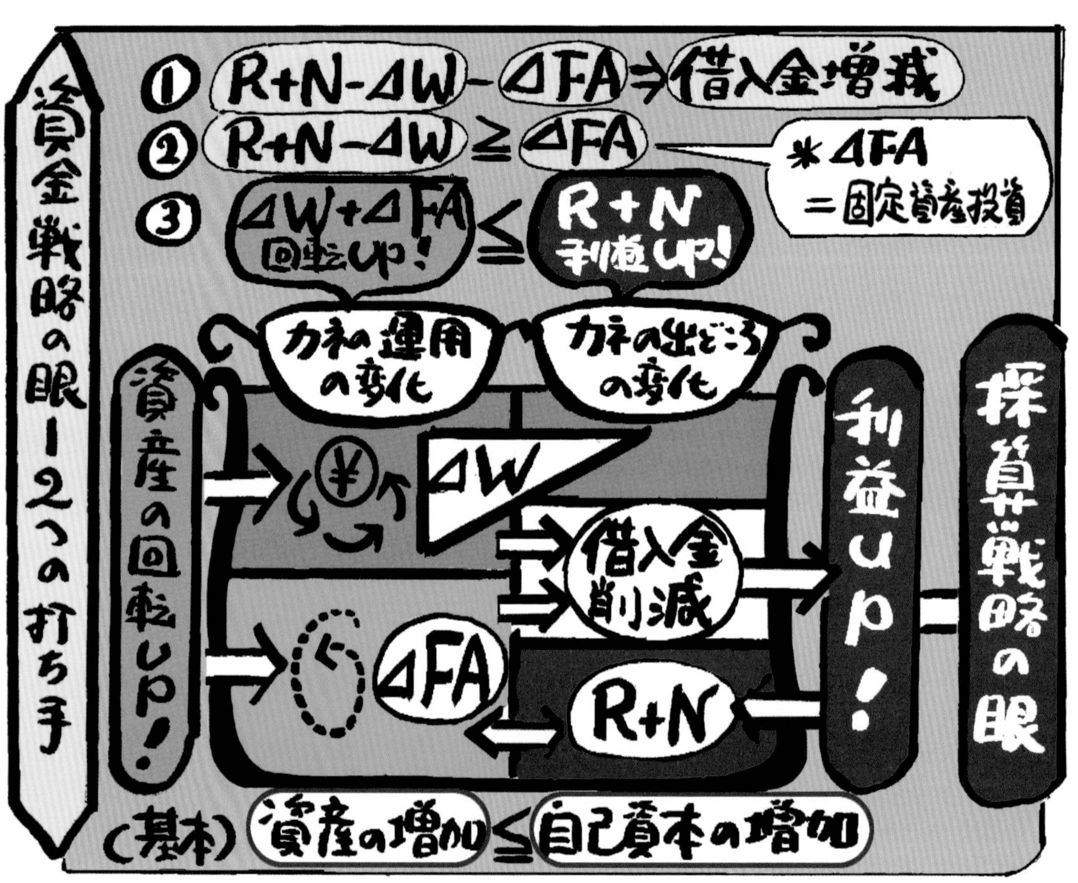

1 ここで CF の視点から「0-3 の**第 2 の絵（B/S の複眼）**」を再整理しましょう。
左図の①はキャッシュフローの流れのエキス。すなわち、**“手の平に残る正味の現金”骨太の営業 CF（R ＋ N －⊿W）－固定資産投資（⊿ FA）**の如何によって**借入金を増やすのか減らすのか**が決定されます。

2 ②はそのハイライトの眼。**R ＋ N －⊿W（骨太の営業 CF）≧⊿ FA（固定資産投資）**
すなわち、安全経営を目指すには、**固定資産投資以上の骨太の営業 CF 確保が基本**です。（なお、チャンスには**安全を踏まえつつ、借入金を活かした効果的な先行投資**も必要です。）

3 ③は②を“**B/S の複眼**”で、B/S の左側と右側に整理したもの。（**“B/S の複眼の第 2 の絵の進化”を表す**。）
【カネの運用の変化】⊿W＋⊿ FA ≦【カネの出どころの変化】R ＋ N
これは、“**資金戦略の 2 つの打ち手**”を表します。
すなわち、**企業倒産を防ぐ強い財務体質づくりの「資金戦略」とは、第 1 に「カネの出どころ」の「利益 UP」（採算戦略）であり、同時に「カネの運用」の「資産の回転 UP」**です。
この 2 つの打ち手で「**稼ぎ（R ＋ N）の範囲内で増加運転資金⊿Wと固定資産投資⊿ FA をまかなうことを基本**」とすることによって、**自己資金増加＞資産の筋肉質化（回転 UP）で生まれる自己資金余力・資金の効率化**で、**借入金返済・自己資本比率 UP と倒産しない B/S への経営基盤強化**が可能となります。

第 1 章から第 5 章に至る会計の 3 つのシンプルメカニズムの絵の講義を、この B/S 強化の資金戦略の 2 つの打ち手の絵をもって閉じることにしましょう。

＊ R・N・R+N・⊿W・R+N －⊿Wについては、205 頁のコラム 49 を参照。なお、**本書の CF 戦略は「B/S に残るシビアなキャッシュ“骨太の営業 CF”（＝営業 CF －支払配当金）」をキーワードとしています。これは、本書が“倒産しない経営のための B/S 改善の視点（＝外部報告会計でなく管理会計の視点）”を主眼としていることに基づいています。**

Q1. A社の増加運転資金はいくら？

● A 社の経営実績が次の場合、

❶ 月商：500 万円　❷ 売上債権：月商 3 カ月分
❸ 在庫：月商 2 カ月分　❹ 買掛債務：月商 1 カ月分

(ア) 営業する上で必要となる運転資金は月商何カ月分で、いくらかを求めなさい。
(イ) 月商が 800 万円に増加した時、増加運転資金はいくらになるか求めなさい。
なお、売上債権などの回転期間は変わらないものとする。

Q2. B社の営業からの骨太キャッシュフローはいくら？

● B 社の経営実績が次の通りだった場合、

❶ 税前当期利益：30 億円　❷ 社外流出（税・配当）：15 億円
❸ 減価償却費 N：25 億円　❹ 売掛債権の増加：20 億円
❺ 棚卸資産の増加：10 億円　❻ 買掛債務の増加：5 億円

B 社が設備投資に使える骨太の営業キャッシュフロー（社外流出を差し引いた残りのシビアな営業キャッシュフロー）はいくら？

Q3. C社の設備投資は返済可能か？

● C 社の設備投資計画の基礎データが次の場合、

❶ 耐用年数 5 年、取得価格 1,200 万円の設備を全額長期借入金で購入する。

❷ 長期借入金の返済期間 6 年間、元金均等方式（金利年 3%）にて返済。

❸ 減価償却費の算式は定額法。

❹ 予想税引後当期純利益は 1 年目から 5 年目まで毎年 200 万円。6 年目は 370 万円。

❺ B 社の増加運転資金は向こう 6 年間 0 円とする。

（ア）資金計画上の 6 年間の返済総額を求めなさい。また、

（イ）6 年間の返済原資合計額を求め、返済可能かどうか判断しなさい。

5 章：急所プレイバック解答

Q1

答：(ア) 月商 4 カ月・2,000 万円　(イ) 1,200 万円

(1) 必要運転資金の月商月数＝回転期間差＝売掛債権回転期間＋在庫回転期間－買掛債務回転期間
＝ 3 カ月＋ 2 カ月－ 1 カ月＝ 4 カ月 …（ア）の解答
必要運転資金＝回転期間差資金＝必要運転資金の月商月数×月商＝ 4 カ月× 500 万円
＝ 2,000 万円 …（ア）の解答

(2) 増加運転資金＝回転期間差資金×月商増加額＝必要運転資金の月商月数×月商増加額
＝ 4 カ月×（800 万円－ 500 万円）＝ 1,200 万円 …（イ）の解答

(3) 5-9 参照。営業活動を支えるための必要運転資金は、B/S 上半身の“運転資金の三角形”の 3 項目の回転期間差によって生じます。3 つの回転期間の変動と売上高の変動によって、必要運転資金は絶えず増減するため（回転期間差の構造＝取引条件が同じだと月商の変動に比例して増減する）、資金繰りの安全と資金効率アップを図るためには、運転資金の制御が大きな鍵となります。運転資金の制御が重要であり、その最大の鍵は各項目の回転期間の制御にあります。

Q2

答：15 億円

(1) 骨太の営業キャッシュフロー＝ R ＋ N―⊿ W
(2) R（留保利益）＝ 30 － 15 ＝ 15
(3) R ＋ N（償却前留保利益）＝ 15 ＋ 25 ＝ 40
(4) ⊿ W（増加運転資金：この分カネが寝る）＝売掛増＋棚卸増―買掛増＝ 20 ＋ 10 － 5 ＝ 25
(5) R ＋ N －⊿ W ＝ 15 ＋ 25 － 25 ＝ 15

Q3

答：（ア）1,200 万円　（イ）2,570 万円・返済可

(1) 資金計画上の返済総額＝借入金の元金総額
＝ 1,200 万円 …（ア）の解答
(2) 借入金の金利（支払利息）は、P/L の営業外費用として費用計上されます。対して、元金の返済は費用ではありません。諸費用を払った後の自己資金（営業キャッシュフロー＝ G ＋ N －⊿ W）から返済（現金が流出）するため、資金計画上注意が必要です。
(3) 毎期の返済原資＝年間営業キャッシュフロー＝ G ＋ N －⊿ W
5 年目までの毎期の減価償却費 N ＝ 1,200 万円÷ 5 年（耐用年数）＝ 240 万円
1 ～ 5 年目の毎期返済原資＝ 200 万円＋ 240 万円－ 0 円＝ 440 万円
6 年目の返済原資＝ 370 万円＋ 0 円－ 0 円＝ 370 万円
6 年間の返済原資合計＝ 440 万円× 5 年＋ 370 万円＝ 2,570 万円 …（イ）の解答
(4) 6 年間の返済総額＜ 6 年間の返済原資合計なので、返済は可能と判断できます。 …（イ）の解答
(5) なお、純利益 G ＋ N －⊿ W で原資を考えた場合は、配当支出も考慮しておく必要があります。設備投資の返済原資は、Q2 で計算したシビアな骨太の営業キャッシュフロー（R ＋ N －⊿ W）か借入金しかありません。また、借入金の返済計画を立てる場合は、R ＋ N －⊿ W で返せるかどうか、最悪の事態も想定しながら慎重に検討し、余裕を持って判断する必要があります。なお、設備投資を額面の増資で資金調達する場合は、税引後純利益から配当金を払うことになり、非常にコストが高く、留保利益の充実という点では損するため注意を要します。対して、借入金で調達した場合は、金利が損金となり、その分だけ税金負担が軽減されます。(2-10 脚注参照)

エピローグ

●このたびは、この**【絵とき会計】**の本にお付き合い頂き本当にありがとうございました。

●ゲーテが賞賛するベニスの商人達の天才的発明以来500年かけて進化してきた**会計のエキス、現代の会計の達人達が駆使している会計の極意**というものは、突き詰めてみると本書の序章に掲げた**【３つの絵＝３つのシンプルな急所】**しかない、と感じています。

●人口減少に新型コロナ不況が重なり、日本社会は今厳しい環境におかれていますが、皆様方がこの環境を打破し**それぞれの場の使命を発見し達成**して行く上で、この**【会計の３つの絵】**が、**強いウデのための羅針盤**として少しでもお役に立てば本当に嬉しく存じます。

●なお、この本書の中で、ベニスの商人達が発明した眼を**【目に見えるものと目に見えないものを見る眼】**という造語でご紹介しました。会計を勉強して改めて感じますことは、会計のデータには見えない**【活き活きした活動的な人財一人一人の成長】**と**【その個人が作り出す現場知を瞬時に１＋１＝∞（無限の可能性）に共有変換する力べのない活発発地の風土の成長】**こそが、その会社や組織にとっての**【無限の利益】**即ち**【最高の戦略】**ではないか、ということです。

●最後に、米国のハードボイルド作家レイモンド・チャンドラーが、**最晩年の作で名探偵マーロウに語らせた遺言メッセージ**（このナイスバランス！**渋沢栄一の強くやさしき魂と響き合います**。）を添えて、皆様方のますますのご活躍に心からのエールを送ります。

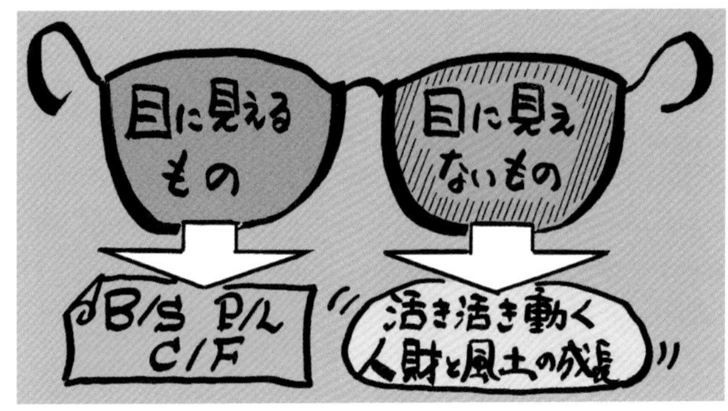

“強くなければ生きて行けない、やさしくなければ生きる資格がない”

2021年11月吉日　著者記す。

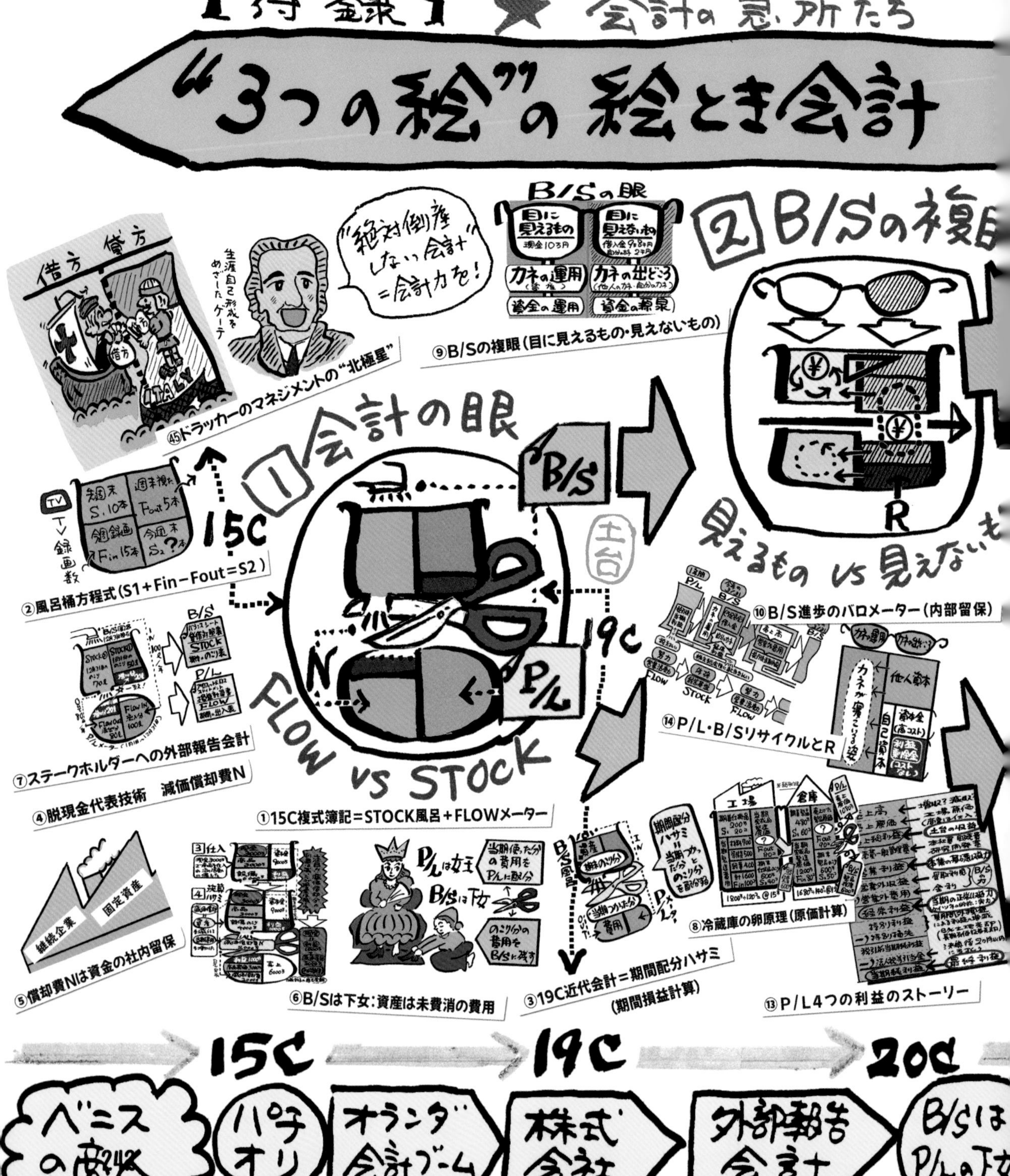
【付録】★会計の急所たち
“3つの絵”の絵とき会計
借方 貸方
生涯自己形成をめざしたゲーテ
“絶対倒産しない会計”＝会計力を！
㊺ドラッカーのマネジメントの“北極星”
B/Sの眼
目に見えるもの
現金10万円
目に見えないもの
借入金9.8万円
カネの運用
カネの出どころ
資金の運用
資金の源泉
⑨B/Sの複眼（目に見えるもの・見えないもの）
② B/Sの複眼
① 会計の眼
B/S
P/L
15C
19C
土台
N
FLOW vs STOCK
R
見えるもの vs 見えないもの
TV録画数
週末 S1 10本
週末視た Fout 5本
今週録画 Fin 15本
今週末 S2 ?本
②風呂桶方程式（S1＋Fin－Fout＝S2）
⑦ステークホルダーへの外部報告会計
④脱現金代表技術 減価償却費N
①15C複式簿記＝STOCK風呂＋FLOWメーター
⑩B/S進歩のバロメーター（内部留保）
⑭P/L・B/SリサイクルとR
他人資本
自己資本
資本金（高コスト）
利益剰余金（コストなし）
カネが寝ている姿
継続企業
固定資産
⑤償却費Nは資金の社内留保
P/Lは女王
B/Sは下女
当期使った分の費用をP/Lに配分
のこり分の費用をB/Sに残す
⑥B/Sは下女：資産は未費消の費用
期間配分ハサミ
当期つかった分とのこり分を配分する
③19C近代会計＝期間配分ハサミ（期間損益計算）
工場
倉庫
⑧冷蔵庫の卵原理（原価計算）
売上高
売上原価
売上総利益
販売費・一般管理費
営業利益
営業外収益
営業外費用
経常利益
特別利益
特別損失
税引前当期純利益
法人税等
当期純利益
⑬P/L4つの利益のストーリー
15C
19C
20C
ベニスの商人
ハタオリ
オランダ会計ブーム
株式会社
外部報告会計
B/SはP/Lの下女

その土台はすべて"3つの絵"!!
"急所発見"マンダラ
⑪B/Sを上下に切る(2つのカネ)
⑫B/S上下(心臓会計と経営者会計)
㊳在庫恐怖症のワナ
㉛メタボ制御"回転期間B/S"
㉚勘定合って銭足らずの犯人
㉜増加運転資金の三角形⊿W制御
㉝Nを戻す償却前利益R+N
㉙ドラッカーの"起業家のワナ"
㊵目先利益P/L脳のワナ
㊸⊿W+固定資産投資(回転UP)<R+N(利益UP)
③採算の眼
㊶設備投資計画の自己資金原則
㊴外部報告FCFと資金計画FCF
㉟営業CF赤字=R+N<⊿Wの危機
㊱CFの3step思考と8パターン
㉞手の平キャッシュ!営業CF"R+N−⊿W"
⑳卒業試験=採算のすべてF/mP
㉓"値決めは経営"
㊲GM再生"デュポン公式"
㊷最適財務レバレッジ
㉖採算判断の急所"D/C+増分計算"
赤字費vs貢献利益
⑮コストビヘイビアーと2つの費用区分
⑯徹底脱どんぶりの眼(固定費Fvs貢献利益mPQ)
⑰BEP=F回収作戦メカニズム
㉒"BEPは4つのネジ"
㉗管理可能F控除の多段階貢献利益法
㉔踏ん張り会計"営業レバレッジ"
㉘新幹線型経営の3条件と現場知経営革新
㉑利益改善プロジェクト(F+G)/mP
㊹国際会計基準=ディスクロージャーの流れ
⑲採算構造のシンボルF/mPQ比率
⑱Fなき伝統型P/LvsF焦点D/C型P/L
㊻ステークホルダー共通の願い"絶対倒産しない会計!"
mPQ=F
そのアクション!!
倒産しない強い体質へ
21C
暗い木曜日
ハリスD/C
米国会計基準
CF会計
エンロン事件
ディスクロージャー
倒産しない会計

「もっと絵にしろ！」
──梅本さんからの宿題

<人生の宝物>

- 「もっと絵にしろ！」と梅本到教育課長（最高の上司の最高のアドバイス！）。「このヘンテコなコトバわかりやすいです！」と阿部勝幸教育課員（全日本卓球6冠の天才プレーヤーのナイス勘！）。2人の声が今も聞こえてきます。昭和52年春、3人世帯の教育課でワイワイと取り組んだ全社員会計教育マニュアルづくりは本当に楽しい時間でした。バイオの会社協和発酵はこの頃創業以来最大の危機、世界的なバイオの発明者である木下祝郎副社長（後社長）は「全社員を経理に強くしろ！」ついで「SONYが開発したマネジメントゲーム（MG）が面白そうだ！」（何という直感＆好奇心！）と教育課に指示、早速この素敵なセンスの経営戦略体験研修MGを導入し、これに経理が分かるレクチャーを教育課で開発し併用することになりました。

- 絵と格闘技が大好きな梅本さんと相撲をとった（激戦3勝2敗！）のがご縁で、梅本さんによって人事から教育にピックアップされた（会社人生最高の留学！）らくがきマンの私にとって、このマニュアルづくりは人生を変える仕事となりました。我が人生の最大恩人の梅本さんは、本屋から片野一郎教授の情熱的名訳リトルトンの『会計発達史』を買ってきて机にポンと置きました。（膨大な経理の本の中から世界屈指の名著を探し出したそのセンス！この熱きロマンの本が私の会計への興味の点火スイッチとなりました。）

- 会計史の秘密の鍵15世紀と19世紀！好奇心に誘われて莫大な本を買い込み、会社内外の多くの経理の達人の先輩・親友を訪ねてらくがき取材し講義を開発し社内教育で実験しました。こうして誕生し社内で大ヒットしたらくがきイラスト会計マニュアルが、瓢箪から駒で協和発酵工業著『人事屋が書いた経理の本』として出版され、思いがけず昭和53年の発売以来43年間にわたって読者に支持され、小さな出版社の踏ん張りに守られて154刷40万部のロングセラーとなりました。かけがえのない「読者のご縁」と梅本さんに頂いた「もっと絵にしろ！」と「会計史のロマン」の2つの決定的キーワード！！　それは、私の絵とき会計の航海を導く【人生の宝物】となりました。

＜『人事屋』出版嬉しかったこと＞

ここで恥ずかしいですが人生の記念に、『人事屋』出版で嬉しかった思い出の読者ご縁の一端をらくがきメモさせて頂きます。

❶ 53年7月1日発売したその日、東京のビジネス街の虎ノ門書房で10冊即完売したという知らせ。（このビジネスマンの反応！ああこれで十分報われたと思いました。笑）

❷発売直後東京九段の高名な公認会計士持木茂先生から、所員の会計教育という恥ずかしくも光栄なご依頼があった時事務所を訪ねると、先生が『人事屋が書いた経理の本』の全ページを机の上に分解し、本の会計把握の構造を懸命に分析しておられたこと。大勉強家であられた先生の深い読み込みに感動しました。（先生には費用の動態への深い示唆と会計学習の心構えなどかけがえのないご教示を頂きました。）

❸昭和54年9月朝日新聞朝刊全面で当時我が国最大の巨大書店八重洲ブックセンターの開店1周年記念特集があり、開店後1年間のベストセラーとして『人事屋が書いた経理の本』がガルブレイスの『不確実性の時代』を押さえて2階社会科学部門の第1位にランクされたこと。（ブックセンターには今も切らさず『人事屋の本』を置いて頂いています。）

❹我が国会計学の最高権威の一人一橋大学名誉教授飯野利夫先生が、昭和55年の日本経済新聞社主催の財務会計基礎講座初日に、「会計学の最良入門書2冊の1冊」として『人事屋が書いた経理の本』を推薦され（もう1冊は日経文庫の『財務諸表の見方』）、それを契機に終生のご指導と公私のご交流を頂いたこと。（会社の後輩がそれを受講し飛んで報告に来てくれ、飛んでご挨拶に行ったのでした。）

❺国内のMBAビジネススクールの草分けグロービスマネジメントスクールの会計推薦図書の筆頭に“会計の全体像がつかめる本”として長期間のご推薦を頂いたこと。（やはり会社の後輩の受講者が飛んで報告に来てくれました。大変光栄なことでした。）

❻定年２年前発売後28年！にして、ユニークな著作で知られる元銀行マンの株式投資コンサルタント石川臨太郎さんに夕刊フジ１頁全面を使って「大手町の優秀なバンカーからも新入社員当時の必読書となっていたと聞きました・・・こんな素晴らしい人事部のある協和発酵の株を買いたい」などと好感あふれる嬉しいご書評を頂いたこと。

❼学生達への「らくがきのすすめ講演」とこの本が契機となり、定年後郷里下関の梅光学院大学で通算８年間らくがき先生として、「らくがき流キャリアプランニング（特任教授：“自分×ご縁＝∞の発見”というらくがき自分史の方法をつかう）」と「らくがき会計学入門（非常勤講師夏季集中講義：“この３つの絵が分かれば合格！”でスタートする）」を講義し、学生達から「一睡も寝なかった講義」などと嬉しいらくがき感想*をもらったこと。（＊末尾の学生達のらくがき感想をご参照ください。）

❽『人事屋』と『絵でつかむ会計力ｅラーニング講座』の両方の大ファンの大川幸雄さんから、ネットで下記❾〜⓫のミラクルな『人事屋』推薦文を発見したとのお便りと、「『絵でつかむ講座』は『人事屋』の急所がやさしく分かりやすい、是非出版を！」とのお励ましのことばを頂いたこと。発売42年目、２つの著書を丁寧に【比較読み】頂いた大読書家大川さんの熱きエールに大感激しました。

❾元ソフトバンク社長室長の三木雄信さんがベストセラー『孫正義「規格外」の仕事術』の中で、『人事屋が書いた経理の本』をあの孫正義さんが社員に勧め自分も社員に勧めたとご紹介して頂いていること。

❿情熱のブログ【人生を変える最強の１冊は？『50年後も残したいおすすめ本101冊』】（国際的に活躍する心理学コンサルタント足立大和さんの作）の中で、光栄にもその１冊として『人事屋が書いた経理の本』を、「このユニークな本で中小企業診断士勉強時、自分自身も救われた」とご推薦頂いていること。

⓫【読書メーター】というブログに『人事屋』へのエールがたくさんあり、その中にベストセラー山口周著『読書を仕事につなげる技術』の中で『人事屋』が推薦されているとの読者情報が幾つもありました。そこで同書を検索すると特別付録【これだけ読めばいい！「ビジネスマンダラ」】の図解の中心に【超基本の６冊】（20代のうちに５回以上読み込み血肉としておきたい本）の１冊として『人事屋』が推薦されています。山口さんは語ります。「会計の教科書を読むと無味乾燥な本が多いがこの本はシンプルに楽しい。なぜかと言うと、会計を通じて経営を見る目が養われるからだ。この本を読むと、貸借対照表と損益計算書がいきいきとつながっていることがわかる。」と。

『人事屋が書いた経理の本』発売後43年間、膨大な専門家の経理の本が出版される中で、切れ目なく読者から頂いたしろうとの筆者らへのかけがえのないエール。それは奇跡のように思われます。「そのしろうと流の会計の急所の捉え方面白いよ！」と背中を押して頂いているようでどれだけ勇気を頂いたか分かりません。

<しろうと会計＝ご縁の不思議>

- 筆者はどこまで行っても会計のしろうと、頑張って書きましたが浅学ゆえ不十分・自己流の点が多々あることを予めお許しください。そんなしろうとが書いた「しろうと会計」ですが、本書の誕生は、思えば思うほど不思議なご縁の結晶です。人事屋出版から40周年目！の夏、40年来の筆者の大親友である元多摩大学経営大学院客員教授・現経営総合研究所代表明賀義輝さんが、『人事屋が書いた経理の本』の大ファンの親友中村十念さん（医療経営の大家・日本医療総合研究所社長）があなたに会いたいと言っていると電話して来ました。

- 東京ステーションホテルでお会いすると、「お医者さんのための会計入門eラーニング講座を是非書いて頂きたい」と言われるのです。その画期的な大胆発想（サラリーマンでさえ会計を敬遠するのに！）に驚嘆しましたが、自分は『人事屋』の本に救われて経営コンサルタントに転身し今があること、医療にふれず根本共通の会計原理で良い、との熱い熱意にほだされて4カ月の突貫工事に入り、書き上げたのが本書の底本『絵でつかむ会計力リーダー養成講座』(日本医師会ORCA管理機構eラーニング講座)です。講座を無事開講したくさんのドクター・医療人・サラリーマンの受講者から嬉しい感想*を頂いて大感激しました。梅本さんから頂いた【経理を絵にする宿題の夢】を願い続けて来た私ですが、70歳を越えて来ており、この明賀さんと中村さんの【友達の友達のご縁】(明賀さんは【ともだちの友達はともだちだ！】の素敵なブログを連載されるご縁の達人！）がなければ、夢を集中的に表出する機会は訪れずこの絵とき会計の本の出版はギブアップしたに違いありません。お二人のミラクルなご縁とご友情・貴重なご助言に心からの感謝を申し上げます。(＊末尾の感想の一例参照ください。)

- この明賀さんと私の奇しき出会いは、共通の師匠元ソニーCDI社経営研究部長・現西研究所代表の西順一郎さんの指導する「MG研修のご縁」に発します。そして西さんこそは、卓抜な書名『人事屋が書いた経理の本』の名づけ親、監修者であり、私の会計の扉をゼロから開き協和発酵マニュアル（＝しろうと会計）を世に出して頂いた大恩人です。この場をお借りしてかけがえのないご指導とご厚情に深甚の感謝を申し上げます。

- さて、私のたどり着いた【しろうと会計＝絵とき会計】の特色は、会計の急所を“超シンプルな３点構造”で押さえ、それを梅本さんの決定的指令に基づいて“３つの絵”にシンボル化したものですが、この会計の戦略思考のエキスは、すべて会社内・外のたくさんの勉強家の経理の達人たちの貴重な実践の知恵のご教示からの頂きもの、不思議なご縁の結晶そのものです。しろうとの私に懇切親身に会計思考の真髄をご教示頂いた経理の達人の先輩・友人の皆様に心から感謝申し上げます。特に、本書の絵とき会計出版に当たっては、私の敬愛する経理・経営の達人の親友山川征夫・藤村俊夫・山地真人・鈴木学・山崎光束・八木澤智正の諸氏にかけがえのないご助言ご援助を頂きました。本当にありがたく感謝の気持ちでいっぱいです。

<共著者緒方さんのこと>

「この手書きいいです。これで行きましょう。」と相棒の緒方正象さん。絵も文も気の遠くなるほどの点数・修正の繰り返し。その一つ一つに読者視点の緒方さんのナイスセンスが光ります。会計学専攻、パソコン達人、eラーニング講座の万能編集者の43歳の医療経営アナリスト（中村十念さんの愛弟子）緒方さんとの絵とき会計の本づくりは歓びそのものでした。２年前自転車操業４カ月で作った『絵でつかむ会計力eラーニング講座』の時一心同体に助けてくれた緒方さんに今回もすっかりお世話になりました。そのスゴイ理解判断力とセンスにどれだけピンチを救われたか分かりません。気力は若者のつもりでも早後期高齢者、老老介護で夫婦支え合って生きる筆者が永年の願いの絵とき会計にチャレンジできたのは素敵な相棒緒方さんのお蔭です。本当に感謝しています。前途洋々、我が相棒のますますのご活躍とご多幸をいつも心からエール申し上げています！！

（先生の熱い想いと出会い、先生の人生が詰まったあとがきに胸がジーンと来ました。私のことを取り上げて頂きありがとうございます！　ちょこっと名前が載るくらいだと思っていたので、びっくり！　こそばゆい気持ちです、笑。先生の人生の１ページに登場し、共著として名を残せることはとても光栄です。私の一生の宝物です。末永く先生との共同作業を楽しみたいと思います。引き続きどうぞよろしくお願い申し上げます。緒方記。）

＜人生最高の上司梅本さんのこと＞

教育課時代、「絵にしろ！というのは梅本さん、絵を描くのは私」の役割分担だった筈が、その後梅本さんは、単身赴任で離ればなれになったご家族に【毎日1枚の愛の絵ハガキを送り続けた】のをきっかけに、定年後【生涯を通して毎日1枚】の大迫力の美しい【小さな風景画】を描き続ける本物の世界唯一のユニーク画家になられ、心底驚き感動しました。梅本さんは宝石のようなベストセラーの画集2冊とたくさんの個展・愛する友への毎日宅配メール絵ッセイ便の偉業を成し遂げ、2019年12月80歳の人生を閉じられました。絵と家族と友を愛し続けた“創造性と愛の鉄人”の梅本さんらしい素晴らしい人生でした。窓際で3人で知恵を絞って教育のオリジナルプログラムを作った5年間は、その太陽のように明るく快活で心やさしい正義漢、ゴルゴ13（2人で愛読した！）のように強靭迅速な仕事行動化力、驚くべき企画力の光を全身に浴び続けた青春時代そのものの時間、その創造センスは盗んでも盗みきれないインスピレーションあふれるものでした。その梅本さんが発した【もっと絵にしろ！とベニスの商人のロマン！】の指令は私の後半人生を導く【夢の動力】となりました。『人事屋』から43年、大変遅くなりましたが、そして誠に未熟な本ですが、この宿題の『絵とき会計の本』を我が人生最愛の上司梅本さんの御許に捧げます。梅本さん、かけがえのない楽しい出会いを本当にありがとうございました。

＊　＊　＊　＊　＊　＊　＊　＊　＊　＊　＊　＊　＊　＊　＊　＊　＊　＊　＊　＊

最後に、ソーテック社社長の柳澤淳一氏に心から感謝を申し上げます。柳澤さんには“思いっきりヘンテコな会計学の本にしたい！”という著者の我がままな願いを全部取り入れて頂き、私も想像しなかった“絵本仕立て”の美しく創意あふれる本に仕上げて頂きました。本の書名の【世界一わかりやすい！“絵とき会計”】のナイスネーミングは柳澤さんのアイディアです。梅本さんの【もっと絵にしろ！】の宿題の答えにピッタリのネーミングに大感激しています。小さな活き活き出版社ソーテック社が、【人事屋の本】と【絵とき会計の本】とともに末永く健闘発展されますことを心からエールしております。

2021年11月吉日　著者を代表して　坂本冬彦

eラーニング『絵でつかむ会計力講座』受講生からの感想文

（元看護師・一般社団法人代表理事）

私は、講座にもあるようにまさに「会計アレルギー」で、それを口実に、財務のことは経理担当者にまかせっきりでした。ところが、赤字という問題に直面し、その原因を経理に尋ねても要領を得ない上に、粗利益をみるとマイナスで仕事を請け負っている案件もありました。
「なんというどんぶり勘定か！」会計を知らない元看護師であっても、この現実に驚きました。そこで、会計の本を読み漁りましたが、自信を持てるほど理解できず悩んでいました。その頃に、この講座をご紹介頂き受講することにしました。
講座では、ユニークな絵が描かれていました。これが、堅苦しくて取っ付きにくいという会計のイメージを取り除き、見事に会計のポイントを分かりやすく説明してくれています。更に「15世紀のベニスの商人」時代からの会計の歴史から紐解き、初心者にも分かりやすく会計の本質が説明されているので、講座が進行するにつれて、私の「会計アレルギー」は治癒していました。
この講座を受講している頃、平成29年度の売上の追い込みの時期でした。まるでこの講座は、そんな私に寄り添うかのように内容が進行していったので、学んだことを座標に分析を行い、潜在的だった「どんぶり勘定経営」の問題点を顕在化させることができました。
今では、会計用語も知らなかった私が堂々と会計士と専門用語で話ができるまでになり、「受講して良かった！」と思います。
最後に、動画の中の先生のやさしい素敵な表情もこの講座を続けるサポートをしてくれました。「会計アレルギー」の皆様にお勧めの講座です。

（『絵でつかむ会計力リーダー養成講座』日本医師会ORCA管理機構eラーニング
https://owl.orcamo.co.jp/）

会計学入門夏季集中講義　学生たちの感想

梅光学院大学1～4年文学系学生186人の22.5時間連続会計学講義初体験らくがき感想集

- 不安がいっぱいでしたが受けてみると楽しい時間が多くて受けて本当によかったです。決算公告多少なりとも分かるようになりましたよ！
- 初めて会計学というものに触れ、難しそうだと思っていたものが案外に楽しくて驚きました。凄くこの授業を受けて良かったです。ENJOY 3DAYS ♥♡
- 楽しかったですよ。全く眠らずに受けた講義です！
- 授業ってこんなに楽しく受けるものだったっけ？
- 朝は起きるのがツラく大変だったけど楽しく完走できた。簿記の資格を取るつもりなので簿記の面白さが分かって良かった。Thank you for your good class!
- この講義で得たものは“解けた！”の爽快感だと思います。思ったよりも出来る自分がいて嬉しかった。とても楽しかったです！
- あっという間の3日間でした。最後にB/S、P/Lまで作成でき自分で驚くほどでした。
- 短時間でこれだけの知識と技術だけでない根本・大元の考え方を身につけれたのは良かった。簿記の試験を受けるつもりなのでとても役立つと思う。
- 商業高校の時苦しんだ簿記ですが苦手意識を克服できました。意味が分かり楽しくこんな教え方があるのかと思いました。これを機にまだ持っていない日商簿記検定に挑戦しようと思います。
- 今まで一度も勉強したこともなかったので、本当に大丈夫だろうかと不安でしたが、実際にこの3日間学んでみて楽しいとか面白いとか思えて、自分でもビックリしました。問題が解けて分かった時は嬉しかったです！
- この3日間とても楽しく会計学を学ぶことができました。3日間だけというのがとても残念です。先生の授業をぜひまた受けたいです。
- 学ぶことの面白さを学びました。また人との出会い、目に見えないものを見る目など会計学以外のことでもステキなお話を聴くことができました。
- この講義を終えるととても得した気分になりました。ここで勉強したことは無駄にならないと思いました。会計学を学べて良かったです！
- 学校行きたくないってなることがあるけど、この講義は楽しく学べましたよ！
- 冬さん、3日間、資料の準備・分かりやすい説明にするための苦労、とても計り知れないほどのものだったと思います。とても感謝しています！
- 会計学というとお金の計算のイメージだったけど実際はとてもシンプルな適正な企業の見方、きっと就職に役立つ社会人に必要な教養と思いました。

＊会計教育はサラリーマンでも講義中眠ってしまい、一端眠るや迷子になる大変困難な教育ですが、梅光の受講生たちは皆会計と簿記の急所を心から楽しんでくれ、暑い中一睡もせず、病欠をのぞき実質100%という奇跡の完走をしてくれました。授業の最後にくれたいっぱいのらくがき感想メモ集は宝物となりました。

ヘンテコ語★&重要語索引

【CF計算書・資金戦略】

【経営】

【人名】

【参考文献】 ★本との出会いは運命的。（宮本裕）

A．本書の底本

協和発酵工業（株）著『人事屋が書いた経理の本』／坂本冬彦著『絵でつかむ会計力リーダー養成講座テキスト』（日本医師会 ORCA 管理機構 e ラーニング講座）

B．会計史のロマン

リトルトン著『会計発達史』／リトルトン著『会計理論の構造』／リトルトン、ジンマーマン著『会計理論―連続と変化』／チャットフィールド著『会計思想史』／茂木虎雄著『近代会計成立史論』／ジェイコブ・ソール著『帳簿の世界史』／田中靖浩著『会計の世界史』／渡辺泉著『会計学の誕生』／染谷恭次郎著『ある会計学者の軌跡―ひとつの会計学史』／遠藤博志他編著『戦後企業会計史』

C．会計の土台（財務会計）

後藤弘著『会計学教科書』／後藤弘著『管理者のための経理ゼミナール』／飯野利夫著『財務会計論』／太田哲三・飯野利夫著『会計学』／飯野利夫著『資金的損益貸借対照表への軌跡』／黒沢清著『会計学の基礎』／國貞克則著『増補改訂財務3表一体理解法』／會田義雄著『会計政策』／佐藤倫正・向伊知郎編著『ズバッ！とわかる会計学』／向伊知郎編著『続・ズバッ！とわかる会計学』／舛田精一著『舛田精一の経理大学』／金児昭著『会計力1分間トレーニング』／橋本尚著『国際会計基準の衝撃』／朝倉祐介著『ファイナンス思考』

D．経営分析

後藤弘著『日本のバランスシート』／後藤弘著『会社の実力－新しい判定基準』／舛田精一著『経営者のための経営分析』／舛田精一著『財務諸表の見方』／高下淳子著『決算書を読みこなして経営分析ができる本』／中村輝夫著『実用経営分析入門』／西野嘉一郎著『経営分析の理論』／西野嘉一郎著『経営分析の実務』／西野嘉一郎著『損益分岐の人間学』／ダイヤモンド社『週刊ダイヤモンド 2017.9.9 決算書 100 本ノック！』

E．採算の舵取り

後藤弘著『採算分岐点』／一倉定著『あなたの会社は原価計算で損をする』／今坂朔久著『経営者のためのダイレクトコスティング講話』／今坂朔久著『新原価の魔術』／岡本清著『原価計算』／山邊六郎著『原価計算論』／小林健吾著『原価計算発達史』／高橋賢著『直接原価計算論発達史』／シリングロー著『経営原価計算』／アンソニー著『プログラム学習による管理会計入門』／J．A．トレーシー著『MBA の財務』／西村茂著『戦略管理会計』／『企業会計 1980.NO．11 総特集 / マネジメントのための原価計算』

F．資金の舵取り

後藤弘著『3 時間でわかる資金繰りとキャッシュフロー計算書』／後藤弘著『資金繰りのスピード学習』／後藤弘・永田武彦著『新資金繰りの総合判断』／藤巻治吉著『資金繰りの実務』／舛田精一著『実用資金繰りの手ほどき』／染谷恭二郎著『資金会計論』／佐藤倫正著『資金会計論』／野村智夫・竹俣耕一著『やさしくわかるキャッシュフロー』／後藤弘著『後藤弘の経理勉強法』

G．MGと戦略経営の会計

西順一郎編著『利益が見える戦略ＭＱ会計』／西順一郎著『教育はすべての業務に優先する』／西順一郎著『ＭＧ教科書Ａ』／相馬裕晃著『事業性評価実践講座』／戦略会計研究会著『ビジネスパーソンのための戦略会計入門』／松原直樹著『完全図解行動会計』／明賀義輝著『驚異のパソコンソフト戦略経営の実践』／明賀義輝著『あなたが実践する企業革新』／明賀義輝著『実践マトリックス会計』

H．経営と経済

稲盛和夫著『生き方』／稲盛和夫著『燃える闘魂』／稲盛和夫著『稲盛和夫の実学―経営と会計』／ドラッカー著『ドラッカー３６５の金言』／國貞克則著『究極のドラッカー』／野中郁次郎著『知識創造の経営』／野中郁次郎・遠藤功著『日本企業にいま大切なこと』／ Ａ．Ｓ．グローブ著『インテル戦略転換』／藤森徹著『あの会社はこうして潰れた』／一倉定著『社長学―こんな経営者が会社をつぶす』／一倉定著『一倉定の経営者心得』／渋沢栄一著『論語と算盤』／渋沢栄一著『雨夜譚―渋沢栄一自伝』／宝島社『渋沢栄一のすべて』／後藤玲子著『正義の経済哲学』／三木雄信著『孫正義「規格外」の仕事術』／大槻紀夫著『オランダから見える日本の明日』

I．教育の方法と自己啓発

R.E. メイジャー著『教育目標と最終行動』／宮本裕著『自己を育てる』／宮本裕著『問題解決の考え方』／小川俊一著『自分史発見のすすめ』／小川俊一著『人生後半を面白く働くための本』／松本元著『愛は脳を活性化する』／後藤弘著『征き死なん春の海』／カーネギー著『道は開ける』／山口周著『読書を仕事につなげる技術』

Special Thanks

本書誕生までの絵とき会計航海で、多くの方々にかけがえないご厚情とご指導ご援助を頂きました。ここに掲載しきれなかったかけがえないご縁の方を含め、この場をお借りして心からの感謝の思いを捧げます。本当にありがとうございました。（敬称略・順不同）

宮本裕／小川俊一／松本元／後藤弘／飯野利夫／石田忠／岡野嘉宏／内藤喜八郎／高津道昭／平田恭信／大久保公裕／藤井博之／俵里英子／岡崎新太郎／中野新治／安富俊雄／樋口紀子／豊田滋／森作常生／向山淳子／田村務／宮崎勝弘／八木紀一郎／藤野哲也／野崎俊一／池本正純／佐藤倫正／後藤玲子／大東一郎／新井立夫／石田雅生／岡田康子／高橋正子／中野守／柴田保徳／嶺昭彦／山地一慶／古川範男／宮本潔／佐野晴行／菅原邦子／新海通晃／青山紘子／高山晃一／高野美和／山田雄大／鈴木晋作／内田巽／鈴木利彦／山本幹三／小田文一／根本源清／服部浩三／廣永章／岩瀬厚／陰山典央／阿部勝幸／安達幸男／松井右近／前原正浩／廣澤昌／濱谷正晴／柳谷章二／藤本和夫／小田切勇治／佐藤博子／山田功／瀧田正勝／黒田忠利／内山恵詞／尾田秀雄／瀧本泰行／金沢正巳／山浦善樹／澤本和男／丸山静男／松田薫／鵜沢静／大山博夫／中村明／羽柴駿／井上健／関戸勉／保坂証司／川添能夫／安井秀樹／今井佳人／日名憲之／吉田豊／西野文博／岸田邦雄／今井正章／杉谷浩／平田正／土井内徹／松田譲／花井陳雄／近藤和男／吉川順一／阪本清／松岡史朗／川村旭／持木茂／山田杉三郎／蒲池孝一／池田喜志高／佐藤寿海雄／石渡宏道／藁信博／米田守宏／中西章／永見宏介／三宅務／塚田浩三／下崎陽司／藤井滋／田中数夫／高橋茂人／橋野泰久／岡本正／近藤隆二／深井正由喜／平松正夫／田村元／田北陽一／落合貢宏／黒田幸寿／栗原弘／野村国康／野上真理子／日下真緒／小山寿之／小山美雪／豊福康則／古田陽介／宮内博明／大塚光宏／石野雅夫／堤信之／坂口一樹／上野智明／福田和弘／田中義紀／武笠明／森純子／稲毛真樹／深谷俊忠／田中勝宣／石川不二夫／國中明／寺門和夫／宮田満／吉崎健一／細田拓／生地由昌／冨田房男／加瀬廣／勝亦瞭一／好田肇／中西俊秀／高橋充／木村廣道／松本正／ SusanClymer ／ SarvendraKumar ／ JayaramanTharmalingam ／中森茂／本多伸吉／田中義浩／廣高信彦／日野裕一／中尾昌嗣／川崎航／小高さほみ／河崎孝介／畔柳修／藤原勝／北村嘉伸／長尾益夫／岡野亜希子／白石明子／川西茂／山崎雪子／高野文夫／須藤秀一／大城久美子／上崎克彦／上崎緑／木村壽炎／木村安気子／重政芳巳／内藤あゆ美／中西文太／小川真紀／三輪行雄／山本勣／栗林昭／木村球一／小堀優／小針せつ子／川又まさ子／小川さつき／久保田賢二／品川高雄

著者紹介

らくがきマン
坂本　冬彦（さかもとふゆひこ）

1945年生まれ。山口県出身。一橋大学社会学部卒業後、バイオの会社協和発酵工業株式会社（現・協和キリン株式会社）に入社、ダ・ヴィンチのらくがき万能手帳に魅せられて“発見した宝物”を必死でカッコー悪く手帳に書くらくがきサラリーマンとなる。人事部教育課時代に中心担当者として開発した全社員向け会計教育のらくがきマニュアルが協和発酵工業著『人事屋が書いた経理の本』として1978年に出版され、43年間にわたり154刷40万部のロングセラーを続ける。医薬人財開発部長等を担当、定年後郷里下関の梅光学院大学特任教授を経て、「“らくがき図解”による会計入門、問題解決、自分史発見の3つの特色教育プログラム」を開発、現在、人財創造戦略研究所代表、四国の業界一ユニークエンジニア集団をめざす三和電業グループの経営アドバイザー、青森市の活き活き人材づくり問屋町ビジネススクールの企画アドバイザー、水戸市の元気な生涯教育講座みと好文カレッジの教え子でつくるらくがき自分史研究会代表などとして、中小企業・次世代・市民の人財育成に当たる。

緒方　正象（おがたしょうぞう）

1977年福岡県生まれ、横浜国立大学経営学部卒業（会計・情報学専攻）。帝京大学院法学研究科修士課程修了後、（株）日本医療総合研究所に入社、医業経営分析に従事、現主任研究員。上司中村の推薦で『人事屋が書いた経理の本』と出会い、シンプルな会計のエキス解説に感銘を受け、現場の会計処理フローの改善や会計教育などにも従事。デジタル社会人教育事業の立ち上げ以降は、主にeラーニングのシステムやコンテンツの企画・編集・運用に従事。その教育講座の一つ「絵でつかむ会計力リーダー養成講座」の編集で著者坂本氏と運命的な出会いを果たす。

世界一わかりやすい！

絵とき会計

“3つの絵”で“会計の急所”を制す！

2021年12月31日　初版第1刷発行

著　者　坂本冬彦・緒方正象
装　丁　広田正康
発行人　柳澤淳一
編集人　久保田賢二
発行所　株式会社　ソーテック社
〒102-0072 東京都千代田区飯田橋4-9-5　スギタビル4F
電話：注文専用　03-3262-5320
FAX：　03-3262-5326
印刷所　図書印刷株式会社

ISBN978-4-8007-2090-0